甘肃政法大学"中国语言文学学科"资助

《西游记》中通渭方言词汇考释

马海音◎著

XIYOUJI ZHONG
TONGWEI FANGYAN CIHUI KAOSHI

新华出版社

图书在版编目（CIP）数据

《西游记》中通渭方言词汇考释 / 马海音著.
—北京：新华出版社，2020.10
　　ISBN 978－7－5166－5422－4

　　Ⅰ.①西… Ⅱ.①马… Ⅲ.①西北方言—词汇—研究—通渭县 Ⅳ.①H172.2

　　中国版本图书馆 CIP 数据核字（2020）第 192766 号

《西游记》中通渭方言词汇考释

作　　　者：马海音	
责任编辑：张　谦	封面设计：中联华文
出版发行：新华出版社	
地　　　址：北京石景山区京原路 8 号	邮　　编：100040
网　　　址：http://www.xinhuapub.com	
经　　　销：新华书店	
购书热线：010－63077122	中国新闻书店购书热线：010－63072012
照　　　排：中联学林	
印　　　刷：三河市华东印刷有限公司	
成品尺寸：170mm×240mm	
印　　　张：17.5	字　　数：314 千字
版　　　次：2021 年 1 月第一版	印　　次：2021 年 1 月第一次印刷
书　　　号：ISBN 978－7－5166－5422－4	
定　　　价：75.00 元	

图书如有印装问题，请与印刷厂联系调换：010－89587322

前　言

我从事汉语言文学的教学研究工作多年，又土生土长于甘肃通渭，至今聚会和回乡，仍时时浸淫于方言交流环境。倍感亲切的同时，也有诸多好奇和疑问。譬如许多通渭方言词汇在口语中出现时，语音清晰，语义具体，但到底如何书写却莫衷一是；又譬如，方言词汇到底是通渭本土孕育，还是从其他地区流入、固化并被保存下来的？正好遇到机缘，重读《西游记》，发现其中有大量读音和语义与通渭方言相同的词汇或短语，这事实激发了我无限的感慨、想象和启发，由此萌生了整理、考证和解释《西游记》中通渭方言词汇的想法。经过一年多持续不间断的努力，我以《西游记》为考察对象，从全书浩渺的词语大海中，筛选出在语义和语音两方面与通渭方言重合的词语 200 多条，然后从读音、语义及用法等方面进行比较诠释，完成了《〈西游记〉中通渭方言词汇考释》书稿。

通渭县地处甘肃省东南部，周边与秦安、甘谷、武山、陇西、定西、会宁和静宁等七县接壤。地域广阔，历史悠久。夏商周时期，通渭地方是羌人的居所。春秋时期则是襄戎活动的地方。公元前 272 年，秦昭襄王设置陇西郡，开始有了行政归属。公元前 114 年，西汉武帝取平定襄戎之意，设置平襄县，并为天水郡治所；265－420 年间，平襄县属秦州略阳郡管辖，治所在秦安县陇城，其间政权、郡治、归属多有改易。晋末大乱，郡县归属无定。从后凉开始，平襄县被废除，史书上少有记载。宋初，平襄县地被西夏和吐蕃占领。后来，宋以秦州、古渭州为据点向西开拓。1068 年，宋朝将军杨文广筑通渭堡，故址在现今什川乡的古城沟，通渭恢复了中断 600 多年的建置。南宋开国，金人于 1127 年在通渭境内设置通渭、鸡川、甘谷 3 县。1217－1221 年间，3 县先后被西夏攻陷。1232－1234 年间，3 县又被蒙古族占领。1369 年，明洪武二年，通渭县主簿杨忠归附明总兵徐达，通渭县属陕西行都司陇右道巩昌府辖。至此，通渭县的治所、归属基本趋于稳定。综上所述，截至明洪武前，通渭地域属于"边疆"，长期处于你争我夺的战乱之中，是"汉胡"杂处之地。

从方言的区域分布归属看，通渭方言属于北方方言，具体来说，属西北次方言区的秦陇语。历史演进、地理位置和民族杂处综合影响的结果，是通渭方言除了具有西北次方言的共同特征外，还在语音、词汇、语法等方面独具特色。尤其是词汇方面，一方面，保留有大量的古语词，如"血池""差池""趑趄""漾驰""鏊治""晓谕""血食"等；另一方面，还有大量少数民族语言词汇，如"大大""麻缠""啀啀""顸颅"等。在中国古典四大名著中，《西游记》的语言艺术独树一帜。尤其在词汇运用方面，融雅言与方言为一体，汇南北方言为一家，引起了国内众多学者的广泛关注和研究。《西游记》的采用，等于认证了这些通渭方言词汇的文化和历史价值。

除非有特别的兴趣，方言研究是非常单调和枯燥的。我在特别的心境中，从事这一枯燥的业余整理和研究工作，动力来自深深的乡愁。在城市中心论者眼里偏远的通渭地区，竟然口口相传这么多独特词汇，这些词汇甚至在大名鼎鼎的《西游记》里闪闪发光。改革开放以后，随着经济、文化和交通的发展，通渭人与外界的接触日渐增多。外部语言（尤其普通话）对通渭方言的影响日益增大。尤其是近年来，随着城镇化的发展，大量农村人口涌入城镇。许多婴幼儿随之进城，接受普通话训练。方言运用必将呈现断崖式减少。

语言是文化、文明的载体。一种方言消失，其所承载的风俗、文化和文明等也必将随之消失。我，我们的过去，正如春天的繁花，在怒放之后快速凋零。我所做的努力和工作，只是为这流逝的历史记忆留下吉光片羽。如果它作为一份比较周详的资料，能被专业的方言研究者、方志研究者和文化学者所关注，那就是意外的收获了，我将为此深感欣慰。

马海音

2020 年 4 月 10 日

兰州安宁

凡　例

一、词条选择

本书词条的选择遵循以下原则：以《西游记》（人民文学出版社，2010年10月北京第3版）为底本，参照《现代汉语词典》（商务印书馆，2012年第6版），尽量选取在《西游记》中出现，通渭方言中现在依然使用，但《现代汉语词典》没有收录的词条；或者虽然收录，但《现代汉语词典》将其归为方言词语的词条；或者虽然收录，但方言语义与《现代汉语词典》语义有较大差异的词条。

二、条目编排

1. 全书词汇按照音序编排。首字相同的条目连排，按第二字的音序分先后；第二字相同的，则按第三字的音序分先后，其余类推。

2. 每一词条由【词条】［注音］、该词在《西游记》中的使用情况概述、义项、文例，该词在古汉语中的使用状况、典型文例，在现代汉语中的使用状况，该词在通渭方言中的义项、例句等部分构成。有少量词条试图以"词语补说""通渭纪事"的形式生动形象地呈现其"生存"状态。

三、词汇注音

词条注音采用汉语拼音。仅用［］注音的表示该词普通话与方言读音一致，用（ ）特别加以注释的为普通话与方言读音不一致，（ ）内的为通渭方言读音。需要说明的是，该方言读音仅来自本研究的田野调查，并非标准读音。十里一音，百里一俗，方言有无标准音调，有待进一步研究。

四、词汇释义

词条的释义和《西游记》外的其他文例，均以《汉语大词典》（汉语大词典出版社，1990年第1版）为依据。词条的通渭方言读音、义项和例句均为作者收集、整理和生成。

目 录
CONTENTS

A

挨挨 ·· 1
挨挨拶拶 ···································· 1

B

把把 ·· 3
把势 ·· 4
板筋 ·· 5
版牙 ·· 6
背花 ·· 7
编谎 ·· 8
扁毛畜生 ···································· 8
匾食 ·· 9
不当人 ······································ 11
不拘多少 ·································· 13

C

藏风聚气 ·································· 14
嘈人 ·· 15
叉钯扫帚 ·································· 16
差池 ·· 18
跐 ·· 19
劗 ·· 20
缠长 ·· 22
划 ·· 22

超荐 …………………………………………………… 24
撤身 …………………………………………………… 25
畜生 …………………………………………………… 26
穿换 …………………………………………………… 27
矬 ……………………………………………………… 28

D

打鼾睡 ………………………………………………… 30
打觑 …………………………………………………… 30
带携 …………………………………………………… 31
当头 …………………………………………………… 32
倒踏门　倒踏门 ……………………………………… 33
得上风 ………………………………………………… 34
的实 …………………………………………………… 36
籴 ……………………………………………………… 37
地里鬼 ………………………………………………… 38
刁嘴 …………………………………………………… 39
顶缸 …………………………………………………… 39
丢砖料瓦 ……………………………………………… 40
斗 ……………………………………………………… 41
多里捞摸 ……………………………………………… 42
铎 ……………………………………………………… 43

F

饭罢 …………………………………………………… 45
防闲 …………………………………………………… 46
粉汤 …………………………………………………… 46
负水 …………………………………………………… 48
富胎 …………………………………………………… 48

G

肝花 …………………………………………………… 50
抠 ……………………………………………………… 50

个把	52
扢迸迸	53
扢扠	53
扢蹬蹬	54
扢蹬蹬	54
屹嶝嶝	55
纥络	55
虼蚤	56
勾死人	57
估倒	58
孤拐	59
骨都都	60
骨冗骨冗	62
故衣	62
乖滑	63
关门闭户	64
管待	64
裹肚	66
过梁	67

H

哈话	68
害馋劳	69
夯货	70
哏	71
訇訇	72
胡缠	73
护持	74
花狸狐哨	75
环眼	75
灰耙	76
会家不忙	77
霍闪	78

J

急慌慌	79
浆包	80
将就	80
绞缠	82
截疤儿	82
解板	83
筋节	84
精着身子	85
抉作四段	86

K

口敞	88
口壮	88
胯子	89
旷荡	90

L

来	91
狼虫虎豹	92
狼犺　榔槺	92
老女儿	94
老实头儿	95
雷堆	95
累坠	97
睖睖睁睁	97
凉浆水饭	98
燎浆大泡	100
了劣	101
了帐	102

M

麻麻糊糊 …………………………………… 104
毛鬼 ………………………………………… 104
毛坑 ………………………………………… 106
毛神 ………………………………………… 106
毛团 ………………………………………… 107
没高没低 …………………………………… 109
没好气 ……………………………………… 110
没蛇弄了 …………………………………… 110
没头没脸 …………………………………… 112
没眼色 ……………………………………… 113
乜乜些些 …………………………………… 113
馍馍 ………………………………………… 114
母难之日 …………………………………… 116

N

奈河桥 ……………………………………… 118
馕糠　馕糟 ………………………………… 119
你去邀着 …………………………………… 119
孽障 ………………………………………… 120
脓包 ………………………………………… 122

P

盘诘 ………………………………………… 124
泼泼撒撒 …………………………………… 124
婆婆 ………………………………………… 125

Q

起动 ………………………………………… 128
气不忿 ……………………………………… 129
谦谦讲讲 …………………………………… 130
鸽 …………………………………………… 130

搴捐	131
跷蹊	132
悄悄冥冥	133
轻省	134

R

热擦	135
热舌头	136
人前显贵	136
软善	137

S

筛锣	139
闪	140
骟	140
晌午	143
上紧	144
上寿	145
上台盘	147
声唤	148
声声唤唤	148
生疼	149
盛设	149
时兴	150
食肠	151
是	152
是必	153
熟嘴	154
耍	156
耍耍	158
耍耍儿	159
耍子	160
说嘴	164

四马攒蹄 ·················· 165
尿泡 ······················ 166

T

坛场 ······················ 167
天不收地不管 ············ 168
天灵盖 ···················· 170
调和 ······················ 170
跳天搠地 ·················· 171
跳天索地 ·················· 172
厅房 ······················ 172
停 ························ 173
偷生抎熟　抎熟偷生 ····· 174
投到 ······················ 175
头口 ······················ 176
头晕眼花 ·················· 177

W

瓦查儿 ···················· 178
亡人 ······················ 179
围圆 ······················ 180
尾子 ······················ 181
兀的 ······················ 182
忤逆 ······················ 183
务脚 ······················ 184

X

稀漓呼喇 ·················· 186
瞎帐 ······················ 187
先小人，后君子 ·········· 188
挦 ························ 188
消停 ······················ 189
消消停停 ·················· 190

晓得	190
晓谕	191
些些	193
心问口，口问心	194
饧眼	195
胸脯子	196
休	196
血池	197
血皮胀	198
血食	199

Y

言喘	201
言语	202
眼目昏花	203
演	204
魇住	206
羊儿风	206
佯佯不睬	207
腰截骨	207
曳	208
夜游神	210
一翅	211
一毂辘　一骨鲁	211
一骨辣	212
伊	213
殷勤	215
影	217
应承	218
油汤油水	218
冤愆	219
圆丢丢	221
缘法	222

圆陀陀 ………………………………………… 223

Z

揸 ………………………………………………… 224
潵 ………………………………………………… 225
查耳朵 …………………………………………… 226
窄狭 ……………………………………………… 227
遮饰 ……………………………………………… 228
折作 ……………………………………………… 229
者嚣 ……………………………………………… 230
者着 ……………………………………………… 231
真个 ……………………………………………… 232
争竞 ……………………………………………… 233
支应 ……………………………………………… 234
志诚 ……………………………………………… 235
中看不中吃 ……………………………………… 237
筑 ………………………………………………… 237
装幌子 …………………………………………… 239
咨牙俫嘴 ………………………………………… 239
姊妹四个 ………………………………………… 240
自家搓根绳儿去罢 ……………………………… 242
嘴脸 ……………………………………………… 243
嘴上挂得油瓶 …………………………………… 244
罪愆 ……………………………………………… 245
罪业 ……………………………………………… 248
坐夜 ……………………………………………… 249

参考文献 ……………………………………… 252

后　记 ………………………………………… 257

A

【挨挨】[āiāi]

"挨挨"是《西游记》中一个组词能力极强的重叠式动词。如：

第六十回："罗刹觉有半酣，色情微动，就和孙大圣挨挨擦擦，搭搭拈拈。"①(P743)

第六十八回："只见那楼下无数人喧嚷，挤挤挨挨，填街塞路。"(P834)

第八十三回："那些小怪，在里面一个个唧唧嘈嘈，挨挨簇簇。"(P1025)

"挨挨"本义为一个紧挨着一个。具体语境中，因构词要素不同，语义稍有差别。如："挨挨擦擦"即谓以肌体相挤擦。"挤挤挨挨"即挤来挤去，亦用以形容人多杂乱。"挨挨簇簇"即簇居拥挤。

《汉语大词典》《现代汉语词典》等辞书均无"挨挨"词条。通渭方言中，"挨挨"也是一个组词能力极强的重叠式动词。方言读作[gāigāi]（该该）音。例如：挨挨齐儿、挨挨辈儿、挨挨排儿、挨挨门儿，等等。但凡需要逐个摆放、排查、安置、解决等的人物事件等都可以用"挨挨"表示。

【挨挨拶拶】[āiāi zāzā（gāigāi zāzā）]

"挨挨拶拶"是《西游记》中"挨挨××"式四字格词语之一。出自第八

---

① 〔明〕吴承恩著：《西游记》，人民文学出版社，2010年10月第3版。本书中引自《西游记》的其他引文不再一一作注，仅标注页码。

十一回：话说唐僧师徒在镇海禅林寺住了三天。期间，消失了六个和尚。众僧为此担惊受怕。当孙悟空说要替他们拿妖时，他们反而更加担忧，道缘由说：

> 诸檀越来呵，老的、小的、长的、矮的、胖的、瘦的，一个个敲木鱼，击金磬，挨挨拶拶，两卷《法华经》，一策《梁王忏》……(P995)

"挨挨拶拶"什么意思？《汉语大词典》① 解释："犹言挤来挤去。"《白话小说语言词典》② 解释："挤挤撞撞。"《现代汉语词典》③ 没有该词条。通渭方言中，"挨挨拶拶"是个常用词语，读作［gāigāizāzā］。基本义为一个挨一个、没有间距地整整齐齐安置某物；或者一件接一件，没有间歇地扎扎实实做某事。例如：

① 把这湿麦菣④儿挨挨拶拶地叉到场边上。
② 你把那课文挨挨拶拶地念上几遍，个还不信就念不熟。

作者窃以为，用通渭方言中"挨挨拶拶"的意思解释《西游记》中的文例似乎更通顺。《汉语大词典》《白话小说语言词典》对"挨挨拶拶"的解释显然是针对前面形形色色的和尚而言。但就具体语境来看，和尚的复杂性已经用"一个个"做了概括。而"挨挨拶拶"是修饰后面的"两卷《法华经》，一策《梁王忏》"的。可释为："一个个敲木鱼，击金磬，一字不落，扎扎实实，念两卷《法华经》，一策《梁王忏》。"

---

① 汉语大词典编辑委员会、汉语大词典编纂处编纂：《汉语大词典》，汉语大词典出版社，1990年12月第一版。本书引自《西游记》外的其他作品文例，没有特别加以说明的，均转引自《汉语大词典》，不再一一作注。
② 白维国主编：《白话小说语言词典》，商务印书馆，2011年3月第1版。
③ 中国社会科学院语言研究所词典编辑室：《现代汉语词典》，商务印书馆，2012年6月第6版。
④ 【菣】［jiǎn］小捆。《说文》小束也。从束，开声。读若"茧"。

B

【把把】[bǎba]

"把把"是一个古语词,也是一个方言词。《西游记》中的"把把"出自第四十回:话说枯松涧火云洞的圣婴大王变作七岁孩童模样演化唐僧师徒。除了孙悟空,其他人都信以为真。唐僧教孙行者驮着圣婴大王。

行者说:"也罢,我驮着你;若要尿尿把把,须和我说。"(P496)

"把把"什么意思?文本脚注:"把把——方言:粪便。用手端着婴儿让他大小便的动作,也叫把把。这里指前者。"根据脚注,"把把"作为名词:即粪便;作为动词:即把屎。作者窃以为,该注释将此处的"把把"解释为名词"粪便"语义不通。圣婴大王要"粪便"干什么?应该为动词把屎、拉屎才对。

"把把"是古代白话文学中常见的一个词。其词性是极为显豁的。例如:

元·无名氏《岳飞精忠》楔子:"得了胜的着他帅府里就挂元帅印,输了的都罚去史家胡衕吃把把。"

《醒世姻缘传》第三三回:"如今自己挑了黄匆匆的一担把把,这臭气怎生受得?"

上面两文例中的"把把"就是名词,义为粪便、大便。

《现代汉语词典》没有收录"把把"词条。通渭方言中,"把把"是个常用词语,而且完全保留了其在明清小说中的用法,既可以作动词,也可以作名词。作为动词,即拉屎、拉大便;作为名词,则指粪便。但无论是作动词,还是作名词,这种叠音的说法多针对婴幼儿使用。这与《西游记》中的用法完全一致。

1. 动词:拉屎。例如:

①宝贝要把把，先给妈妈说。
②宝宝带狗狗去厕所把把去!

2. 名词：粪便。例如：

③你脚下有把把，宝贝赶快跷①过来!
④地上哪里来的把把？

【把势】[bǎshi]

"把势"亦作"把式"。《西游记》中的"把势"是孙悟空对妖精或强盗本领特有的判断标准。例如：

第三十二回："那魔是几年之魔，怪是几年之怪？还是个把势，还是个雏儿？"(P391)

第七十七回："不要怕，等我看他是雏儿妖精，是把势妖精。""八戒莫怕，是'雏儿'，不是'把势'。"(P948)

第九十七回："你们把贼都扳翻倒，捆了，教他供一个供状，看他是个雏儿强盗，把势强盗。"(P1175)

孙悟空将"把势"与"雏儿"相对，显然"把势"意即老手、行家；"雏儿"即新手、外行。孙悟空好斗、好战，也能斗能战，且斗战必赢。因为，他每遇见妖精、强盗时不是紧张，而是兴奋。但他不会盲目参战，而是如猫玩老鼠一般把对手研究透彻后才决定战略战术。其中，判断对手是"雏儿"还是"把势"，就是研究的重要一环。这也是孙悟空好玩的地方！

"把势"是一个口语词，也是一个多义词。在《汉语大词典》中有以下义项："❶武术的架式。亦指武艺。❷亦称'把式匠'。地主等雇佣来护院的庄客、打手。❸老手；行家。❹本领；技能。❺旧社会称妓女行业。"该词大量出现于明清白话小说中。如：

《英烈传》第十二回："我们有眼不识泰山。俞三官，你何故不做个把势我们看看。"

《醒世姻缘传》第六七回："那回子平日是晓得些把势的人，谁知触怒

---

① 【跷】[qiāo]亦作"蹺"。举足；抬腿。《广韵·平宵》："跷，揭足。"

了凶神,什么把势还待使得出来?叫他就像驱羊遣狗相似。"

《负曝闲谈》第十回:"大家带了把式匠,挑了帐篷锅灶,拿了器械,把了鹰,牵了狗,家人小子有些气力的,都跟了去。"

《冷眼观》第十四回:"后来闹得一蹋糊涂,要不是金小桃神通一点,这碗上海把势饭,还想有他吃的吗?"

"把势"在现代汉语中是一个口语方言词语。其常用义项有三个:"❶〈口〉武术。❷〈口〉会武术的人。❸〈方〉技术。"通渭方言中,"把势"虽然是一个常用词语,但其义不同于普通话中的含义,而是更多地保留了其在明清白话小说中的语义。具体来看:

1. 武术、武术的架势。例如:

①兀是个耍把势卖艺的。
②赵大爸耍把势很英武的!

2. 某一行当的行家、老手。该义与《西游记》中孙悟空所言一致。例如:

③老马已经起了三年墙了,早成砌墙的把势了!
④老王是耍狮子的把势。

【板筋】[bǎnjīn]

"板筋"是个方言口语词,既指牛的板筋,也指人的后脖项。"板筋"出自《西游记》第七十五回:话说在八百里狮驼岭,孙大圣与青毛狮子怪赌打。老魔大惊道:"这猴子好个硬头儿!"孙悟空乘机吹嘘:

"生就铜头铁脑盖,天地乾坤世上无。斧砍锤敲不得碎,幼年曾入老君炉。四斗星官监临造,二十八宿用工夫。水浸几番不得坏,周围扢搭板筋铺。唐僧还恐不坚固,预先又上紫金箍。"(P926)

孙悟空所言"板筋"则指自己的后脖项。《汉语大词典》《现代汉语词典》等辞书均未收录该词条。通渭方言中,"板筋"是个极为通俗的常用词语。义项较多:

1. 特指牛的背部两块连接全身运动肌肉的主大筋。例如:

①这个犍牛的板筋怎么烂了,是绳子磨得吗?

②买些牛板筋下酒。

2. 指人的后脖项。此义与《西游记》中孙悟空所言一致。例如：

③我昨晚落枕了，板筋疼！
④你的这板筋直鼓鼓地有问题吗？

3. 与"犟"组成短语"犟板筋"，专指脾气犟，性格㤘①，不会通融转弯的人。例如：

⑤你这个犟板筋，小心吃亏！
⑥老田那是个犟板筋，说不通！

4. 代指发脾气。此意来源于牛生气了就会睁大眼睛、绷直板筋、直着脖子往前直冲。人生气了其形体大概与牛相似，于是就有此说。比如：

⑦你再板筋犟，小心伊家修理你！
⑧你再直鼓鼓的板筋犟么，看我怎么收拾你！

【版牙】[bǎnyá（bǎnjiá）]

"版牙"出自《西游记》第五十回：话说唐僧等人误入金峣山金峣洞，被洞中的独角兕大王捉住。孙悟空来到山门外叫阵。魔王收束齐整开门迎战。行者闪过一旁，定睛看去，只见那魔王：

　　独角参差，双眸幌亮。顶上粗皮突，耳根黑肉光。舌长时搅鼻，口阔版牙黄。毛皮青似靛，筋挛硬如钢。比犀难照水，像牯不耕荒。(P624)

《汉语大词典》《现代汉语词典》等辞书没有"版牙"词条。但有"板牙"。分别解释为："〈方〉❶门牙。❷臼齿。""〈方〉切牙。"根据具体语境来看，此处的"版牙"义同"板牙"，特指"门牙"。通渭方言中，就将特大的门牙称为"版牙"。例如：

①这娃娃长了这么大的两个版牙！
②你的这大板牙看着得劲得很！啥都嚼得动吧！

---

① 【㤘】[zhòu] 固执，难以劝说。

【背花】［bèihuā］

"背花"在《西游记》中出自第三十一回：话说唐僧在宝象国被黄袍怪施法变为斑斓猛虎。猪八戒听从白龙马的建议去花果山假借师傅之名请孙悟空。孙悟空不愿回来。猪八戒偷着骂了几句。孙悟空探听到，佯装生气：

"小的们，选大棍来！先打二十个见面孤拐，再打二十个背花，然后等我使铁棒与他送行！"(P375)

此处"背花"与"孤拐"相对，显然指所打的部位，即在"孤拐""背花"处各打二十棒。

"背花"本义为："旧时刑杖之称。亦指杖刑的创伤"，即古时行刑杖时，背部被鞭、棒打伤所形成的伤痕。例如：

《京本通俗小说·碾玉观音》："郡王焦躁，把郭立打了五十背花棒。"

明·汤显祖《牡丹亭·闺塾》："则问你几丝儿头发？几条背花？"

可见，"背花"在明清时既指"刑杖之称，亦指杖刑的创伤"，也泛指"背部"。《现代汉语词典》无该词条。"背花"在通渭方言中是个口头常用语，使用者岁数偏大。语义保留了"背花"在《西游记》中的用法，仅指脊背偏上的部位、背部。例如：

①我今天背花疼！
②我背花上痒痒，快给我挠挠。

词语补说：

邻家老爷子早晨起来，觉得身体不舒服，就对老婆子说："我今天胸闶①、背花憋得疼！"老婆子是个粗疏的人。她想都没想，就撂了一句："你和人都不一样，疼的地方也古怪！胸闶、背花疼是落枕了吧！睡着去！"老爷子自己活动了一下，就去睡了。

傍晚，老爷子去世了！

老婆子后悔不已，逢人就说："你说为啥胸闶连背花都能把人疼死啊？"

---

① 【胸闶】［xiōngkàng（xíngkàng）］方言：胸腔部位。

【编谎】［biānhuǎng］

"编谎"即捏造、编造、运用谎言。该词出自《西游记》第三十二回：话说唐僧师徒路过平顶山，因樵子说莲花洞有两个魔头画影图形，要捉和尚；抄名访姓，要吃唐僧。于是孙行者打发猪八戒先去巡山探路。猪八戒偷懒睡觉，为了回来给唐僧、孙悟空交差，还编造谎言，于是有了一段"编谎"的公案：

师父道："悟空，你来了，悟能怎不见回？"行者笑道："他在那里编谎哩。就待来也。"长老道："他两个耳朵盖着眼，愚拙之人也。他会编甚么谎？又是你捏合甚么鬼话赖他哩。"行者道："师父，你只是这等护短。这是有对问的话。"(P397)……长老道："悟空说你编谎，我还不信。今果如此，其实该打。"(P398)……"师兄来听说谎的？这遭不编了。"(P399)……他又跌脚捶胸的道："哥啊！这是怎的起！一行说不敢编谎罢了，又变甚么树来打人！"(P399)

《汉语大词典》《现代汉语词典》《重编国语辞典修订本》等辞书均无"编谎"词条。可见该词从古至今使用地域不广，应该为典型的方言词语。通渭方言中"编谎"是一个极为通俗的常用词语，且有一个同义方言词"编虚"。通渭方言中的"编谎""编虚"不同于普通话的"编造一套谎话"，也不同于"撒谎"。而是兼有"编造一套谎话"与"撒谎"的双重含义。具体而言，通渭方言中的"编谎"有两个义项：

1. 捏造事实、编造谎言。例如：

①你这么大岁数的人还编谎（编虚），不怕人骂么？
②那个碎娃娃就不会编谎（编虚）！

2. 撒谎、说假话。例如：

③啥时候了，你怎么还敢编谎（编虚）？
④这是公安局，你知道编谎（编虚）的后果吗？

【扁毛畜生】［biǎnmáo chùshēng］

"扁（匾）毛畜生"是《西游记》中出自女妖精之口的一个詈词。

第七十二回:"这个匾毛畜生!猫嚼头的亡人!把我们衣服都叼去了,教我们怎的动手!"(P888)

第八十二回:"却不知这个扁毛畜生,从那里飞来,把我的家火打碎!"(P1010)

"扁毛"指鸟羽。"扁毛畜生"即会飞的畜生。《汉语大词典》解释该词条所选文例仅仅为《西游记》第八十二回的一例,可见该短语使用区域较小,文学作品中出现的频率不高。

"扁毛畜生"在通渭方言中是个"濒临灭绝"的词语,使用者年龄往往在七八十岁以上。主要有三个义项:

1. 家禽鸟类的代称。该义项因鸟羽为"扁毛"而来,因此有时直接叫"扁毛"。例如:

①鸡是扁毛畜生,命轻得很,靠那发财不容易。
②老鹰那是扁毛,防不住!只有把鸡圈好。

2. 詈词:既骂飞禽也骂人。该义项与《西游记》中的用法完全相同。例如:

③你又不是扁毛畜生,个①骂鸭子你急啥?
④那个扁毛畜生(代指鹰、鹞子一类的猛禽),又把我家的两只鸡娃子抓走了!

3. 对人死后灵魂去向的形象化言说,简称"扁毛"。此说来源于鸟类种类多、数量大,但人们很少看见自然死亡的鸟类尸体。据说鸟儿在预知死亡来临时,则尽力往高飞,最后在高空中风化解体。人们却认为鸟儿死后变成扁毛"永远"飞了。例如:

⑤人么——那口气一咽,魂儿变成扁毛一飞走,就啥也没了!
⑥人死就成扁毛了,留不住的。

【匾食】[biǎnshí]

唐僧师徒一路西行,吃过很多种素果素食。比如,蔬肴笋芽木耳并蘑菇,

---

① 【个】[gè]〈方〉第一人称代词:我。

辣粉汤,香汤饼,透酥糖,黄粱饭,菰米糊等,但始终没见吃"匾食"。这并非当时没有"匾食"。因为孙悟空就知道"匾食"该怎么包。《西游记》第四十六回中,虎力大仙撺掇车迟国国王扣押唐僧的关文,说要与孙悟空比赛赌砍头剖腹,下滚油锅。猪八戒一听急了。但行者道:

"我啊:砍下头来能说话,剁了臂膊打得人。铡去腿脚会走路,剖腹还平妙绝伦。就似人家包匾食,一捻一个就囫囵。油锅洗澡更容易,只当温汤涤垢尘。"(P571)

"匾食"即"扁食"。《汉语大词典》解释:"匾食:即水饺。""扁食:〈方言〉水饺、锅贴、馄饨之类的面食。"大部分文学作品中写作"扁食"。孙悟空所谓的"匾食",就包的动作——"一捻一个"来看,应该是馄饨。"扁食"是一种源远流长的食物。宋代以降的文献资料中多见"扁食"一词。如:

宋·徐梦莘《三朝北盟会编》卷七一引《避戎夜话》:"金人供送上左右寝食皆如法,并吃馄饨、扁食,乃金人御膳也。"

明刊本《李九我批评破窑记》第十三出:"诸尊菩萨降来临,只有两个金钢寻不见,王婆店里吃扁食。"

《醒世姻缘传》第三回:"后边计氏一伙主仆,连个馍馍皮、扁食边,梦也不曾梦见。"

清·王誉昌《崇祯宫词注》:"翊坤宫近侍刘某,善治扁食,进御者必其手造。"

清·潘荣陛《帝京岁时纪胜·皇都品汇》:"孙胡子,扁食包细馅;马思远,糯米滚元宵。"

《现代汉语词典》也将"扁食"归为方言词语。通渭地域就有"扁食"这种食品。通渭传统的"扁食"与今天饺子、馄饨的制作方法稍有不同。其皮不像今天的饺子皮,一张一张擀,而是将饧好的面先擀成一大张,再用小碗或瓶子盖之类的圆形器皿碴成直径6厘米左右的小面皮。小面皮是圆形的,不像馄饨皮是梯形、方形的。扁食馅料与今天饺子、馄饨的馅料区别不大,荤素皆可。扁食的形状有麦穗状、半月状、元宝状、荷包状、荷叶饼状、小老鼠状,等等。扁食可蒸可煮。蒸扁食一般蘸油泼辣子、蒜泥、醋等混合而成的蘸料吃。煮扁食可以蘸蘸料吃,还可以浇上特制的汤,如馄饨一样吃。例如:

①原先吃顿扁食是让人很期待的事儿!现在扁食变成了饺子。饺子对人没有多大诱惑力!

②妈妈曾经说外头大嫂子做的浇头扁食香得很！我多次想着找机会问问大嫂子，那个"香得很"的"浇头"怎么做？可惜这么多年过去了，我竟然没问！好像也不是没有机会！现在问不问，知不知道都没意义了！

21世纪，随着通渭进入动车时代，随着家庭的小型化，随着四合院的大厨房变为楼房上的小厨房，随着案板越来越小，"扁食"的制作方法逐渐被饺子的制作方法所取代，名称也逐渐被饺子所替代。只有一些老人还坚守扁食传统的做法，坚持"扁食"这个称谓。

【不当人】[búdāngrén]

该短语出自《西游记》第一回：话说猴王参访仙道，无缘得遇。历经千辛万苦，来至西牛贺洲地界。登岸遍访多时，忽见一座高山秀丽，林麓幽深。听见一樵子在林中唱歌。于是：

猴王近前叫道："老神仙！弟子起手。"那樵汉慌忙丢了斧，转身答礼道："不当人！不当人！我拙汉衣食不全，怎敢当'神仙'二字？"(P10)

"不当人"该怎么理解？《重编国语辞典》解释为"罪过、不应该"。所选文例即该例。《汉语大词典》有该词条，但解释为：见"不当人子"。对"不当人子"解释为："不当价、犹言罪过。"所选文例：

《西游记》第二四回："长老道：'乱谈，乱谈！树上又会结出人来？拿过去，不当人子。'"

《醒世恒言·刘小官雌雄兄弟》："老军见他当真，便道：'多谢厚情，只是无功受禄，不当人子。老汉转来，定当奉酬。'"

《儒林外史》第二十回："我们都是烟火邻居，遇着这样大事，理该效劳。却又还破费老师父，不当人子。"也省作"不当人"。

《西游记》第一回："那樵汉慌忙丢了斧，转身答礼道：'不当人！不当人！'我拙汉衣食不全，怎敢当'神仙'二字！"

仔细分析文例，"不当人"似乎不是"不当人子"的省略。就《西游记》来说，"不当人子"多达十四处，而"不当人"仅此两处。显然作者不是信手拈来，随便使用的。择录几例《西游记》中"不当人子"的文例：

第七回："佛祖听言，呵呵冷笑道：'你那厮乃是个猴子成精，焉敢欺

心,要夺玉皇上帝龙位?……你那个初世为人的畜生,如何出此大言!不当人子!不当人子!折了你的寿算!'"(P78)

第十五回:"三藏道:'不当人子!莫说这空头话!快起来,莫误了走路。'"(P190)

第二十四回:"八戒道:'兄弟再莫题起。不当人子了!从今后,再也不敢妄为。——就是累折骨头,也只是摩肩压担,随师父西域去也。'"(P290)

第二十五回:"那八戒就趁脚儿跪道:'你这个童儿,年幼不知事体,就来乱骂,白口咀咒,枉赖了我们也!不当人子!'"(P304)

第四十七回:"唬得那老者慌忙跪着唐僧道:'老爷,不当人子!不当人子!这位老爷才然说话,怎么就变作我儿一般模样,叫他一声,齐应齐走!——却折了我们年寿!请现本相!请现本相!'"(P587)

第七十四回:"公公道:'你这小和尚胡说!不当人子!那个神圣是你的后生小厮?'"(P909)

综合来看,《西游记》中的"不当人子"要么是詈词,用以斥责他人;要么是自责之语。通俗讲,就是"不是人啊""不讲人话啊""不干人事啊""算不上人啊""不是人娃娃啊"等。文雅地说即"罪过、不应该"。而"不当人"就具体语境来看并非"罪过、不应该"之义。猴王看见樵汉,拱手称"老神仙!"樵汉听了吓一跳,慌忙丢了斧,转身答礼道:"不当人!不当人!我拙汉衣食不全,怎敢当'神仙'二字!"该答礼显然是一个解释。本人窃以为"不当人"解释为"(我是一个)可怜人、可怜人"更恰当。通渭方言中就有"不当"一词,义为"可怜""怜悯""痛惜"等。作者窃以为,用通渭方言中"不当"一词的语义、用法解释《西游记》中"不当人"更为恰切。

通渭方言中的"不当"是个常用词语,适用范围非常广泛,使用频率也很高。其义项有两个:

1. 形容词:可怜、悲惨等。甘肃的天水、陇西、定西等地,陕西的安塞、周至、宝鸡、榆林等地都有此说法。例如:

①兀婆娘一死,那的几个娃娃就不当了!

②兀人天生就是一个不当人!少年丧亲,中年丧妻,晚年丧子。人生三不幸他都占上了!

2. 动词:怜悯、痛惜、疼爱等。例如:

③我看着那没娘娃娃不当得很,但我又没办法养。

④弟弟一个人走了,看着他的背影,我不当得很!

【不拘多少】[bùjū duōshǎo]

"不拘多少"出自《西游记》第三十八回：话说乌鸡国王子出城打猎，与唐僧师徒商议救其父王之事。王子回城时，没有猎物怕被假国王识破，于是行者拘来当地山神土地神，说道：

"老孙保护唐僧至此，欲拿邪魔，奈何那太子打猎无物，不敢回朝；问汝等讨个人情，快将獐犯鹿兔，走兽飞禽，各寻些来，打发他回去。"山神土地闻言，敢不承命？又问各要几何。大圣道："不拘多少，取些来便罢。"(P466)

"不拘多少"中的"不拘"。义为：不拘泥、不计较、不限制，或者不论、不管之义。该词是古汉语中的一个常用词语。例如：

《庄子·渔父》："故圣人法天贵真，不拘于俗。"成玄英疏："不拘束于俗礼也。"

宋·苏轼《放榜后论贡举合行事宜》："欲乞特赐指挥，今后差试官，不拘经义诗赋，专务选择有词学之人。"

金·董解元《西厢记诸宫调》卷五："想夫人处必有佳馔，烦汝敬谒，不拘多寡，以疗宿饥，可乎？"

"不拘多少"义为不限多少、不论多少、不管多少。这种说法在通渭方言中极为普遍。凡没有确定数目要求的都可以用"不拘+相反性形容词构成的联合短语"这一句式，如：不拘多少、不拘迟早、不拘大小、不拘好坏、不拘早晚、不拘长短、不拘老少、不拘男女，等等。作者对该短语印象最深的是二十世纪七十年代，通渭乡间有许多乞丐。乞丐上门讨要时总说："爷爷奶奶（根据对象确定称谓）不拘多少（不拘黑白、不拘哈好、不拘干湿、不拘清稠），过上些吧！"

写到这儿，作者突然发现孙悟空和山神土地的对话与通渭乡间乡民的对话无论是措辞用语还是体现出的风俗人情简直毫无二致！作者猛然间有种时光停止未动的感觉！

C

【藏风聚气】[cángfēng jùqì（cángfēng qúqì）]

"藏风聚气"是个风水学术语。该词在《西游记》共有三处。即：

第二十五回："师父不济！权在山坡下藏风聚气处，歇歇再走。"(P311)

第八十六回："方塘积水，隐穷鳞未变的蛟龙；深穴依山，住多年吃人的老怪。果然不亚神仙境，真是藏风聚气巢。"……"向阳处，寻了个藏风聚气的所在，取钉钯筑了一个坑，把头埋了，又筑起一个坟冢。"(P1052-1054)

根据语境分析，"藏风聚气"即依山傍水、向阳避风、温暖舒适的地方。

《汉语大词典》《现代汉语词典》等辞书均无该词条。"藏风聚气"在通渭方言中是一个极为通俗的短语。大体有两个义项三种用法：

1. "风水"学中的专用术语。该术语有两种用法：第一种：给活人选阳宅时的风水术语。第二种：给死人选阴宅时的风水术语。通渭人无论给活人盖房子选址，还是给死人做阴宅选址，都讲究"藏风聚气"。什么样的地理位置算"藏风聚气"之所？老百姓都有自己的依据、标准以及见解。作者没有研究，不敢置喙，仅录人们的说法于此。例如：

①这家子人怎么把庄打在一个张风咀上？一点儿也不藏风聚气么！

②这是阿是舍的坟地！这儿藏风聚气，好风水！

2. 泛指向阳避风，温暖舒适的地方。该义项使用范围极为宽泛，凡能遮蔽风雨、阳光充足的所在都可归为藏风聚气之处。例如：

③放羊娃把羊赶到山坡上，自己找个藏风聚气的地方睡觉去啦！

④大爷你晒热头儿啊！这达舒坦，藏风聚气！

通渭方言中"藏风聚气"的两个义项三种用法与《西游记》中"藏风聚气"的义项、用法完全吻合。《西游记》中"权在山坡下藏风聚气处,歇歇再走"的"藏风聚气"泛指向阳避风、温暖舒适的地方。"果然不亚神仙境,真是藏风聚气巢",该"藏风聚气"指"艾叶花皮豹子精"的"隐雾山折岳连环洞"的风水,即阳宅的风水。而"向阳处,寻了个藏风聚气的所在"的"藏风聚气"是悟空等人给"师父"的死人头所选阴宅的风水。可见,通渭方言中的"藏风聚气"完整地继承了该词的古义、古用法。

【嘈人】[cáorén]

"嘈人"是《西游记》第二十七回中出自猪八戒之口的一个词语。话说唐僧师徒来到一座高山,但见峰岩重叠,涧壑湾环。正行到嵯峨之处,三藏却喊肚饥。孙悟空跳上云端,手搭凉篷,睁眼观看,不见人烟,唯见正南高山向阳处,有一片鲜红的点子。以为那是熟透的山桃,就嘱咐师傅等着,自己驾云去摘桃子。这时白骨精化作一妙龄女子,手提青砂罐儿、绿瓷瓶儿,径奔唐僧而来。猪八戒迎上前,问询得知她来斋僧。于是:

八戒闻言,满心欢喜,急抽身,就跑了个猪颠风,报与三藏道:"师父!'吉人自有天报!'师父饿了,教师兄去化斋,那猴子不知那里摘桃儿耍子去了。桃子吃多了,也有些嘈人,又有些下坠。你看那不是个斋僧的来了?"(P329)

"嘈人"什么意思?《汉语大词典》《现代汉语词典》等辞书没有"嘈人"词条,但有"嘈"词条。《汉语大词典》解释"嘈:❶喧闹。❷指胃部难受,不舒服"。可见,猪八戒此处所言的"嘈人"意思为:只吃桃子,会使人胃里不舒服,胃里难受。

"嘈人"是通渭方言中的一个常用词语,语义与"嘈"大体相同,但音调不同。

1. 嘈人[càorén]:犹如吵人。喧闹,嘈杂之义。含贬义。例如:

①你们这么嘈人(嘈)地嚷啥[sè]着?不能慢慢个说嘛!
②教室里太乱了,嘈人(嘈)得啥也做不成!

2. 嘈人[càorén]:形容洋芋因为发芽、发绿而有麻味,或生涩不好吃。例如:

③兀颗洋芋绿着,嘈人得很,别吃!
④今年的洋芋嘈人得很,不好吃。

3. 嘈人〔cáorén〕:胃里不舒服,胃里难受。此义与猪八戒所言一致。例如:

⑤这几天只吃青菜,胃里寡咧咧地嘈人得很!
⑥先吃些面食,再吃煮洋芋,要不然嘈人了!

【叉钯扫帚】〔chā Pá sàozhǒu(zhú)〕

"叉钯扫帚"是个联合短语,即叉、钯以及扫帚三种农具。但它们在《西游记》却是作为武器出现的。且看原文:

第二十一回:"那里有一老者,带几个年幼的农夫,叉钯扫帚齐来,问道:'甚么人?甚么人?'"(P256)

第三十二回:"他这西方路上,不识我是取经的和尚,只道是那山里走出来的一个半壮不壮的健猪,伙上许多人,叉钯扫帚,把老猪围倒,拿家去宰了,腌着过年,这个却不就遭瘟了?"(P394)

第四十五回:"那道士闻得此言,拦住门,一齐动叉、钯、扫帚、瓦块、石头,没头没脸,往里面乱打。"(P555)

"叉""钯""扫帚"这是农村最常见的三种农具,也是农村最应手的"武器"。所以农夫们在黄昏时分听见孙悟空与猪八戒叫门,以为是"妖狐老虎及山中强盗",顺手抄起自卫的武器就是叉、钯、扫帚。猪八戒想象农夫围攻一头"健猪"时使用的工具也是叉、钯、扫帚。生活在乡间的道士们操起的武器也是叉、钯、扫帚。

"叉""钯""扫帚"至今是通渭乡间打碾庄稼时必需的三种农具,也是三种极为古老的工具。具体来看《汉语大词典》对"叉""钯""扫帚"的解释:"叉:❶交错;交叉。❷头部有分杈,用来刺物取物的器具。""钯:❶古兵器。❷平土除草的锄类农具。""扫帚:除去尘土、垃圾等的用具。"可见,在中国古代"钯"既是一种武器,也是一种农具。"叉"与"扫帚"主要为工具。

"叉"由一根一米五左右的木质长柄楔一叉头组成。旧时,叉头多为木质。现在,叉头多为金属。插头有两齿、三齿,还有四齿的。叉主要用来散开、聚拢庄稼秸秆或柴草等。

"钯"：《现代汉语词典》解释："旧同'耙'（Pá）。""'耙'名词，耙子。聚拢和散开柴草、谷物等或平整土地用的农具，有长柄，一端有铁齿、木齿或竹齿。"

在通渭乡间，"耙子"与"耙"是两种不同的农具。"耙子"即词典所介绍的工具，状如猪八戒的九齿钯。

"耙"是由一块长约一米五，宽约一尺的长方形木板，沿木板平面楔梯形的扶手；木板两端打孔，穿五六米长的麻绳装配而成。主要用以碾场时聚拢粮食。使用时，可以一个人双手抓着扶手把场中的粮食推成堆；也可以两人配合，一人在前面用绳拉，一人在后面扶着把手推，将粮食聚拢成堆。还可以用来"铲"雪。通渭乡间，用传统方式打碾庄稼"起场"时，先用"叉"抖出粮食，聚拢、叉走秸秆。然后边用"耙"将满场粮食推堆，边用扫帚跟扫。三种工具紧密配合，缺一不可。正因如此，"叉钯（耙）扫帚"往往被作为一个整体使用。例如：

①今天碾场，你给咱们把叉钯（耙）扫帚拿上！
②说要碾场了，却有叉没耙少扫帚的，怎么碾了？

"叉钯扫帚"既是通渭以传统的耕作方式劳动的农民不可缺少的农具，也是农民最得心应手的"武器"。作者小时候就经历过被大人用"叉""耙""扫帚"修理的情形。大人吓唬小孩时也常常说：

③我把你一叉（钯）打死劣！
④小心我拂①你一扫帚疙瘩！

这种情形与《西游记》中所描述的情形完全相同。从《西游记》成书至今四百多年，"叉钯（耙）扫帚"在通渭地区的使用方法与语境竟然如此稳定！真搞不懂是通渭人的生活节奏太慢，还是这些古语词的穿透力太过强大！

---

① 【拂】[fǔ（fō）] 方言：打。《广韵》："敷勿切，音，髴。"《说文·手部》："拂，过击也。"徐锴系传："过而击之也。"即随击随过；掠击。汉·司马相如《上林赋》："拂翳鸟，捎凤凰，捷鹓鶵，揽焦明。"

【差池】[chāchí]

"差池"是《西游记》中的一个常用词语,共有八处。该词是一个极为古老的词语,因"差"的读音不同,其意义也不同。《汉语大词典》解释:

❶"差[cī]池"犹参差。不齐貌。

《诗·邶风·燕燕》:"燕燕于飞,差池其羽。"马瑞辰通释:"差池,义与参差同,皆不齐貌。"

《左传·襄公二十二年》:"谓我敝邑,迩在晋国,譬诸草木,吾臭味也,而何敢差池?"杜预注:"差池,不齐一。"

❷"差[chā]池"即差错;意外。

唐·韩愈《寄崔二十六立之》诗:"每旬遗书我,竟岁无差池。"

唐·李端《古别离》诗之一:"与君桂阳别,令君岳阳待。后事忽差池,前期日空在。"

❸"差[chà]池"犹差劲,不行。

根据语境,《西游记》中的"差池"语义集中于"差[chā]池",即差错;意外。具体分三种情况:

1. 差错。有泛指意。

第十七回:"语去言来机会巧,随机应变不差池。"(P211)

第五十七回:"你又说话粗鲁,或一言两句之间,有些差池,他就要打你。"(P706)

第八十一回:"那孙大圣精神抖擞,棍儿没半点差池。"(P1000)

2. 意外之事。

第十九回:"只恐一时间有些儿差池,却不是和尚误了做,老婆误了娶。"(P236)

第六十二回:"一则夜静风寒,又没个伴侣,自去恐有差池。老孙与你同上如何?"(P764)

3 错误。

第六十五回:"观此景象,也似雷音,却又路道差池。"(P797)

第七十八回："只见那国王相貌尪羸,精神倦怠:举手处,揖让差池。"(P965)

通渭方言中,"差池"属于雅词。"差[chā]池""差[chà]池"两个读音的语义都有。"差"方言读[cɑ](擦)音。该词使用者岁数偏大,用于比较庄重、严肃的场合。

1. "差[cā]池":泛指差错。例如:

①腊月二十三晚上送灶爷,妈妈祷告时,总会说:"这一年厨房里难免有波米漾面、浪汤泼稀、不贴不到的地方,有啥差池,请灶王爷多多包涵!上天多言好事、少说哈话。"

②这娃娃跟着你,有啥差池,你多指教!

2. "差[cǎ]池":引申为差得远。例如:

③就你这脾气,要在外面闯荡,还差池远了!

④她那么个做事方法,离活人(做人之意)还差池得远了!

【趻】[chà(cà)]

"趻"义为:1. 踩、踏、跨越。《玉篇》踏也。2. 同岔,岔路。《集韵》楚嫁切,音衩。歧道也。"趻"在《西游记》中共有三处,有两个义项:

1. 踏、踩的意思。

第三十八回:"行者先举步趻入,忍不住跳将起来,大呼小叫。"(P469)

第八十回:"才举步,趻入门里,忽见一个和尚走来。"(P989)

2. 跨过、走过、越过的意思。

第四十回:"遂都无言语,恨不得一步趻过此山。"(P493)

《现代汉语词典》没有"趻"词条。但有"蹅 chǎ"词条,语义同为"踩、踏"。就字义来看,"趻""蹅"二字可以互用。通渭方言中,"趻(蹅)"是一个极为通俗的常用词语。其使用范围比"踩""踏"二字广泛,使用频率也较高。具体义项有四个:

1. 但凡认为破坏性的"踩踏"行为都用"趻(蹅)"。例如:

①地湿得很，不要进去趿。
②那群羊把苜蓿趿没了！

2. 上下踩踏的行为用"趿（蹅）"。此义与《西游记》中的第1个义项相同。例如：

③我要裹炕，需要趿（蹅）点泥。
④兀块娃娃又趿（蹅）水着！暂把鞋袜趿（蹅）湿了是！

3. 艰难的跋涉用"趿（蹅）"。例如：

⑤他昨日趿（蹅）着那么厚的雪去叫先生①。
⑥老汉大雨里趿（蹅）上着寻羊着！

4. 大踏步、快步跨过去。此义特别强调无论脚下是什么样的路，或什么东西，都照常大步往前走之义。此义与《西游记》中"恨不得一步趿过此山"相同。

⑦甲：路上全是烂泥石头！不能走！乙：兀也得趿着去。
⑧那阵娃娃竟然从那么长的麦地里趿过去了，简直不是人娃娃！

【劖】［chán（càn）］

"劖"是《西游记》中一个出现频率不高，但含义较复杂的词语。共计六处，两个义项：

1. 砸；剁；割；剁等义。

第七十三回："好大圣，把叉儿棒幌一幌，复了一根铁棒，双手举起，把七个蜘蛛精尽情打烂，却似七个劖肉布袋儿，脓血淋淋。"(P899)

第八十六回："打听得他们散了阿，把唐僧拿出来，碎劖碎剁，把些大料煎了，香喷喷的大家吃一块儿，也得个延年长寿。"(P1058)

2. 讽刺挖苦、刻薄嘲讽、玩笑之言。

第四十六回："我们也错看了这猴子了！平时间劖言讪语，斗他耍子，

---

① 【先生】［xiānseng］方言指医生。

怎知他有这般真实本事！"(P574)

第九十五回："一冲一撞赌输赢，劗语劗言齐斗嘴。"(P1154)

"劗"在古汉语中是个多义词。《汉语大词典》引用杨树达《积微居小学金石论丛·字义同源于语源同例证·释镵》：

《说文》四篇下《刀部》云："劗，断也，一曰剽也。"按剽下云："砭刺也。"《西京赋》云："叉簇之所擽角。"注云："擽角，贯刺之。"盖锐谓之劗，石针谓之镵，砭刺谓之劗，贯刺谓之镵，以言伤人谓之镵，其义一也。

《汉语大词典》所列"劗"之义项多达八个："❶刺；砭刺。❷断；凿。❸削。❹讽刺。❺铲具名。❻砍杀；杀死。❼折磨。❽犹破除；消除。"该词高频率出现于唐代以降的文学作品中。如：

唐·韩愈《酬四门卢四大夫院长望秋作》诗："若使乘酣骋雄怪，造化何以当镌劗？"

宋·辛弃疾《洞仙歌》："劗叠嶂，卷飞泉，洞府凄凉。"

元·萨都剌《换骨岩》诗："千丈丹梯万丈岩，天开地辟鬼神劗。"

明·贾仲名《萧淑兰》第一折："恐梅香冷句劗，怕妳娘闲话儿签。"

清·洪昇《长生殿·骂贼》："任胡行堪不堪？纵将他寝皮食肉也恨难劗。"

《现代汉语词典》没有"劗"词条。通渭方言中，"劗"是个使用领域较小的动词，读[càn]（灿）音。其主要义项有三个：

1. 凿。即用凿子等在极硬的东西，如石头、铁块等上面凿渠、凿眼等。例如：

①需要一个大一点的凿子给这个碌碡①劗个眼。
②打磨子太吃力了，那东西不会打的人一会儿就劗得头疼。

2. 砸、剐。该义多采用比喻的手法强调手段之恶劣，或者方法之强硬。例如：

③那个娃娃太坏了，劗着吃他先人的脑髓了！

---

① 【碌碡】[liùzhóu（lùchú）] 碾压用的农具。用牲畜或机动车牵引来压平田地、碾脱谷粒等。

④你简直是块格格核桃,剷着吃的!

3. 削、割。该义特别强调将非常硬的东西上面的多余成分削割掉。例如:

⑤这块石头上有个角角,你看能不能剷掉。
⑥你竟然能将这水泥墙上的钉子剷平!太厉害了!

【缠长】[chàncháng]

该词出自《西游记》第八十六回:话说唐僧师徒来到隐雾山折岳连环洞,被艾叶花皮豹子精采用分瓣梅花计抓走了唐僧,然后抛出一个假人头,说唐僧已经被吃了。孙悟空师兄弟为给师傅报仇,与妖精厮杀。孙悟空想变化形体进入妖洞:

> 他(孙悟空)道:"不消讲!那就是后门了。若要是原嘴脸,恐有小妖开门看见认得,等我变作个水蛇儿过去……且住!变水蛇恐师父的阴灵儿知道,怪我出家人变蛇缠长;变作个小螃蟹儿过去罢……也不好,恐师父怪我出家人脚多。"(P1057)

"缠长"就上下文语境来看,即为如水蛇形体一般长而且弯曲盘绕,令人恐怖、厌恶。因此孙悟空认为师傅即使死了,阴灵儿都不愿意看见自己变化为水蛇。

《汉语大词典》《现代汉语词典》均无"缠长"词条。通渭方言中,"缠长"是个常用词语,多比喻令人厌恶的纠缠、搅扰行为,或者不加节制、没完没了的言行。例如:

①我们领导说话太缠长了,那废话听得人昏昏欲睡。
②兀人太缠长了,怎么坐在别人家里就不走了!
③兀人缠长得很,一搭言就说不完了!

【刬】[chǎn(càn)]

"刬"出自《西游记》第十五回:话说唐僧与悟空来到"蛇盘山鹰愁涧"。涧中孽龙吞掉了唐僧的白马连同鞍辔。后来,孽龙经观音菩萨点化变为白马。

孙悟空将此"白龙马"牵来,三藏误以为是原先的白马。

> 行者道:"师父,你还做梦哩!却才是金头揭谛请了菩萨来,把那涧里龙化作我们的白马。其毛片相同,只是少了鞍辔,着老孙揪将来也。"……三藏无奈,只得依言,跨了刬马……那师父也似信不信,只得又跨着刬马,随着行者,径投大路奔西而去。^(P186-187)

此处"刬"义为光着、赤着。"刬马"显然就是没有备鞍辔、笼头、缰绳的马,就是精光赤溜的马。通渭方言中就将没备鞍辔的马称为"刬马",没备鞍辔的骡子称为"刬骡子"。"刬"读[càn](灿)音。能骑住刬马、刬骡子的人是"厉害人"。因此,在农业社时代,常有年轻人作为耍子,尝试骑刬马、刬骡子玩,被摔伤、踢伤的大有人在。例如:

①兀个跛老汉就是小时候骑刬马跘①哈的!
②刬马没处抓搩,千万别骑,那不是耍子的!

"刬"的光着、赤着这一义项,在通渭方言中,不仅用于骡马,还用于人的头与脚。例如:

③地上那么凉,你刬脚儿(没穿袜子、鞋)跑啥?
④天这么冷,你也不戴个头巾!价个刬头看着冷得很!

在古汉语中,"刬"置于名词前作定语或置于动词前做状语时,还表示"只""仅"等义。例如:

> 唐·李廓《长安少年行》之一:"刬戴扬州帽,重熏异国香。"
> 南唐·李煜《菩萨蛮》词:"刬袜步香苔,手提金缕鞋。"
> 宋·吴曾《能改斋漫录·记诗》:"公在镇,每宴客,命听分行刬袜,步于莎上,传唱《踏莎行》。"
> 明·张煌言《黄溢谣》之一:"妾家生小住黄溢,乱挽乌云刬着裈。"

"刬"在古汉语中的"只""仅"这一义项在通渭方言中也被选择性地保留了下来,现在仅将应该配套穿的鞋袜单穿称为"刬",但似乎没有"刬裤""刬衣"之说。例如:

⑤兀个娃娃孽障得很!大冬天就赤脚子穿着两只刬鞋儿(没穿袜子)。

"刬"本义为:削去、铲平;铲除、灭除。也义同"铲",即农具名:铲

---

① 【跘】[bān]方言:跌倒;从高空跌落。

子。这些义项在普通话中都被"铲"所取代。普通话中仅保留了作为副词的"划",义为:全部、一律、一概的意思。《现代汉语词典》将其归为方言词语。通渭方言中,副词"划"的义项比《现代汉语词典》所罗列的要多。

1. 凡表示全部、一概、一律的都可以用"一划"来概括。例如:

⑥一开年,娃娃们上班的上班,上学的上学,一划走了,屋里人黟鬼黟的瞥坐不住!

⑦要将《西游记》中的通渭方言词一划找出来还真不容易!

2. 动量词:遍、次等。例如:

⑧荞容易打碾。晒干的话,打一划就干净了。

⑨洋芋粉打淀一划不行,得打淀两三划。

【超荐】[chāojiàn]

"超荐"义如超度荐拔,即活人通过做法事使死者灵魂免除地狱之苦。该词出自《西游记》第十三回:话说唐三藏在双叉岭被野牛精、熊罴精、老虎精吃掉了两个从人。正在身陷虎、狼、虫、蛇之间寸步难行之时,遇见镇山太保刘伯钦,才得以平安脱身。次日,恰好刘伯钦父亲周忌。刘伯钦母亲央祈唐三藏为其念卷经文超度。唐三藏欣然答应,且为其诵《度亡经》《金刚经》《观音经》《法华经》《弥陀经》以及《孔雀经》,又为其写荐亡疏一道。

> 却说那伯钦的父亲之灵,超荐得脱沉沦,鬼魂儿早来到东家宅内,托一梦与合宅长幼道:……都至前拜谢道:"多谢长老超荐我亡父脱难超生,报答不尽!"(P163-164)

《现代汉语词典》无"超荐"词条。"超荐"在通渭方言中是个常用词语。除了本义外,还有引申义。

1. 本义:超度荐拔亡灵。例如:

①每年农历四月八日,湛龙观就会打醮。周围十里八乡的乡民凡近年有亲人去世的都会忌口,准备纸钱香表,还有"文书",到时去观里超荐亲人亡灵。

②超荐亡人那事,信则有,不信则无,说是说不清楚的。

2. 引申义:嘲讽、嘲弄、顶撞他人。此义强调使用既像夸奖,又如批评的口吻、语言嘲讽、嘲弄他人。

③兀块人太可憎了！我忍不住超荐了两句。
④你不超荐他，完全不妨事。何必惹那人啊！

【撤身】[chèshēn]

"撤身"亦同"彻身"。义为闪身、抽身、转身、脱身等。《西游记》中"撤身""彻身"二词皆有。据不完全统计，"撤身"有八处。"彻身"仅一处。如：

第五十五回："八戒见事不谐，拖着钯彻身而退。"(P679)
第五十七回："这行者更不回手，撤身躲过。"(P710)
第六十三回："还有一个老龙婆撤身就走，被八戒扯住，举钯才筑。"(P780)

《现代汉语词典》没有"撤身""彻身"词条。通渭方言中"撤身（彻身）"是常用词语。义项较复杂。

1. 转身撤离之义。该义多强调转身离去时的干脆利落、决绝之态。例如：

①我看他们嚷个没完，就撤身来了。
②你先去看看，如果谈不来，就撤身回来。

2. 闪身。该义多强调反应、动作之快。例如：

③我眼骼扫着砖砸下来了，就彻身跳到了旁边。
④兀老汉还攒劲着，觉得车就要翻的时候，彻身就跳了。

3. 习语：撤利身。例如：

⑤兀块婆娘心硬得很！男人一死，竟然将两个娃娃撂哈，撤利身跟上人走了。
⑥我看要不上钱，还要搭盘缠，就撤利身子来了。

【畜生】[chùshēng（chùsēng）]

"畜生"是《西游记》中一个使用频率极高的詈词。特别有意思的是,"骂畜生者"和"被骂为畜生者"的身份都是极其特殊的。下面具体来看:

第六回:二郎神骂悟空:"断是这畜生弄喧!他若哄我进去,他便一口咬住。"(P71)

第七回:如来佛祖骂悟空"你那个初世为人的畜生,如何出此大言"!(P78)

第十六回:悟空骂众僧"我把你这些该死的畜生!哪个问你讨甚么命"!(P200)

第十八回:高太公骂高才:"你那个蛮皮畜生,怎么不去寻人,又回来做甚?"(P221)

第九十回:狮奴儿骂狮兽:"你这畜生,如何偷走,教我受罪!"(P1103)

第二十回:行者骂虎怪道:"你这个剥皮的畜生!你弄甚么脱壳法儿,把我师父摄了。"(P250)

第三十九回:那菩萨却念个咒,(对狮子怪)喝道:"畜生,还不皈正,更待何时!"(P487)

第五十六回:三藏对两个毛贼道:"只是这世里做得好汉,那世里变畜生哩!"(P691)

第六十六回:妖魔对五龙二将怒道:"这畜生,有何法力,敢出大言!"(P809)

第七十三回:蜈蚣精变的道士骂悟空:"你这个村畜生,闯下祸来,你岂不知?"(P898)

第七十二回:蜘蛛精骂悟空变的老鹰:"这个匾毛畜生!猫嚼头的亡人!"(P888)

第九十六回:长老骂八戒:"正是那'槽里吃食,圈里擦痒'的畜生!"(P1167)

《西游记》里简直是"畜生"满天飞!无论是神、佛、仙、妖、魔、道、人还是"畜生"本身,都喜欢以"畜生"相骂。可见"畜生"是多么应口、多么解气、多么通俗易懂的一个詈词!毫不夸张地说,《西游记》中"畜生"就是一个天地通骂语。

"畜生"是一个极为古老的词语。其书面语在先秦的文献典籍中就有。含两个义项：

❶本义：畜养的禽兽。"生"通"牲"。

《韩非子·解老》："民产绝则畜生少，兵数起则士卒尽。"

北魏·郦道元《水经注·河水一》："县有龙泉……畜生将饮者，皆畏避而走。"

❷詈词。谓没有教养，如同禽兽。这也是《西游记》中该词的主要义项。

《隋书·后妃传·宣华夫人陈氏》："上恚曰：'畜生何足付大事，独孤诚误我！'"

金·董解元《西厢记诸宫调》卷八："把忘恩的老婆枭了首级，把反间的畜生敎尸粉碎。"

《老残游记》第一回："你们这些没血性的人，凉血种类的畜生。"

通渭方言中完整地保留了"畜生"这个古老词语的两个义项：

1. 泛指禽兽。例如：

①驴就是一个不会言喘的畜生。你拴住就行了，骂什么？
②家里除了娃娃，还有畜生儿要经营（管理）。

2. 詈词。作为一个骂人的术语，"畜生"在通渭乡间也是一个老少皆宜，男女混用的"通骂"词汇，具有普遍适用性。例如：

③你打老子，简直畜生不如！
④他为老不尊，装疯卖傻，简直是个老畜生！
⑤骂你是个畜生，简直玷污了畜生！

【穿换】[chuānhuàn]

"穿换"即对调，交换之意。该词在《西游记》中使用频率不高，仅有两处。

第七十一回："那娘娘擎杯，这妖王也以一杯奉上，二人穿换了酒杯。"(P869)

第七十三回:"行者眼乖,接了茶锺,早已见盘子里那锺茶是两个黑枣儿。他道:'先生,我与你穿换一杯。'"(P897)

"穿换"早出现于元代的戏剧中。但出现频率不高,可见该词在古代使用地域不广。

元代·乔吉《扬州梦》第一折:"我与大姐穿换一杯。大姐,换了这一杯饮过者。"

《现代汉语词典》没有"穿换"词条。通渭方言中,"穿换"是个常用词语。该词完整地保留了原意。例如:

①这个碗不是曹①的,是不是上次祠堂里和谁家的穿换了!
②你的校服嫌小的话,找嫌大的穿换一下。

【矬】[cuó]

"矬"在《西游记》中是个多义词,有两个义项:

1. 身材短小。

第二回:"你这般矬矮,我这般高长,你要使拳,我要使刀,使刀就杀了你,也吃人笑,待我放下刀,与你使路拳看。"(P26)

2. 压缩、下降,引申为发软等义。

第二十九回:"八戒把身一矬,依然现了本相,侍立阶前。"(P358)
第五十四回:"一个个都捻手矬腰,摇头咬指,战战兢兢。"(P664)
第十四回:"那马见了他,腰软蹄矬,战兢兢的立站不住。"(P167)

"矬"在明代的通俗文学中除了《西游记》中的这两个义项外,还有"容貌丑陋"之义。如:

明·高明《琵琶记·奉旨招婿》:"我做聪俊的媒婆,两脚疾走如梭。生得不矮又不矬,人人都来请我。"

明·顾起元《客座赘语·诠俗》:"貌寝而不扬曰矬。"

---

① 【曹】[cáo] 方言:第一人称代词"我们"。

《现代汉语词典》将"矬"归为方言词语。通渭方言中,"矬"是个常用词语。完全继承古义。

1. 本义:身材短小。例如:

①老张一肥,就更矬了。现在纯粹一块矬胖子!
②矬人离心近,花花肠子多!

2. 引申义:容貌丑陋。

③兀块矬俙坏得很!我恨不得给一捶搞死。
④小杨就是块矬憋子,实在太难看了!

D

【打鼾睡】[dǎhānshuì]

该短语出自《西游记》第二十一回：话说黄风怪摄走唐僧。孙悟空变作一个花脚蚊虫飞进黄风洞去打探虚实。

只见那把门的小妖，正打鼾睡，行者往他脸上叮了一口，那小妖翻身醒了，道："我爷哑！好大蚊子！一口就叮了一个大疙疸！"(P258)

《白话小说语言词典》解释："打鼾睡，即睡觉时发出呼噜声。"《汉语大词典》及相关辞书没有"打鼾睡"词条。通渭方言中，将"熟睡而打呼噜"就称为"打鼾睡"或者"拉鼾睡"。例如：

①老沈昨晚打鼾睡的声音吵得隔壁的老王一夜没睡着。
②那家伙竟然在课堂上打鼾睡！

【打觑】[dǎqù]

"打觑"出自《西游记》第三十五回：话说在平顶山，孙悟空施计将莲花洞的二魔装进了宝葫芦，顷刻就化成了汁。老魔得知，唬得魂飞魄散、骨软筋麻，跌倒在地，放声大哭。捆吊在房梁上的猪八戒见此情景，忍不住嘲笑了几句。

那老魔闻言，心中大怒道："只说猪八戒老实，原来甚不老实！他倒作笑话儿打觑我！"叫小妖："且休举哀，把猪八戒解下来，蒸得稀烂，等我

吃饱了,再去拿孙行者报仇。"(P430)

"打觑",文本脚注:讥笑、讽刺、打趣。

《现代汉语词典》没有"打觑"词条。只有"打趣"。"打趣"义为:拿人开玩笑、嘲弄。可见,"打觑"与"打趣"是近义词。通渭方言中,"打觑"是个常用词语,但似乎没有"开玩笑"的义项。

1. 讥笑、讽刺、嘲弄。例如:

①你阴阳怪气地就会打觑人。
②兀人成天打觑这个,打觑兀个,好像最他能干。

2. 用语言打击他人的积极性。例如:

③娃娃有好想法,应该鼓励,不能打觑。
④伊家本来干得好好的,你打觑啥来!

【带携】[dàixié]

"带携"是《西游记》中的一个俗语,出自孙悟空和众猴之口。如:

第二十三回:行者道:"呆子,不要者嚣,你那口里'娘'也不知叫了多少,又是甚么弄不成。快快的应承,带携我们吃些喜酒,也是好处。"(P285)

第二十八回:"众猴鼓掌大笑道:'造化!造化!做甚么和尚,且家来,带携我们耍子几年罢!'"(P341)

"带携"为带领、提携之意。该词多见于元明时期的通俗文学作品中。如:

元·无名氏《符金锭》第一折:"姐姐,你不肯出来带携我耍一会,只在房里坐,好不闷也。"

《〈金瓶梅〉词话》第二十一回:"若不是大姐姐带携你,俺们今日与你磕头?"

《现代汉语词典》没有"带携"词条。通渭方言中,"带携"是个常用词语。其义继承古义。

1. 本义:带领、提携。该义还有一个方言同义词"承携"。例如:

①你舅舅们那么能干,把你们随便带携一下就挣大钱了呗!

②小王厉害得很，把乡亲们都带携上挣大钱了！

2. 引申义：连累、牵连。例如：

③那老子不是人，带携着孩子也受人欺负。

④你干坏事不要带携我们受累啊！

【当头】[dāngtou]

"当头"是《西游记》中使用频率极高的一个多义词，有二十多处，四个义项。

1. 正对面、迎头。这是《西游记》中"当头"的主要义项。

　　第十九回："行者怎肯容情，举起棒，当头就打。"(P230)

　　第二十二回："见八戒执钯下至，他跳出来，当头阻住。"(P270)

2. 为首、带头。

　　第二十九回："八戒当头领路，沙僧后随，出了那松林，上了大路。"(P353)

　　第三十五回："那怪物摆开阵势，只见当头的是阿七大王。"(P436)

3. 抵押品、典押品。

　　第四二回："你教我留些当头，却将何物？……但只是头上这个箍儿，是个金的，却又被你弄了个方法儿长在我头上，取不下来。你今要当头，情愿将此为当，你念个《松箍儿咒》，将此除去罢；不然，将何物为当？"(P521)

4. 人质。该义项是由抵押品、典押品引申而来。

　　第六十九回："三藏大惊道：'徒弟呵，此意是留我做当头哩。若医得好，欢喜起送；若医不好，我命休矣。你须仔细上心，精虔制度也！'"(P843)

"当头"本来是一个多义的汉语通用词语。《西游记》中的义项囊括了该词除了"缝在被子一端，作为前后标志并有防脏作用的布"这一义项外的其他所有义项。通渭方言中，"当头"依然是个通用词语。其所有的义项在通渭方言中都有。特殊之处在于，《西游记》中这种以人做当头的说法在通用义项中是没有的，但在通渭方言中却是该词常见的义项。具体而言，通渭方言中以人做"当头"有两种情形：

1. 做人质、做保人。此用法与朱紫国国王将唐僧留作当头完全相同。例如：

①问：你来了，你大了？答：人家把我大留下做当头了。让我来筹钱。
②你借给她钱。她还不了找个。个做当头。

2. 屏障，领头者。这是现代通渭方言中以人作"当头"的主要义项，着重强调作为"当头"者的年龄大、位置重要、独一无二的作用。例如：

③父母就是曹的当头。父母在，曹是即是①都是娃娃。
④个是曹这一辈的老大。有个这个当头在，你们就是年轻人。
⑤老张他爸爸一去世，没了当头，他一下子老了。

【倒蹅门】[dǎochǎ(cà)mén]【倒踏门】[dǎotàmén]

"倒蹅门"出自《西游记》第八回：话说菩萨拜领如来之旨，去东土寻找取经之人。不期在福陵山遇见占山为王，吃人度日的"怪物"天蓬元帅。菩萨问他此地为何处？他介绍说：

"叫做福陵山。山中有一洞，叫做云栈洞。洞里原有个卵二姐。他见我有些武艺，招我做了家长，又唤做'倒蹅门'。"(P92)

"倒踏门"出自《西游记》第二十三回：话说为试唐僧师徒是否有取经的虔心，黎山老母、南海菩萨、普贤菩萨、文殊菩萨化为母女四人，以绝世美色、万贯家资、千顷良田为诱饵，劝唐僧师徒四人入赘。猪八戒动了凡心，又不好直言。孙悟空看在眼里，于是嘲讽道：

"你要肯，便就教师父与那妇人做个亲家，你就做个倒踏门的女婿。他家这等有财有宝，一定倒陪妆奁，整治个会亲的筵席，我们也落些受用。你在此间还俗，却不是两全其美？"(P282)

《汉语大词典》解释："倒蹅门""倒踏门"即倒插门。"'倒插门'即入赘。男方到女方家成婚，并成为女方家庭的成员。因同成婚后女方到男方居住，并

---

① 【是即时】[sìjísì] 方言：任何时候。

成为其家庭成员的我国传统习惯相反，故称。依照旧俗，倒插门的女婿必须继承女方门第，子女也从女方姓氏。"

《现代汉语词典》没有"倒蹴门""倒踏门"词条，有"倒插门""入赘"词条。通渭方言中没有"入赘"一词。男方将"入赘"称为"进门"或者"上门"。女方称为"招女婿"。旁人在背后将该女婿叫"倒蹴门"，或"倒蹴门女婿"。这与"西游记"中的叫法完全相同。只不过通渭方言中，叫"倒蹴门"时含有"蔑视"意。而猪八戒与孙悟空嘴里的"倒蹴门"似乎不含感情色彩。按照通渭的传统，做倒蹴门女婿是极为不体面的事。只有儿子多，加之特别贫困，娶不上媳妇者才去做倒蹴门女婿。倒蹴门女婿在女方家往往低人一等，受女方家庭成员以及亲戚四邻的欺侮是常有之事，且生的第一个孩子，尤其是男孩一般要姓女方姓氏，为女方家族顶门立户。因此，一般情况下，人们不会在倒蹴门女婿的当面强调其"倒蹴门"的身份。但在背后，"倒蹴门"往往是其最具特征的身份标志。例如：

①你去找小王，就是张家的那个倒蹴门女婿。
②他一个"倒蹴门"还有什么说话的资格！

【得上风】[déshàngfēng]

"得上风"是个极具口语色彩的短语。"上风"本义为风刮来的方向，比喻优势或有利的地位。"得上风"就是处于优势或有利地位，或者占便宜。"得上风"在《西游记》中有两处：

第四十二回："兄弟，虽不曾救得师父，老孙却得个上风来了。"沙僧道："甚么上风？"行者道："老孙想着他老大王必是牛魔王，就变了他的模样，充将进去，坐在中间。他叫父王，我就应他；他便叩头，我就直受，着实快活！果然得了上风！"(P518)

这段文字字里行间洋溢着行者扮作牛魔王，被红孩儿误认为"父亲"而叩拜、敬重的兴奋、满足、得意之情。显然，行者此处所说的"得个上风"就是在语言上、精神上占便宜。

第八十三回："八戒沙僧闻其言，十分欢喜道：'哥啊，告的有理，必得上风。切须早来；稍迟恐妖精伤了师父性命。'"(P1019)

孙悟空拿到了陷空山无底洞的金鼻白毛老鼠精供奉的"尊父李天王之位""尊兄哪吒三太子位"的大金字牌位,欲执此牌位,径上天堂玉帝前告御状,向李天王父子索要师父唐僧。猪八戒、沙僧认为证据确凿、理由充分,处于优势,胜算在握。于是情不自禁地认为必得上风。

《汉语大词典》等辞书没有"得上风""得个上风"等词条。通渭方言中,"得上风"是个极为通俗常用的词语。语义与《西游记》一脉相承,泛指精神、物质等方面占优势、占便宜。例如:

①你得个上风就算了么!还闹个没完了!

②今天抢水,张庄一看我们人多,悄悄地一声不吭了,我们得了个上风回来了!

通渭纪事:

我曾经也得过一个上风。通渭乡间有个詈词——短寿。就字面意思来看,用该词骂人是很恶毒的。可是,在我小的时候,这是个极为普通的常用詈词。而且,该詈词竟然多用于家人、亲人之间。而在仇家们正式、正规的打捶骂仗中似乎从来不使用该词。可见,在具体的语境中它的"恶意"显然不如看着"深"与"重"。

我的伙伴们都是多生子女。他们兄弟姐妹间就常常用"短寿"畅快淋漓地进行互相攻击。还有一位婶娘似乎就把"短寿"作为发语词用,但凡让她吃惊的、诧异的、不愉快的等,都以该词作为开头语。比如:"哎哟——短寿的月秀(她女儿)啊——水开了,你一哈下饭!""短寿的常胜(她儿子),你不上工去么?还不起来着!"可见,"短寿"的适用度多高啊!

可是,我妈妈坚决不准我们兄妹间用脏话、不吉利的话互相攻击。更是特别强调——不准用"短寿"这个词互骂。她要求我们有事说事、有理说理。但问题是:不是所有的愤怒与激情都能归到"事"与"理"中去的。也许因为妈妈不准我们用的原因吧,我私自觉得"短寿"这个词"口感"特别好!用它攻击他人异常地解气!

上小学后开始学汉语拼音。老师让我们找词试着拼。我首先想起了"短寿"这个词。假如"短寿"可以用妈妈不知道的拼音,那我不就可以用了吗!后经老师指点,我知道"短寿"该拼为"duan shou"。其中,"短寿"的"短",老师说简拼为"得弯"。我想妈妈是绝对不可能知道"得弯"与"短"相关的。但是"shou"与"寿"发音相似度太高了,我不敢肯定她能否知道。为了保险起见,还是舍掉"寿"吧!于是,我把"短寿"与"得弯"画了等号,把"短寿"改称为"得弯"。从此,我有了一个秘密武器。哥哥们谁得罪了我,谁让我不痛快。我就对着他叫:"得弯!"

大的几个哥哥好像上学时没学过拼音,无论我怎么对着他们一遍一遍说:"得弯",他们一概不理。五哥九哥很快明白了我的"得弯"。但九哥也许觉得我的做法太小儿科,根本不屑理睬,因此,也充耳不闻。只有五哥有时气不过,也慑于妈妈的威严,用"得弯"回击两句,但显然他说"得弯"远远不如我这个赋予"得弯"新意的发明者用得"得心应口",速度、频率远远低于我。我得了上风,更是肆无忌惮地用"得弯""欺负"哥哥们。

至于妈妈,果然,正如我预先的判断,对"得弯"茫然无知!有次,我对着五哥如念咒语一般地"得弯得弯得弯得弯得弯……"时,她竟然还很疑惑地嘀咕了一句"这娃娃嘴连麻链子一样说舍着?"

想不起啥时候丢掉"得弯"的!应该是很久以前了!!

【的实】[díshí]

"的实"是《西游记》中一个使用频率不高,仅有三处,但语义较复杂的词语。

1. 如实、据实之义。

    第六回:"如遇相敌,可就相助一功,务必的实回话。"(P64)

2. 确切的消息。

    第七十回:"寡人这里常差人去打探,更不曾得个的实。"(P860)

3. 确实、清楚、具体之义。

    第八十三回:"你也不访的实,似这般乱弄,伤其性命,怎生是好?"(P1021)

"的实"是一个古语词。早出现于明代以前的文学作品中。如:

唐·寒山《诗》之二八七:"自怜心的实,坚固等金刚。"

宋·苏轼《奏论八丈沟不可开状》:"臣窃详适(罗适)若曾用水平打量见的实丈尺,必不谓之约量。"

元·无名氏《赚蒯通·第二折》:"今日个萧何反间施谋智,黑洞洞不知一个的实。"

《现代汉语词典》无"的实"词条，可见其并非普通话通用词语。通渭方言中，"的实"虽为常用词语，但使用者往往年龄偏大。年轻人多使用"确实""老实""实在"等普通话通用词语。"的实"在通渭方言中有两个义项：

1. 指消息、信息等具体可靠、确凿无疑。例如：

①那两家子门对门住着，老王说的情况应该的实着。
②我怎么觉得老张的话有虚稍、不的实！这个合同还是缓一下再说吧。

2. 形容人诚实、老实、可靠等。例如：

③老陈那家人的实得很！你把女孩儿承过①应该没错。
④小程那娃娃人的实着，就是不够机灵！

【籴】[dí（tí）]

《西游记》中的"籴"出自第一回：话说猴王飘过西海，来到西牛贺洲，参访仙道。在一座秀丽高山、幽深林麓处见一樵子，猴王得知他与神仙毗邻而居，就问其何不从他修行？

> 樵子道："田园荒芜，衣食不足，只得斫两束柴薪，挑向市廛之间，卖几文钱，籴几升米，自炊自造，安排些茶饭，供养老母，所以不能修行。"(P10)

"籴"是个极为古老的词语。《说文解字》："市谷也。从入从糶。徒歴切。"即买进谷物之义。

《公羊传·庄公二十八年》："臧孙辰告籴于齐。"
北齐·颜之推《颜氏家训·治家》："遣婢籴米，因尔逃窜。"
唐·杜甫《醉时歌》："日籴太仓五升米，时赴郑老同襟期。"
《儒林外史》第十一回："不多时，老妪籴米回，往厨下烧饭去了。"

"籴"在普通话中是个通用词语，与"糶[tiào]"相对。之所以将其择录于此，原因在于，在普通话的语境中很少见使用该词。通渭方言中，"籴""糶"属于常用词语。"籴"读[tí]（提）音。当地常见粮食的买入大部分用

---

① 【承过】许配给，答应嫁给。

"籴"。例如：籴糜、籴谷、籴麦、籴秋秋、籴包谷、籴粮食、籴饲料等。但买大米，多用"买米"。这也许是因为当地不生产大米，"大米"是外来物，是"新"的东西；"买"的说法也很"新"，于是"新新"联合，成了"买米"。现在说购进少量的谷物，也开始用"买"，如买籽种。

【地里鬼】[dìlǐguǐ（dīlīguì）]

"地里鬼"指熟悉地方情况、善于查访内情的人。该词在《西游记》中共有四处：

第七十三回："我是个地里鬼，不管那里，自家都会访着。"(P904)

第七十七回："那猴子真是个地里鬼！那里请得个主人公来也！"(P956)

第五十二回："这贼猴真个是个地里鬼！却怎么就访得我的主公来也？"(P650)

第九十回："大圣，吾等捉得这个地里鬼来也。"(P1100)

以上四处中前三处是描写孙悟空的。其中一处为孙悟空自夸，两处为妖怪所感叹。无论是孙悟空自夸还是妖魔感叹，都强调了孙悟空的神通广大，无所不能。第四处为神将对土地神的称呼语。将土地神称为本地的"地里鬼"，显然是再恰切不过了！

《现代汉语词典》没有"地里鬼"词条。不知是普通话的语境中没有"地里鬼"了，还是用其他词语替代了？通渭方言中，"地里鬼"依然存在。就《西游记》中的语境来看，"地里鬼"在当时应该是一个中性，甚至偏褒义的词。但在今天的通渭方言中，该词是一个偏贬义的词语。因此，很少有人会如孙悟空那样大大喇喇地宣扬"本人是地里鬼"。"地里鬼"在通渭方言中有两个义项：

1. 指特别精明能干，善于查访内情或者无孔不入的人。此义完全继承了该词在《西游记》中的语义。例如：

①张三那是个地里鬼，没有他不认识的人，没有他办不成的事！

②和张明打交道，你还是留个心眼，那是个地里鬼。

2. 内应、内奸之类的人。例如：

③我们要降价清货的消息他们怎么知道的？是不是我们中有地里鬼？

④做这件事，谨防地里鬼！消息一走漏，全盘皆输。

【刁嘴】[diāozuǐ]

"刁嘴"出自《西游记》第五十七回：话说孙悟空因为打杀许多草寇，被唐僧赶逐。他一气之下来到南海落伽山，撞入紫竹林，要见菩萨。善财童子见了作礼道：

"大圣何来？"行者道："有事要告菩萨。"善财听见一个告字，笑道："好刁嘴猴儿！……无边无量的圣善菩萨，有甚不是处，你要告他？"行者满怀闷气，一闻此言，心中怒发，咄的一声，把善财童子喝了个倒退，道："……我是有事来告求菩萨，却怎么说我刁嘴要告菩萨？"(P702)

"刁嘴"是什么样的嘴？《汉语大词典》解释："犹言油嘴滑舌。"《白话小说语言词典》解释："说话刁滑或者尖酸刻薄。"显然，后一解释更切合文意。《现代汉语词典》没有"刁嘴"词条。通渭方言中有"刁嘴"一词，但换化为"嘴刁"。语义侧重于说话刁滑或者尖酸刻薄。例如：

①你这块刁嘴货，只图嘴快，说话脑子里不过。
②兀块娃娃人不大，嘴刁得很！你休想在嘴上占兀便宜！

【顶缸】[dǐnggāng]

"顶缸"是一个口语词。《西游记》中"顶缸"有六处。均比喻代人受过或承担责任。

第二十五回："只是苦了我们不会变的，便在此顶缸受罪哩！"(P305)

第二十七回："那行者使个遁法走了，却不苦了我们三个顶缸？"(P335)

第三十七回："明日要你顶缸、受气、遭瘟。"(P457)

第七十回："只苦了要来的宫女顶缸。两个来弄杀了，四个来也弄杀了。"(P858)

第七十七回："哥啊，溜撒的溜了，我们都是顶缸的，在此受闷气哩！"(P950)

第八十一回："老猪晦气！先拿我顶缸！"(P1003)

"代人受过"或者扮演"替人受过者",往往是弱者、无能者的行径。而《西游记》中六处"顶缸"有四处出自猪八戒之口。他似乎总感觉自己在"顶缸",替人受过、受人欺负。事实上,唐僧师傅四人中,猪八戒无论是本领还是地位,确实相对较弱!"顶缸"这个词恰切地表现了猪八戒的身份地位。

"顶缸"在古代通俗文学中,义项除了"比喻代人受过或承担责任"外,还有"顶替,代替""指代人受过或承担责任者"两个义项。通渭方言中,"顶缸"是个语义丰富的常用词语。古代通俗文学中所具有的义项基本都有。

1. 顶替、代替。例如:

①我这人顶缸喝酒没问题,但顶缸蹲班房没商量。
②顶缸要看情况?吃饭喝酒行,杀人越货的事情顶不成!

2. 指代人受过或承担责任者。例如:

③你犯事了,拿我做顶缸,你以为我傻吗?
④你大胆做,出事了我替你找个顶缸。

3. 比喻代人受过或承担责任。例如:

⑤老常喝酒开车撞了人,据说他家找人顶缸了。
⑥顶缸的事情少做,有时候会犯法的!

【丢砖料瓦】[diūzhuān liàowǎ]

"丢砖料瓦"亦为"丢砖撂瓦"。该短语出自《西游记》第十八回:话说孙悟空在高老庄应高太公请求,捉拿妖怪(猪八戒)。孙悟空先变作高翠兰躺在床上,等妖怪来后言来语去地拉家常:

  那怪道:"你恼怎的?造化怎么得低的?我得到了你家,虽是吃了些茶饭,却也不曾白吃你的。"(P225) 行者(高翠兰)道:"不是这等说。今日我的父母,隔着墙,丢砖料瓦的,甚是打我骂我哩。"(P226)

《汉语大词典》《现代汉语词典》等都无"丢砖料瓦"词条。只有台湾《重编国语辞典修订本》有该词条。解释为:"料"同"撂"。"丢砖料瓦"比喻东一句西一句地骂人。所用文例即上文。

"丢砖料(撂)瓦",字面意思为丢砖头,撂瓦块。"丢砖料(撂)瓦"是个互文短语。并不是说"丢"的只能是"砖","撂"的只能是"瓦"。而是"丢""撂"为同义复用,"砖""瓦"为同义复用。即"丢撂"的是"砖瓦"。"丢砖料(撂)瓦"在通渭方言中不仅是个比喻性词语,而且是生产用语。其义项有四个。

1. 本义:即丢撂砖瓦。在传统的砖瓦厂,将砖瓦坯装窑,或者将成品砖瓦码堆,全凭人力。装窑或码砖瓦时,往往一人在架子上徒手接砖瓦,一人在地上徒手往上丢或撂砖瓦。因为砖瓦是分开装,分开码的,所以丢撂砖瓦者也就分为"丢砖的人""撂瓦的人",或者说"丢瓦的人""撂砖的人"。因此,"丢砖撂瓦"在通渭就是一个日常工作用语。例如:

①问:老张干吗去?答:我去砖厂丢砖撂瓦去。
②我今天丢砖撂瓦一天,这个腰都要累断了!

2. 引申义:比喻干活时手脚粗笨。例如:

③你丢砖撂瓦地干吗!你看看麦蕞扔到哪里了?
④你以为丢砖撂瓦了吗?递到师傅手里呀!

3. 引申义:态度恶劣,乱扔乱丢东西等。例如:

⑤老王家的兀块儿媳妇整天丢砖撂瓦地闹。实话恼心①!
⑥有啥事曹坐哈说,你不要丢砖撂瓦地闹腾啦!

4. 比喻义:喻指东一句西一句,或有一句没一句地骂人、掐挦②人。例如:

⑦你不要丢砖撂瓦地这么难过!有意见就提!
⑧你整天丢砖撂瓦地说阿是咧?

【斗】[dòu]

《西游记》中"斗"词使用频率极高,有四百六十二处,义项也非常复杂。其中有个仅出现一处的义项比较特殊。来看第二十八回:话说孙悟空因三打白骨精,被唐僧赶回了花果山。他重整旗鼓,欲做美猴王。

---

① 【恼心】[náoxīn] 心乱烦躁。
② 【掐挦】[qiāxián] 比喻没完没了、不紧不慢地指责别人。

《西游记》中通渭方言词汇考释 >>>

　　那大圣把旗拆洗，总斗做一面杂彩花旗，上写着"重修花果山，复整水帘洞，齐天大圣"十四字。竖起杆子，将旗挂于洞外，逐日招魔聚兽，积草屯粮，不题"和尚"二字。(P343)

此处"斗"义为拼、凑。通渭方言中，拼、凑之义是"斗"的常用义项。
1. 拼、凑之义。例如：

①这些花布䘹䘹①能斗个被面子。

②哦，这张钱撕破了，赶快斗在一起粘住。

2. 习语：斗凑。凑合之义。例如：

③老百姓的日子就是斗凑着过的么。

④两口子打完捶还得斗凑着过，因为娃娃需要父母！

【多里捞摸】[duōlǐ lāomō]

　　"多里捞摸"出自《西游记》第二回：话说美猴王来到灵台方寸山，斜月三星洞拜须菩提祖师为师学艺。转脸三年，祖师复登宝座，与众说法时，提醒悟空防备"三灾利害"。孙悟空向祖师请教躲避三灾之法。

　　祖师说："你要学那一般？有一般天罡数，该三十六般变化；有一般地煞数，该七十二般变化。"悟空道："弟子愿多里捞摸，学一个地煞变化罢。"(P21)

"多里捞摸"就上文语境来看，应该为"选择多的学"。

"多里捞摸"的"捞摸"本义为向水中探物，亦泛指寻取。宋代的朱熹似乎特别喜欢"捞摸"这个词。

　　宋·朱熹《与林择之书》："未去之间，亦且试捞摸看，若幸指拨得一二人，亦是一方久远利害也。"

　　宋·朱熹《朱子文集·答万正淳》："须有个欛柄，方有执捉，不至走失，若只如此空荡荡地，恐无捞摸也。"

《汉语大词典》等辞书没有"多里捞摸"词条。"多里捞摸"是通渭方言中

---

① 【䘹䘹】[diédié] 碎布。

一个极为通俗的常用短语。有"少处撮,低处勒揽,多里捞摸"之说。这个短语历经无数的岁月,走过无数人的唇齿,在今天的通渭方言中依然极为鲜活地存在着,似乎连运用的语境,使用者的心意、语气都没有改变!例如:

①甲:砌墙的活辛苦,一天三百元。小工活轻省,一天一百五。你做舍!乙:多里捞摸,砌墙吧!

②甲:承包地有20亩、30亩、40亩的,你要多少的?乙:多里捞摸,40亩的吧!

【铎】[duó(duò)]

"铎"本为古代乐器:大铃的一种。古代宣布政教法令或遇战事时用之。青铜制品,形如钲而有舌。其舌有木制和金属制两种,故又有木铎和金铎之分。泛指铃铛、檐铃、风铃等。

《书·胤征》:"道人以木铎徇于路。"孔传:"木铎,金铃木舌,所以振文教。"

晋·左思《吴都赋》:"命官帅而拥铎,将校猎乎具区。"

明·陈继儒《珍珠船》卷四:"海上渔人,得一铎,击之声如霹雳。问博识者,云:始皇驱山铎也。"

"铎"在《西游记》中有六处,涉及两个义项。

1. 名词:铃铛、檐铃,风铃。这是《西游记》中铎的主要义项。

第六十六回:"风吹宝铎闻天乐,日映冰虬对梵宫。"(P811)

第九十五回:"铜壶玉漏月华明,金铎叮当风送声。"(P1158)

2. 动词:"戳,啄之义,即用舌头伤人、刺人的意思。"这是《汉语大词典》对下面文例的解释。

第九十四回:"三藏闻言,越生嗔怒,骂道:'好猢狲!你还害我哩!却是悟能说的,我们十节儿已上了九节七八分了,你还把热舌头铎我!快早夹着,切莫开那臭口!'"(P1143)

"热舌头"作何理解?"铎"就是"戳""啄"之义吗?我们不妨先来看看通渭方言中"铎"的用法。

"铎"在《现代汉语词典》中仅作名词,无动词性。通渭方言中,"铎"常用作动词。其语义非常丰富，但不同于"戳""啄"。具体来看：

1. 铎：将糊状物质用力扔、砸并黏附在其他物体的表面。作者窃以为三藏所说"热舌头铎我"的"铎"，其语义更接近此义。三藏之所以如此生气，是因为孙悟空开玩笑说：

"且到十二日会喜之时，必定那公主出来参拜父母，等老孙在旁观看。若还是个真女人，你就做了驸马，享用国内之荣华也罢。"^(P1142)

该玩笑话就是唐僧所谓的"热舌头"。显然，在唐僧听来此话是脏话、坏话，是对自己的侮辱。此处"铎"并非简单的"戳""啄"。"戳""啄"强调"点状"的伤害。而孙悟空的"脏话"对唐僧的伤害显然不是点状的刺激。就如，通渭方言中的"铎"不仅强调伤害物"状貌、性质"稀里吧唧的肮脏、恶心样；还强调其体积大；更强调"铎"来的脏东西"黏"着在身上，成了污点。作者窃以为唐僧所言"铎"恰巧在强调"热舌头"的肮脏、恶心，以及对自己的伤害之大。鉴于"热舌头"的不可视性，此处"铎"应该解释为"砸""扔"的引申义，即侮辱、埋汰等，也许更为恰当。通渭人就认为将脏东西"铎"到对方身上，就是对其最大的侮辱。例如：

①兀个娃娃不认烧埋，竟然把一锨牛粪铎到了他大的身上。
②他再骂，你直接把狗屎铎到他嘴上。

2. 用力将某物扔给、砸给对方。例如：

③个把那张钱直接过铎到他脸上啦！
④过你那么铎着来，你还有心情吃？

3. 用力甩、甩出，或者甩掉。此义特别强调将糊状、液体状的东西甩出，或者甩掉。例如：

⑤钢笔不出水的话，你美美个铎过哈。
⑥哎哟，抓了一手泥，赶快铎哈。
⑦把勺儿上的水铎干。

4. 引申为直指、直戳之义。该义有一个习语：指头铎窝子。即用指头（往往为食指）近距离指点着对方眼窝，或者用指头直指对方的头和眼窝斥责、诅咒。这是极具侮辱性的一种行径。例如：

⑧兀个家长把老师指头铎窝子地骂了半天。
⑨你指头铎窝子地骂伊家！小心伊家把你的指头折断！

F

【饭罢】[fànbà（fànPà）]

"饭罢"出自《西游记》第十七、第十八回：话说孙悟空在观音禅院与众僧"斗富"夸袈裟，招致祸端。"锦斓袈裟"被黑风山黑风洞的黑熊怪所盗。前一天，孙悟空经过几番作战，讨要"锦斓袈裟"不得。经过一夜思量，这天清晨，窗外刚透白，他就一骨碌跳将起来，对唐僧道：

"我想这桩事都是观音菩萨没理，他有这个禅院在此，受了这里人家香火，又容那妖精邻住。我去南海寻他，与他讲一讲，教他亲来问妖精讨袈裟还我。"三藏道："你这去，几时回来？"行者道："时少只在饭罢，时多只在晌午，就成功了。"(P213)

三藏接了袈裟道："悟空，你早间去时，原约到饭罢晌午，如何此时日西方回？"(P218)

"饭罢"顾名思义，就是吃罢饭、吃饭结束。此两处所言"饭罢"，虽然没有具体交代是"早饭罢""午饭罢"还是"晚饭罢"，但根据语境判断应该是"早饭罢"，就是"吃罢早饭的时候"。

《汉语大词典》《现代汉语词典》均无"饭罢"词条。通渭方言中就将吃饭结束称为"饭罢"。"罢"读[Pà]（怕）音。例如：

①个饭罢时候还看着过他！
②饭罢了再去吧，反正迟了！

【防闲】[fángxián]

"防闲"出自《西游记》第六十六回：话说在小雷音寺，唐僧、猪八戒、沙僧以及众多天神天将被妖王所擒。孙悟空为救他们，来到南赡部洲武当山请求荡魔天尊。

行者道："保唐僧西天取经，路遭险难……我又失于防闲，被他抛一副金铙，将我罩在里面，无纤毫之缝，口合如钳。"(P808)

"防闲"是个极为古老的词语。《汉语大词典》解释："防，堤也，用于制水；闲，圈栏也，用于制兽。引申为防备和禁阻。"该词较早出现于先秦的文献典籍中。

《诗·齐风·敝笱序》："齐人恶鲁桓公微弱，不能防闲文姜，使至淫乱，为二国患焉。"

《后汉书·列女传·孝女叔先雄》："家人每防闲之，经百许日后稍懈，雄因乘小船，于父堕处恸哭，遂自投水死。"

《西游记》中的"防闲"显然为引申义，即防备。《现代汉语词典》没有"防闲"词条。通渭方言中，"防闲"是个通用词语。语义继承《西游记》中的语义，仅为防备、禁阻之意。例如：

①兀是个坏人。与兀家伙打交道，你防闲着！
②个没防闲住，猫把肉叼着去啦。

【粉汤】[fěntāng]

"粉汤"是《西游记》中流布广泛，不分高低贵贱的一道美食。不论是皇家国宴，还是寺院的斋饭，或者百姓人家的家常便饭，似乎都有"粉汤"。猪八戒编谎都离不开粉汤的影子！

第三十二回："八戒说：'他叫我做猪祖宗，猪外公，安排些粉汤素食，教我吃了一顿。'"(P397)

第四十七回：(通天河边老陈家)"先排上素果品菜蔬，然后是面饭、

米饭、闲食、粉汤,排得齐齐整整。"(P584)

第六十九回:(朱紫国国宴)"色色粉汤香又辣,般般添换美还甜。君臣举盏方安席,名分品级慢传壶。"(P849)

第八十一回:(镇海寺)"教那些和尚忙忙的安排。淘米,煮饭,捍面,烙饼,蒸馍馍,做粉汤,抬了四五桌。"(P997)

第九十三回:(舍卫国布金寺)"这时长老还正开斋念偈,八戒早是要紧,馒头、素食、粉汤一搅直下。"(P1131)

《白话小说语言词典》对"粉汤"解释为:"以粉皮或粉条掺和其他物料,如木耳、青菜、肉丝等做成的汤。"所举文例即《西游记》中的下例:

第八十四回:(灭法国赵寡妇店)那妇人越发欢喜,跑下去教:"莫宰!莫宰!取些木耳、闽笋、豆腐、面筋,园里拔些青菜,做粉汤,发面蒸卷子,再煮白米饭,烧香茶。"(P1033)

显然,《白话小说语言词典》所介绍的"粉汤"食材源于"赵寡妇"所言。通渭人的日常生活中就有"粉汤"这种食物。"粉汤"也称为"炒酒汤"。粉汤有荤素之分。荤粉汤是由粉条、粉丝,或凉粉块,加上肉丝(鸡肉、猪肉)以及少量的其他食材,如豆腐、木耳、香菜、葱丝、鸡蛋摊饼丝等做成的汤。素粉汤不加肉丝。《西游记》中唐僧师徒吃的显然是素粉汤。通渭的"粉汤"与普通话中的"汤"不同。恰当地说,它是以粉条、粉丝或凉粉为主要食材的烩菜。根据赵寡妇所言,《西游记》中的"粉汤"其实也是烩菜。"粉汤"在通渭人的餐桌上不是配菜,而是主菜。比如:婴儿的满月酒席,老人的寿席,结婚喜宴等,第一顿饭多为"粉汤"。上"粉汤"时还有其他配菜。其他配菜都用盘子盛。一菜一盘。而粉汤人手一碗,吃完再添。例如:

①明早娃娃初月①,头顿饭就吃粉汤。粉汤做得精细一点儿。粉条不要太长,三寸左右。凉粉块不要太小,要不然化了。肉丝多一点儿。其他食材打个"花"气,让颜色好看一些就行了,不要太多。也不要做得太稠。

②这个粉汤看着香得很——白的粉条、黑的木耳、绿的香菜、红的笼椒丝、黄的鸡蛋摊叶斜花块!真是色香味俱全!

---

① 【初月】孩子满月。

【负水】［fùshuǐ］

"负水"是《西游记》中出现频率较高的一个动词。据不完全统计有七处。

第三十八回:"那呆子扑通的一个没头蹲,丢了铁棒,便就负水。"(P471)
第四十六回:"跳在锅内,翻波斗浪,就似负水一般顽耍。"(P574)
第七十二回:"那女子都跳下水去,一个个濯浪翻波,负水顽耍。"(P887)

"负水"是一个古语词。本义为提水;担水。明代以前的文学作品中就有"负水"一词。如:

《后汉书·羊续传》:"其小弱者,悉使负水灌火。"
唐·皮日休《鲁望以花翁之什见招因次韵酬之》:"斸烟栽药为身计,负水浇花是世功。"

《西游记》中的"负水"皆为引申义,即游水、涉水、游泳。《现代汉语词典》没有"负水"词条。但有"浮水"词条。义为在水里游。可见"负水"与"浮水"在"游水"这一义项上属于同义词。通渭方言中,就将"游水"称为"负水(浮水)"。例如:

①兀几块娃娃在河湾里负水着。小心山洪!
②不会负水的人在河边上就不要显能了!

【富胎】［fùtāi］

《西游记》中的"富胎"是第四十一回用来描写红孩儿的一个状态形容词。话说红孩儿把唐僧拿到枯松涧火云洞,选剥了衣服,正准备打水刷洗干净了蒸着吃。孙悟空和猪八戒就打上门来。红孩儿只好暂时搁下唐僧,披挂齐备去迎战。行者与八戒,抬头观看,但见那怪物:

面如傅粉三分白,唇若涂朱一表才。鬓挽青云欺靛染,眉分新月似刀裁。战裙巧绣盘龙凤,形比哪吒更富胎。双手绰枪威凛冽,祥光护体出门来。哏声响若春雷吼,暴眼明如掣电乖。(P502)

"富胎"是什么样子?《汉语大词典》解释:"'富胎'亦'富态'。""富态:婉辞。谓身体胖。"《现代汉语词典》没有"富胎"词条,只有"富态"词条。解释:"富态:〈口〉婉辞。谓身体胖(多指成年人)。"就具体语境来看,红孩儿的"富胎"似乎并非强调其"胖",而是旨在突出他的大气、富贵之气。通渭方言中,"富态"是个常用词语。但不是"胖"的婉辞。"胖"在通渭方言中不含感情色彩,其重叠形式"胖胖个"还含有喜爱的感情色彩。"胖"的婉辞为"憨"。"胖"的贬义词为"肥"。"富胎"表示从容、大气、富贵的情态、神态等。它不仅形容成年人,也用来描写未成年人。描写对象不同,表意侧重点不同。

1. 富胎(态)的成年人。不强调体胖,多强调从容、大气、富贵的神情姿态等。例如:

①俗话说:光阴不是胭脂粉,但脸上带着!看伊家的那块老太太,多富胎(态)!

②那女人看着到底是个富胎(态)人么!怎么命那么不好了!

2. 富胎(态)的未成年人。强调体态"胖",神情憨厚、喜庆、大气等。例如:

③兀个娃娃脸圆圆个,憨憨个,看着富胎(态)得很!

④伊家的这个女孩儿小小一块人儿,但看着富胎(态)、大方得很!

就此来看,《西游记》中的"富胎"更接近通渭口语中"富胎"的含义。

G

【肝花】［gānhuā］

"肝花"出自《西游记》第七十五回：话说八百里狮驼岭狮驼洞的老魔把孙悟空吞到了肚里。孙悟空在老魔肚中一番恐吓，使老魔极为害怕。他想用药酒毒死孙悟空，就连吃了七八盅。没想到药酒全被孙悟空在腹中接吃了。

〔大圣〕在肚里撒起酒风来，不住的支架子，跌四平，踢飞脚；抓住肝花打秋千，竖蜻蜓，翻跟头乱舞。(P931)

"肝花"即肝脏。"肝花"这个词多见于明清的通俗文学中。

《醒世姻缘传》第二八回："走到半路，只见两半截人死在道上，肠子肝花流了一地。"

《儿女英雄传》第十一回："连忙踹门进去，一看，又是两个尸身，肝花五脏都被人掏了去了。"

《现代汉语词典》没有"肝花"词条。通渭方言中"肝花"是个常用词语，既指人的肝脏，也指动物的肝脏。还有一个四字格习语"肝花心肺"。例如：

①今日体检，兀人好像肝花上有问题。
②把那猪的肝花心肺趁新鲜煮着吃了吧！

【掆】［gàng］

"掆"在《西游记》中共有三处，《白话小说语言词典》对其分别做了解释：

❶顶。

第五十六回："呆子慌了，往山坡下筑了有三尺深，下面都是石脚石根，㧬住钯齿。"(P694)

❷堆；推土石㧬使成堆。

第八十六回：小妖道："想是把那个人头认做唐僧的头葬下，㧬作坟墓哭哩。"(P1057)……"那呆子听长老此言，遂将一包稀烂骨肉埋下，也㧬起个坟墓。"(P1060)

"㧬"同"掆"。"掆"本义为扛，抬。《说文解字》："横关对举也。"古代文献典籍中对"掆"多有探讨。

《南史·齐纪下·废帝东昏侯》："疾患困笃者，悉掆移之。无人掆者，扶匐道侧，吏司又加捶打。"

唐·颜师古《匡谬正俗·刚扛》："或问曰：吴楚之俗，谓相对举物为'刚'，有旧语否？答曰：扛，举也……彼俗音讹，故谓'扛'为'刚'耳。既不知其义，乃有造'掆'字者。"

明·沈德符《野获编·山人·山人愚妄》："〈黄白仲〉一日拜客归，橐中窘甚。舆夫索雇钱，则曰：'汝日掆黄先生，其肩背且千古矣，尚敢索钱耶！'"

清·钱大昕《廿二史考异·南史二·王藻传》："《南史》多俗语。如……呼乳母为'姊'，布施为'儭'，举移为'掆'之类。"

可见"㧬"的义项主要有1. 扛、抬。2. 顶。3. 推堆。《现代汉语词典》有"㧬（掆）"词条。解释："'㧬（掆）'同'扛'。'扛'：❶〈书〉用两手举（重物）。❷〈方〉抬东西。"作者在《现代汉语词典》中没有查到"顶""推""堆"等义的"gang"音词。通渭方言中"㧬"是个常用词，且古汉语中所具有的三个义项都有。

1. 义同"扛"，即抬、扛、举等。例如：

①你这块人，怎着不过人抬轿子，专门过人抬㧬呢！
②你把娃娃㧬在脖子上做啥咧？小心别摔下来！

2. 顶。此义既用于物对物的顶、对立，也用于语言、思想的对立。例如：

③下面不能挖了，树根㧬得死死个！

④兀个人今天说话欺客①得很！我忍不住过抩过了两句。总算不喘了！

3. 用锨、钯等把土石、粮食等推、铲成堆，或者铲除、铲平等。这是通渭方言中"抩"的基本义。例如：

⑤你把院子里晒的粮食抩雧②，凉一点了装起。
⑥那沙子是抩成堆，还是往一搭抩一哈就行？
⑦把兀路上凸起的地方抩过哈，把坑垫平。

【个把】[gēba]

"个把"是孙悟空极为喜欢的一个数量词。该词在《西游记》中共有四处，三处就出自孙悟空之口，一处来自黄袍怪。

第二十二回："这个把月不曾耍棍，我见你和他战的甜美，我就忍不住脚痒。"(P265)

第二十九回："我要吃人，那里不捞几个吃吃？这个把和尚，到得那里，放他去罢。"(P353)

第七十四回："西天有便有个把妖精儿，只是这里人胆小，把他放在心上。"(P909)

第八十五回："是有个把小妖儿，他不敢惹我们。"(P1046)

"个把"本为表示数目的约略之词，即一两个。但从《西游记》中的用法来看，显然不是个纯粹的数量词语，而是一个含有明显贬义色彩的数量词，鲜明地体现了表达者对其所限制的中心语的不屑。

"个把"大量出现于明清的通俗文学作品中。可见其在明清时是个极为通俗的词语。

《水浒传》第十四回："晁盖动问道：'敝村曾拿得个把小贼么？'"
《初刻拍案惊奇》卷十三："六老呆呆的等了个把时辰。"
《官场现形记》第三三回："从此简在帝心，陈臬开藩，都是意中之事，放个把实缺，小焉者也，算不得什么。"

---

① 【欺客】[qīkè（qīkèi）] 盛气凌人、过分等。
② 【雧】[zá] 聚集。《说文解字·雧部》："雧，群鸟也。"

《现代汉语词典》没有"个把"词条。通渭方言中,"个把"是个"古词",使用者年龄普遍较大。用法完全继承古义。其与名词组成定中短语时,表现了对"中心语"的蔑视与不屑,含有浓浓的贬义色彩。例如:

①就那个把人,还想来吓唬人了!
②有本事的不参加,参加的那个把人又没能耐干那事情!

【扢迸迸】[gébèngbèng]

"扢迸迸"是出自《西游记》的一个拟声词。

第二十回:"行者闻言,心中大怒。扢迸迸,钢牙错啮;滴流流,火眼睁圆。"(P250)

第五十二回:"那咒怪闻报大惊,扢迸迸,钢牙咬响;滴溜溜,环眼睁圆。"(P643)

"扢迸迸"既是"钢牙错咬"时所发声音的拟声词。也是形容咬牙切齿貌的一个状态形容词。《汉语大词典》《现代汉语词典》等辞书均无"扢迸迸"词条。通渭方言中,"扢迸迸"是个常用拟声词。正如其在《西游记》中的用法,常常描写恨得、气得咬牙切齿时的声与貌。例如:

①兀人牙齿咬得扢迸迸的,看兀架势,恨不得把骗子撕了!
②暂的小学生太难管了。老师气得牙齿扢迸迸的,还不敢动一指头。

【扢扠】[gēchà(gēcà)]

"扢扠"亦作"扢咋""扢揸"。象声词,形容东西折断破裂之声。这三个词均出自《西游记》。《汉语大词典》均以《西游记》中的句子为文例。

第四回:"巨灵神抵敌他不住,被猴王劈头一棒,慌忙将斧架隔,扢扠的一声,把个斧柄打做两截,急撤身败阵逃生。"(P47)

第三十回:"把一个弹琵琶的女子抓将过来,扢咋的把头咬了一口。"(P367)

第三十二回:"那八戒丢倒头,正睡着了,被他照嘴唇上扢揸的

53

一下。"(P396)

《现代汉语词典》没有"扢扠""扢咋""扢揸"词条。通渭方言中,"扢扠"是个常用词语,既当作象声词使用,也当作形容词使用。

1. 象声词:扢扠。例如:

①我听见扢扠一声,跑出来一看,那棵椿树被风吹折了。
②扢扠一声,扁担被抉成了两截。

2. 习语:"扢扠令声"。形容喊声、斥责声、命令声等,如"扢扠"声一样干脆利落、凛然威严,不可抗拒。例如:

③娃娃们刚躺下,兀就扢扠令声地催开了!娃娃们只好起来又干活去了。
④兀一进门,就扢扠令声地骂开了。我们大气都不敢喘。

【扢蹬蹬】[gēdēngdēng]

"扢蹬蹬"出自《西游记》第五十二回:话说金𬭬洞的兕大王掳去了唐僧等人。孙悟空从如来佛处搬来救兵,来到金䴥山骂阵。魔王说正准备宰杀唐僧、猪八戒以及沙和尚。

行者听说"宰杀"二字,扢蹬蹬,腮边火发,按不住心头之怒,丢了架手,抡着拳,斜行拗步,望妖魔使个挂面。(P647)

"扢蹬蹬"是状态形容词,形容怒火生发、上窜貌。

《汉语大词典》《现代汉语词典》均无"扢蹬蹬"词条。通渭方言中,"扢蹬蹬"也是一个常用状态形容词。多形容怒火中烧貌;或者见着或听着令人厌恶的人与事时,心里产生的不快感。

①老马一看见有人打他孙子,那个气扢蹬蹬地就腾着起来了!
②兀个坏𤆵曾经欺负个,现在一看着他,个心里就扢蹬蹬地。

【跖蹬蹬】[gēdēngdēng]

"跖蹬蹬"出自《西游记》第二十回:话说唐僧师徒来到黄风岭。只见:

草里飞禽，扑轳轳起；林中走兽，掬啤啤行。猛然一阵狼虫过，吓得人心趷蹬蹬惊。正是那当倒洞当当倒洞，洞当当倒洞当山；青岱染成千丈玉，碧纱笼罩万堆烟。(P245)

"趷蹬蹬"象声词。碰撞或跳动的声音。《现代汉语词典》无该词条。通渭方言中，"趷蹬蹬"为常用象声词。例如：

①门外趷蹬蹬地响的啥！是不是骡驹儿跑脱了？
②老张说："这事差点把个吓零干了，个的心几天时还趷蹬蹬地乱跳了！"

【屹噔噔】[gēdēngdēng]

"屹噔噔"出自《西游记》第二十回：话说唐僧师徒来到黄风岭。只见：

山前面，有骨都都白云，屹噔噔怪石，说不尽千丈万丈挟魂崖。(P245)

"屹噔噔"即峻峭耸立的样子，或者凸凹不平滑的样子。《现代汉语词典》无该词条。通渭方言中，"屹噔噔"为常用状态形容词。例如：

①走花儿滩的那路现在屹噔噔的车一点都不能走，今日垄一哈去。
②河湾坡上石头屹噔噔的根本挖不成树坑，怎着栽树咧？

【纥络】[gēlao]

"纥络"即角落。该词出自《西游记》第四十六回：话说唐僧师徒在车迟国与虎力、鹿力、羊力三国师进行隔板猜枚。虎力将一道童藏在柜里。孙悟空进入柜里，变成一老道士。

将金箍棒就变作一把剃头刀，搂抱着那童儿，口里叫道："乖乖，忍着疼，莫放声，等我与你剃头。"须臾，剃下发来，窝作一团，塞在那柜脚纥络里。(P569)

这也是《汉语大词典》解释"疙络"所用的唯一文例。《现代汉语词典》没有"纥络"词条。"纥络"是通渭方言中一个使用频率极高的词语。但凡表示"角落"的一概用"纥络"代替。例如：

① 把铁锨立到墙纥络里。
② 你的袜子在炕纥络里。

近年来，随着普通话的普及，"纥络"逐渐成了"土话"，而通用词语"角落"逐渐进入通渭年轻人的词语库中。但三四十岁以上的人多用"纥络"，而不用"角落"。

【虼蚤】[gèzǎo]

"虼蚤"即"跳蚤"。他是孙悟空的最爱。该词在《西游记》中共有五处，皆为孙悟空所言或者所变。如：

第四十二回："他会变苍蝇、蚊子、虼蚤，或是蜜蜂、蝴蝶并蟭蟟虫等项。"(P516)

第五十二回："行者见了，将身又变，变作一个黄皮虼蚤，跳上石床，钻入被里。"(P641)

第七十一回："那碎毫毛即变做三样恶物，乃虱子、虼蚤、臭虫，拱入妖王身内，挨着皮肤乱咬……'假春娇'在旁，着意看着那妖王身上，衣服层层皆有虼蚤跳，件件皆排大臭虫……将那虱子、臭虫、虼蚤，收了归在身上。"(P870)

悟空偏爱变"虼蚤""苍蝇""蟭蟟虫"之类的小昆虫。这大概与其筋节、瘦小的外形有关。毕竟变小东西需要的能量少。虽然需要的能量少，但浓缩的就是精华，孙悟空变的虼蚤能力却不小。金毛犼所变魔王很厉害，却被这种小昆虫扰得坐卧不宁，最后竟然败在"虼蚤"嘴下。这简直是中国版的《狮子和蚊子》。

"虼蚤"是一种生存能力极强的小昆虫。《汉语大词典》解释："'虼蚤'亦称'跳蚤'。一种昆虫。身体小，侧扁，深褐色或棕黄色，有吸吮的口器，脚长，善跳跃。寄生在人或哺乳动物身体上，吸血液，是传染鼠疫、斑疹伤寒等病的媒介。"词典没有介绍"虼蚤"起于何时，生存于何地。但从"虼蚤"散见于古代的通俗文学作品中可知，这种小昆虫生存能力极强，分布地域极广。不信来看：

元·无名氏《盆儿鬼》第三折："这羊皮袄上不知是虱子也是虼蚤。"

《二十年目睹之怪现状》第九一回："到了我佛慧眼里头，无论是人，是鸡，是狗，是龟，是鱼，是蛇虫鼠蚁，是虱子虼蚤，总是一律平等。"

《醒世姻缘传》第八回："如今养成虼蚤性了，怎么受得这话？"

《现代汉语词典》没有"虼蚤"词条。通渭乡下猫、狗、猪等动物多，虼蚤也随处可见。人们口头的"虼蚤"也如跳跃的虼蚤一样张口就"跳"了出来。具体而言，其义项有两个：

1. 本义：虼蚤。一种跳蚤，以寄主的血液为食，且为鼠疫的媒介。例如：

①兀狗身上有虼蚤，赶快赶出去！
②我被虼蚤咬了，浑身是疙瘩。

不过，通渭的"虼蚤"似乎深褐色，或者红皮的居多。起码作者本人没见过孙悟空所变的那种"黄皮虼蚤"。

2. 比喻义。喻指体形瘦小，却机灵麻利、活泼好动之人。例如：

③小张像个虼蚤一样坐不住，正好耍狮子！
④这个娃娃虼蚤大一点人，怎么这么淘气！

词语补说：

　　大懒使小懒，小懒瞪白眼。小懒使虮子，虮子说它没腿子。虮子使虼蚤，虼蚤说它一步跳不到。虼蚤使大虱，大虱说它不泰哈。大虱使壁虱，壁虱说他席荐篾儿①底下等太太。壁虱使大懒，大懒一指头把它塓②成了稀巴烂。

【勾死人】［gōusǐrén］

"勾死人"犹勾死鬼，即迷信传说中勾摄人的灵魂的鬼。该词出自《西游记》第三回：话说美猴王睡梦中见两人拿一张批文，上有"孙悟空"三字，走近身，不容分说，套上绳，就把美猴王的魂灵儿索到"幽冥界"。得知自己阳寿将尽，猴王与那俩人争论拉扯。

　　那两个勾死人只管扯扯拉拉，定要拖他进去。那猴王恼起性来，耳朵

---

① 【席荐篾儿】［xíjiàn mièr（xíqiàn mír）］竹席的篾条。
② 【塓】［mì］动词：涂刷、涂抹。

中掣出宝贝，幌一幌，碗来粗细；略举手，把两个勾死人打为肉酱……十王道："上仙息怒。普天下同名同姓者多，敢是那勾死人错走了也？"(P36-37)

上文也是《汉语大词典》解释该词条所用唯一的文例。就此来看，"勾死人"不仅勾摄人的灵魂，也勾摄猴的灵魂。可惜两个倒霉的"勾死人"碰上了莽汉美猴王，霎时间就被打成了肉酱。不知幽冥界的"勾死人"的灵魂又是被谁借美猴王之手勾去了？其魂魄又去了哪里？会不会来了人间？

《现代汉语词典》没有"勾死人"或"勾死鬼"词条。通渭方言中既有"勾死人"，也有"勾死鬼"，且多用"勾死鬼"。具体分两个义项：

1. 专职做死者灵魂的领路人（鬼）。此义项与《西游记》中的用法完全相同。例如：

①阳寿没尽时勾死鬼（人）不来，人就咽不了气！

②阳寿尽了，勾死鬼（人）立等着，再折腾也抢救不回来了。

2. 据说"寻无常死"① 的人，其灵魂去不了"幽冥界"，只能在"二夹皮"里游荡。游荡时过于寂寞，就变成"勾死鬼"，勾去别人的灵魂与其做伴。例如：

③汪家一直不利享，他们祖上有勾死鬼（人），这几年有好几个人出横祸死了。

④倪家的那媳妇喝农药死的，现在成勾死鬼（人）了，到处害人了！

【估倒】[gūdǎo]

"估倒"出自《西游记》第三十一回：话说孙悟空在碗子山波月洞变作百花羞，骗吞了黄袍怪的舍利子玲珑内丹，然后现了本相。黄袍怪一时愕然，问道：

"我虽见你眼熟，一时间却想不起姓名。你果是谁？从那里来的？你把我浑家估倒在何处，却来我家诈诱我的宝贝？着实无礼！可恶！"(P383)

此处"估倒"，文本脚注："犹北京话的鼓捣。搬运、挪移、藏匿的意思。"《汉语大词典》解释："搞、弄、收拾。"

---

① 【寻无常死】非正常死亡的人。

《现代汉语词典》没有"估倒"词条,却有同音近义词"鼓捣",且将其归为方言词语。通渭方言中,"估倒"是个常用词语,其囊括了"估倒"与"鼓捣"的所有义项。因此通渭方言中,"估倒"与"鼓捣"可以通用。

1. 反复摆弄、反复修理等。例如:

①这个机器,你估倒(鼓捣)了半天,有希望修好吗?
②兀老汉在仓房里估倒(鼓捣)啥着?

2. 收拾、藏匿、放置。此义特别强调行为的特意性。例如:

③你把兀个旧手机估倒(鼓捣)到阿里去了?个世上寻不着!
④兀工具你别动!好好个的东西你一估倒(鼓捣)就寻不着了。

3. 教唆、支使等。例如:

⑤他又估倒(鼓捣)你干啥了?
⑥兀是个死人棺材里的一只手。自己不出面,只估倒(鼓捣)别人闹。

4. 掺和、挑拨离间。例如:

⑦人家两口子吵架。你一个旁人钻到中间鼓捣(估倒)啥着?
⑧兀家伙成事不足败事有余。兀不鼓捣(估倒)事情就好着,兀一鼓捣(估倒)就坏了。

【孤拐】[gūguǎi]

孙悟空长着一张"孤拐"脸。他还特别喜欢打别人的孤拐。《西游记》中"孤拐"使用频率极高,据不完全统计,有十六处,含三个义项:

1. 本义:脚踝骨。这是孙悟空在关键时候特别喜欢强调的一个部位。例如:

  第三十四回:"天呀!孤拐都化了!"(P425)

  第三十五回:"你看他长的使棒,短的轮拳,再小的没处下手,抱着孤拐啃筋。"(P432)

  第七十五回:"孤拐上有些疼痛,急伸手摸摸,却被火烧软了,自己心焦道:'怎么好?孤拐烧软了!弄做个残疾之人了!'"(P923)

2. 泛指小腿部。这是孙悟空吓唬猪八戒或土地神、山神时专爱打的部位。

第十五回:"伸过孤拐来,各打五棍见面,与老孙散散心!"(P182)

第二十三回:"但若急慢了些儿,孤拐上先是一顿粗棍!"(P277)

3. 比喻义:形容孙悟空的长相如"孤拐"。该说法特别强调孙悟空的脸颧骨很高,两腮无肉。例如:

第二回:"原来那猴子孤拐面,凹脸尖嘴。"(P21)

第三十六回:"真个生得丑陋:七高八低孤拐脸,两只黄眼睛,一个磕额头。"(P445)

《现代汉语词典》将"孤拐"归为方言词语。通渭方言中,"孤拐"是个常用词语。有三个义项。但似乎很少使用比喻义。

1. 本义:脚踝骨,即脚腕子两旁突出的部分。例如:

①哎哟,个的孤拐碰破了!
②这娃娃左面的孤拐怎么肿着?

2. 泛指小腿部。例如:

③走路注意姿势,不要孤拐拉上着那么难看!
④你的那孤拐不合适吗,走路一炮一炮的!

3. 詈词。用来恐吓人或其他动物时泛指腿部。例如:

⑤你再害人,我把你的孤拐打断了!
⑥小心人家把你的孤拐卸掉!

【骨都都】[gǔdūdū]

"骨都都"是《西游记》中的一个状态形容词,也是一个象声词。该词出现频率较高,据不完全统计,有十六处,包括两个义项:

1. 腾涌貌。这是《西游记》中"骨都都"的主要义项。无论是白云黑气,还是烟火黄沙,甚至怒色红光都可以"骨都都"腾涌而起。

第二十回:"山前面,有骨都都白云,屹嶝嶝怪石,说不尽千丈万丈挟魂崖。"(P245)

第四十六回:"腔子中,骨都都红光迸出。"(P572)

第五十九回:"那罗刹听见'孙悟空'三字,便以撮盐入火,火上浇

油；骨都都红生脸上，恶狠狠怒发心头。"(P728)

第七十回："只闻得当的一声响亮，骨都都的迸出烟火黄沙，急收不住，满亭中烘烘火起。"(P865)

第七十一回："你看那红火、青烟、黄沙，一齐滚出，骨都都燎树烧山！"(P876)

第七十二回："脐孔中骨都都冒出丝绳，瞒天搭了个大丝篷，把八戒罩在当中。"(P889)

第八十回："忽然见林南下有一股子黑气，骨都都的冒将上来。"(P982)

2. 象声词。"骨都都"并非一个单纯的象声词，而是既有声音的描摹也有状态的展示，是一个形声兼备的词。如：

第四十七回："寻一个鹅卵石，抛在当中。若是潆起水泡来，是浅；若是骨都都沉下有声，是深。"(P579)

第五十一回："只见那股水骨都都的都往外泛将出来，慌得孙大圣急纵筋斗，与水伯跳在高峰。"(P635)

第七十九回："唿喇的响一声，把腹皮剖开，那里头就骨都都的滚出一堆心来。"(P970)

综上可见，在《西游记》作者的语言体系中，"骨都都"是一个适应性极强，用途极为宽泛的词语。《现代汉语词典》没有"骨都都"词条。通渭方言中，"骨都都"是个常用词语。语义完整继承古义，是个适应性极强，使用领域极为宽泛的词语。

1. 腾涌貌。正如"骨都都"在《西游记》中的用法，通渭方言中，只要能够涌出、腾起的东西似乎都可以用"骨都都"形容其状貌。例如：

①今日上云骨都都的，最近有大雨，得赶快拾掇粮食。
②场里土雾骨都都的，扬场着吗？
③院子里烟骨都都的，干啥着？

2. 象声词。作为象声词，"骨都都"多描写水声。例如：

④窨圈里骨都都地响的啥？
⑤泉刚掏过，泉眼里水骨都都地冒着！

3. 比喻突兀、骚动混乱的状态。例如：

⑥我一听他说的那话，气骨都都地就上来了！

61

⑦我们新来的领导整得单位鸡毛骨都都的!

【骨冗骨冗】[gǔròng gǔròng]

"骨冗骨冗"是出自《西游记》第五十三回的一个短语。话说唐僧师徒行至西梁女国,唐僧和猪八戒各吃了半钵子母河的水。不上半个时辰。

> 他两个疼痛难禁,渐渐肚子大了。用手摸时,似有血团肉块,不住的骨冗骨冗乱动。(P653)

此处"骨冗骨冗"即肚中胎儿蠕动的样子。

《汉语大词典》《现代汉语词典》等辞书均无该词语。"骨冗骨冗"在通渭方言中是一个常用词语。语义为蠕动的样子。该词特意强调"团"状物在肚中,或者覆盖物下面蠕动的样子。例如:

①哎呀,我今天凉东西吃坏了,肚子里骨冗骨冗泛疙瘩着,难受得很!
②哦,胎儿骨冗骨冗地动着!
③被子下面骨冗骨冗地动的是啥?哦——是老猫!

【故衣】[gùyī(gūyì)]

"故衣"出自《西游记》第三十六回:话说唐僧师徒来到敕建宝林寺。唐僧自告奋勇进去借宿。没想到僧官态度极为恶劣,不但不留宿,还侮辱行脚僧,说自己曾经看着几众行脚僧可怜。于是:

> "我叹他那般褴褛,即忙请入方丈,延之上坐;款待了斋饭,又将故衣各借一件与他,就留他住了几日。怎知他……又干出许多不公的事来。"(P444)

此处"故衣"即旧衣服。"故衣"本义指平素穿的衣服。如:

> 《史记·外戚世家》:"帝乃诏使邢夫人衣故衣,独身来前。"
> 唐·白居易《病中哭金銮子》诗:"故衣犹架上,残药尚头边。"
> 明·唐寅《哭妓徐素》诗:"残粉黄生银扑面,故衣香寄玉关胸。"

可见,"故衣"的旧衣之义是从平素穿的衣服引申而来。《现代汉语词典》无"故衣"词条。通渭方言中,"故衣"是个常用词语。现在仅用引申义:即旧衣服。例如:

①原先街上还有卖故衣的,现在新衣服都卖不动!
②城里人原先还可以用故衣换鸡蛋,现在故衣都没法处理。

【乖滑】[guāihuá]

"乖滑"是《西游记》中出自猪八戒之口的一个形容词,也用来描写孙悟空的眼力。

第二十三回:"'娘啊,你女儿这等乖滑得紧,捞不着一个,奈何!奈何!'那妇人与他揭了盖头道:'女婿,不是我女儿乖滑,他们大家谦让,不肯招你。'"(P287)

第三十回:"不知孙大圣坐得高,眼又乖滑,看得他明白。"(P372)

上两例中的乖滑语义不同:猪八戒嘴中的"乖滑"是狡猾、狡狯的意思。孙悟空眼睛的"乖滑"是敏锐的意思。"乖滑"大量见于明清时的通俗文学中。如:

《金瓶梅》第一二回:"生的眉目清秀,乖滑伶俐。"

《三侠五义》第七六回:"北侠见艾虎甚是伶俐,且少年一团英气,一路上与他说话,他又乖滑的很,把个北侠爱的个了不得。"

《平鬼传》第五回:"下作鬼见了小低搭鬼,不容分说,举枪就刺。幸小低搭鬼眼力乖滑,将头一低,下作鬼用枪过猛,那枪头直透门扇。"

《红楼梦》第七一回:"〔周瑞家的〕心性乖滑,专惯各处献勤讨好。"

可见,"乖滑"在明清时是一个通用词语。《现代汉语词典》没有"乖滑"词条,说明该词并非普通话的通用词语。通渭方言中,"乖滑"是个常用词语。语义集中于两个义项:

1. 乖巧、伶俐。例如:

①伊家的娃娃越学越乖滑,你怎着越学越死滞呢!
②你看伊家的那娃娃乖滑不?人眼睛一转,兀就知道你要啥!

2. 狡猾、狡狯。例如:

③兀人乖滑得像啥一样,你驴娃儿跟上狼着转哩!小心被卖掉!
④人太乖滑了也让人害怕咧!还是憨厚一点儿好!

【关门闭户】[guānmén bìhù]

"关门闭户"出自《西游记》第三回:话说美猴王荣归故里,逐日教小猴砍竹为标,削木为刀操演武艺。天长日久,他觉得竹竿木刀,无法应敌,就思量治一些锋利器械。经老猴指点,孙悟空来到傲来国界"觅"武器。

他就捻起诀来,念动咒语,向巽地上吸一口气,呼的吹将去,便是一阵风,飞沙走石,好惊人也……风起处,惊散了那傲来国君王,三市六街,都慌得关门闭户,无人敢走。(P30)

"关门闭户"即门户都关闭起来,形容冷清寥落。《现代汉语词典》没有收录该词条。通渭方言中"关门闭户"是个常用词语。义项有两个:

1. 本义:门窗都关闭着。例如:

①太阳这么高了,你们还都关门闭户地睡觉着吗?
②这家子怎么几天关门闭户的不见一个人?

2. 引申义:人死屋空,没人了、绝户了。例如:

③兀婆娘一死,兀一家子彻底关门闭户了。
④没个娃娃怎么行?这么大的家业总不是关门闭户的吧!

【管待】[guǎndài]

"管待"是《西游记》中一个使用频率极高的词语,计有二十三处。语义比较复杂。

1. 款待、招待。

第三十八回:"却又安排斋供,管待了唐僧,依然还歇在禅堂里。"(P467)
第二十七回:"那镇元子与行者结为兄弟,两人情投意合,决不肯放;

又安排管待,一连住了五六日。"(P327)

2. 照管、接待。

第七十八回:"驿丞即命看茶。茶毕,即办支应,命当直的安排管待。"(P961)

第九十六回:"此上手房宇,乃管待老爷每的佛堂、经堂、斋堂。下手的,是我弟子老小居住。"(P1164)

3. 照顾、供应、服侍用斋吃饭等。

第十九回:"老高,你还好生管待我师父,我去也。"(P231)

第四十三回:"教沙僧,将洞内宝物收了。且寻米粮,安排斋饭,管待了师父。"(P528)

可见,在《西游记》的语境中,"管待"是个极为寻常通俗的词语。事实上,"管待"在元、明、清的时候就是一个极为通俗常用的词语。这从其大量出现于当时的通俗文学中可知。如:

元·乔吉《金钱记》第二折:"那韩先生来时,着此人在书房中安下,早晚茶饭衣食,好生管待。"

《京本通俗小说·菩萨蛮》:"〔郡王〕回到方丈,长老设宴管待。"

《三国演义》第一回:"玄德请二人到庄,置酒管待,诉说欲讨贼安民之意。"

《儒林外史》第七回:"荀家管待众人,就借这观音庵里摆酒。"

《现代汉语词典》没有"管待"词条,说明该词在现代汉语中并非通用词语。通渭方言中"管待"是个常用词语,其语义依然沿用古义。

1. 款待、招待。例如:

①妗子①招呼客人那是滴水不漏。我们这些小辈去都管待得好得很!

②你去姑姑家,管待得阿门个②?

2. 照管接待。该"管待"本为应尽的义务,并非特殊招待。例如:

③老张家的活不能揽,那管待差得很!一顿午饭就用开水馍馍打发了!

④给老马家干活管待好得很!中午不但有肉还有酒!

---

① 【妗子】[jìnzi(qìnzi)] 方言:舅妈、舅母。

② 【阿门个】[āménge] 方言:如何、怎么样。

【裹肚】[guǒdù（guǒtù/guǒtuò）]

"裹肚"出自《西游记》第二十八回：话说唐僧鬼使神差，走进了"碗子山波月洞"，被黄袍怪所捉。猪八戒与沙和尚寻师傅来到门外。黄袍怪披挂整束，绰刀在手，径出门来。只见其：

  青脸红须赤发飘，黄金铠甲亮光饶。裹肚衬腰碌石带，攀胸勒甲步云绦。闲立山前风吼吼，闷游海外浪滔滔。一双蓝靛焦筋手，执定追魂取命刀。(P349)

"裹肚"为服饰的一种。《汉语大词典》解释为：
❶宋、元时男子长衣外包裹腰肚的绣袍肚。

  宋·陆游《老学庵笔记》卷二："又祖妣楚国郑夫人有先左丞遗衣一箧，裤有绣者，白地白绣，鹅黄地鹅黄绣，裹肚则紫地皂绣。祖妣云：'当时士大夫皆然也。'"
  《元典章·工部三·役使》："祇候不系只孙裹肚。"

❷有花纹装饰的阔腰巾。又名围肚看带。

  《初刻拍案惊奇·卷一》："那问的人揭开长衣，露出那兜罗锦红裹肚来，一手摸出银钱一个来。"

❸兜肚。

  金·元好问《续夷坚志·延寿丹》："捣为泥丸作弹子大，黄丹为衣，纸带子盛此药一丸，缝合着脐中，上用裹肚系定。"

可见，"裹肚"的形式是随着历史而演变的。《西游记》中黄袍怪所穿的"裹肚"根据上下文语境来看，应该为"长衣外包裹腰肚的绣袍肚"。通渭方言中将"裹肚"儿化为"裹肚儿"，泛指棉衣。例如：

①一场秋雨一场寒，三场秋雨要穿棉，该穿裹肚儿了！
②来，爷爷给娃娃穿上裹肚儿，戴上暖帽，穿上暖鞋，曹浪走！

在通渭地域，"裹肚"这种服饰从古到今一直存在，其形式的变化始终没有停止。将片状的"裹肚"变形为领袖齐全的"棉衣"，这与人们穿着方式的改变紧密相关。现代人不穿长衫，但保暖的裹肚依然需要，于是给本无袖子的

"裹肚"加上袖子,就成了今天的棉衣状。正如片状或者带状的"裹肚"被衣袖齐全的"裹肚"所替代一样,"裹肚"这个名称在二十一世纪也许会被普通话的"棉衣"所代替。二三十年前,"裹肚儿"是通渭人对"棉衣"的统称。现在随着人们走出村庄进入城镇,随着普通话的普及,"裹肚儿"已经成了一个极为村俗的叫法,只有"乡下人"或者老人依然如是说,而二十岁左右的年轻人已经很少使用这个词了。

【过梁】[guòliáng]

"过梁"是《西游记》中的一个建筑学术语。共两处,一处写实,一处泛指。

第十三回:"有一座草亭……过梁上搭两块血腥的虎皮。"(P162)

第三十六回:"那里就有这般大堂屋,却也没处买这般大过梁啊。"(P439)

草亭的"过梁"即横梁、大梁。沙僧所言"过梁"泛指建筑物的横梁。《现代汉语词典》没有"过梁"词条。通渭方言中,将横梁、大梁亦称为"过梁"。例如:

①厅房的过梁太细,房子容易缮!
②过梁要吃劲,就得用硬些的木头,如松木檩子、榆木檩子。

H

【哈话】[hāhuà]

"哈话"出自《西游记》第二十回：话说唐僧师徒在老王家歇住一宿。次日天晓，行者去备马，八戒去整担，老王又教妈妈整治些点心汤水管待，三众方致谢告行。

  老者道："此去倘路间有甚不虞，是必还来茅舍。"行者道："老儿，莫说哈话。我们出家人，不走回头路。"(P245)

"哈话"即傻话、不吉利的话。这也是《汉语大词典》解释"哈话"所用唯一的文例。《现代汉语词典》没有"哈话"词条。"哈"字条下也无"傻""蠢"之义。而《汉语大词典》中"哈"字的"傻""蠢"之义就来自《西游记》中的"哈话"。

"哈"在通渭方言中是个使用频率较高的词，是"好"的反义词。如：哈好不分。但"哈"并不等同于"坏"。它的内涵很丰富。

1. 义同不好、不吉利。此义与《西游记》中的用法完全相同。例如：

①大过年的，不要说哈话！
②娃娃出远门，不要有哈想法。

2. 义同赖、坏。例如：

③那家伙哈好不分！
④兀块伆人哈得很！

3. 义同使坏、干坏事。例如：

⑤你再过个哈么，个把你的孤拐卸掉了！

68

⑥个就哈了！你能把个怎是？

4. 义同废物、不成器。例如：

⑦张三："马家的那二小子怎么样?"李四："那是个哈货，不成才！"
⑧老校长为那个哈货儿子操碎心了。

【害馋劳】[hàichánláo（hàicánláo）]

"害馋劳"出自《西游记》第二十五回：话说在万寿山五庄观，孙悟空等人因偷吃人参果被清风明月诅咒。悟空一气之下筑倒了人参果树。清风明月使计谋将唐僧师徒关在房子里。然后，清风骂道：

"我把你这个害馋劳、偷嘴的秃贼！你偷吃了我的仙果，已该一个擅食田园瓜果之罪，却又把我的仙树推倒，坏了我五庄观里仙根，你还要说嘴哩！"(P304)

"害馋劳"是什么状况？《汉语大词典》《现代汉语词典》等辞书均无该短语。但《汉语大词典》有"馋劳"词条。解释为："馋劳：❶痨病患者食欲强，故讥人贪食曰'馋痨'。❷比喻十分贪恋女色。❸指十分贪恋女色的恶习。"显然，孙悟空等人此时与女色无关。"害馋劳"只能是患上了馋病、贪吃的毛病。

"害馋劳"是通渭方言中一个揶揄词语。"馋"读[cán]（蚕）音。女人怀孕时有恶心，饮食习惯改变等反应。通渭方言把这些反应统称为"害娃娃"。例如：

①你家媳妇子不能见油烟是害娃娃着吗？
②兀婆娘害娃娃着吐得啥都吃不成！

"害娃娃"的一大症状就是贪吃，嘴馋。于是，通渭乡间又将"害娃娃"别称为"害口"，戏称为"害馋劳"。例如：

③你这么馋着没害口么？
④你一块老男人怎着像害馋劳一样嘴馋啊！

【夯货】[hānghuò]

"夯货"是《西游记》中一个使用频率极高的詈词。据不完全统计，有三十二处。其中只有一处是孙悟空说驮观音净瓶的神龟时所用：

第四十二回："行者道：'原来是个养家看瓶的夯货！'"(P520)

其余三十一处都用来指称猪八戒。孙悟空第一次与猪八戒见面叫阵时就一口一个"夯货"。

第十九回："那馕糠的夯货，快出来与老孙打么！"(P231)

此后一旦急、气、恼时，孙悟空全叫猪八戒"夯货"。不但孙悟空叫猪八戒"夯货"，就连儒雅的唐僧生气了也骂他"夯货"。

第二十七回："唐僧不信道：'你这个夯货胡缠！我们走了这向，好人也不曾遇着一个，斋僧的从何而来！'"(P329)

第九十二回："长老听言骂道：'馕糟的夯货！莫胡说！快早起来！再略强嘴，教悟空拿金箍棒打牙！'"(1127)

猪八戒不但被师父师兄叫"夯货"，被其他神仙也骂作"夯货"。甚至牛魔王也骂他夯货。

第二十六回："那寿星将帽子掼了，骂道：'你这个夯货，老大不知高低！'……福星道：'你倒是个夯货，反敢骂人是奴才！'"(P319)

第六十一回："牛王喝道：'你这个嚢糟食的夯货，不见怎的！快叫那猴儿上来！'"(P752)

猪八戒的特点在于体形粗笨、反应愚钝，不知高低，憨吃贪睡。这些都应该是"夯货"的基本特点。

"夯"的本义：众人齐举以砸实地基的工具或机械，有木夯、石夯、铁夯等。可见"夯货"是由"夯"引申而来，不仅强调笨、蠢，更强调外形的沉重、厚实与粗笨。

《现代汉语词典》没有"夯货"词条。"夯货"是秦陇方言中的一个极为通俗的詈词，指称脑子愚蠢愚钝，外形矮粗丑陋，不知进退的人！可以说，用"夯货"指称猪八戒，无论是其外貌、思想还是行为举止都是极为精当的！"夯货"在通渭方言中还有两个同义词"夯客""夯佾"。例如：

①李家的那二小子就是个夯货（夯佾、夯客），做啥啥不成！
②兀人就是个夯货，你和他别一般见识。

"夯"在通渭方言中还可以作为一个单音节形容词使用，意为蠢、傻、笨等义。例如：

③兀家伙夯着哩！你少惹！
④伊家的娃娃越长越精了，你怎么越长越夯了！

【哏】[hěn/gén]

"哏"是《西游记》中一个使用频率较高的多义词。约有十六处，有两个义项：

1. 犹狠。凶恶、残忍。

    第十三回："只听得那斑彪哮吼，太保声哏。"(P160)

    第四十一回："但见那怪物：哏声响若春雷吼，暴眼明如掣电乖。"(P502)

2. 叹词：表示愤怒。这是《西游记》中"哏"的主要义项。

    第二十一回："哏，好风！哏，好风！老孙也会呼风，也会唤雨，不曾似这个妖精的风恶！"(P255)

    第四十回："三藏大怒，哏哏的要念《紧箍儿咒》。"(P494)

"哏"有两个读音[hěn][gén]。《现代汉语词典》只有[gén]，没有[hěn]。而古汉语主要使用[hěn]。读作[hěn]时有三个义项：

❶犹狠。凶恶、残忍。

    元·关汉卿《哭存孝》第二折："阿妈你好哏也！我有甚么罪过？将我五裂了！"

    元·高克礼《黄蔷薇过庆元贞》曲："一来怕夫人情性哏，二来怕误妾百年身。"

❷副词。犹很。表示程度深。

    《元典章·工部三·役使》："如今吃饭的人多，种田人少有，久已后哏不便当。"

元·无名氏《满庭芳》曲:"粉骷髅安了个嘴鼻,木胎儿画上片人皮。但见的道我哏憔悴,不嫁人等甚的?谁敢对俺娘题。"

❸叹词。表示愤怒。

《西游记》第十九回:"那怪道声:'哏!你这诳上的弼马温……今日又来此欺人!'"(P230)

就此来看,《西游记》中的"哏",应该读[hěn]。《现代汉语词典》[hěn]音下没有"哏"字。但无论是古代汉语中,还是现代汉语中,表示"凶恶、残忍"的行为动词[hěn]存在;"表示程度深"的副词[hěn],"表示愤怒"的叹词[hěn]也存在。只不过现代普通话中将"凶恶、残忍"之义归为"狠"字。"表示程度深"之义归为"很"。而"表示愤怒"的[hěn],本人没找到相应的词,可见依然沿用"哏"。通渭方言中表示愤怒、不屑、不满的叹词皆用"哏"。这是个老少皆宜,男女通用的叹词。例如:

①哏——哏哏——我不把你送到监狱里,我誓不为人!
②哏,就他——要做厂长?那个厂子离倒闭快了!
③哏,让你别那么做,你偏要做。如今倒霉了给我说啥!

【齁齁】[hōuhōu]

"齁齁"是《西游记》第二十八回形容猪八戒睡觉时的鼻息声。话说唐僧在猪八戒的唆使下赶走了孙悟空。化斋的任务自然落到了猪八戒的身上。这天,猪八戒去化斋,没找到化斋处,也不想再找,又不便立即回转,于是想多晃个时辰,好去回话。就在草窠里先睡睡。

呆子就把头拱在草里睡下。当时也只说朦胧朦胧就起来,岂知走路辛苦的人,丢倒头,只管齁齁睡起。(P344)

"齁齁"是个象声词。该词多见于古代的文学作品中。有两个义项:
❶熟睡时的鼻息声。

宋·苏轼《尝天门冬酒》诗:"醉乡杳杳谁同梦,睡息齁齁得自闻。"
元·王德信《集贤宾·退隐》曲:"饱时节婆婆松下走,困时节布衲里睡齁齁。"

❷形容生气时呼吸急促貌。

　　元·无名氏《货郎旦》第二折："你还待要闹啾啾，越激的我可也怒齁齁。"

《现代汉语词典》无"齁齁"词条。通渭方言中，"齁齁"是个常用词语。且完整地保留了古语中的两个义项：

1. 熟睡时的鼻息声。例如：

①你听几人齁齁的睡得香不香！
②这人刚才还说话着，转眼已经齁齁地拉鼾睡着！

2. 形容生气或紧张时呼吸急促貌。例如：

③过你说紧走慢收拾！你早不收拾，现在急齁齁地能来得及吗？
④事情已经出了，你再气齁齁也闲叨！

【胡缠】[húchán]

"胡缠"是《西游记》中一个出现频率较高的口头语。据不完全统计有六处。包括两个义项：

1. 胡扯、胡说。如：

　　第二十九回：老怪咄的一声道："胡缠！忘了物件，就敢打上门来？必有缘故！"[P359]

　　第八十回："二哥胡缠！我们走了这些时，好人也不曾撞见一个，亲从何来？"[P983]

2. 无理纠缠、胡搅蛮缠。

　　第三十七回：八戒答道："师父莫要胡缠；做个梦便罢了，怎么只管当真？"[P456]

　　第七十四回：老者道："你莫像才来的那个和尚走花弄水的胡缠。"[P910]

"胡缠"除了《西游记》中的两个义项外，还是骰子的别名。

　　清·厉荃《事物异名录·玩戏·骰子》："《事林广记》：'占城骰子曰

胡缠。'"

《现代汉语词典》没有"胡缠"词条。通渭方言中,"胡缠"是个常用词语。义为胡搅蛮缠、无理纠缠。例如:

①这件事早给你讲清楚了,你再不要胡缠了!
②对付诈骗电话的办法就是你比他还能胡缠!

【护持】[hùchí]

"护持"是《西游记》中使用频率极高的一个词,计有二十四处。如:

第二十七回:"只见长老左右手下有两员大将护持,不敢拢身。"(P328)

第六十七回:"你两个护持着师父,待老孙上去讨他个口气,看他是甚妖精。"(P824)

第九十五回:"行者备言前事,教他两个用心护持。"(P1155)

《西游记》中"护持"均为保护的意思。

"护持"在古代汉语中是个极为"高大上"的雅词。具体有两个义项:

❶保护维持;保卫扶持之意。

唐·白居易《香山寺新修经藏堂记》:"尔时,道场主、佛弟子香山居士·乐天,欲使浮图之徒,游者归依,居者护持,故刻石以记之。"

❷指皇帝降旨保护。

《水浒传》第五十一回:"柴进道:'李大哥,你且息怒。没来由和他粗卤做甚么!他虽是倚势欺人,我家放着有护持圣旨。'"

《现代汉语词典》没有"护持"词条。通渭方言中,"护持"是个常用词语。多用引申义,为修理维护之意。例如:

①那个房房子不护持就塌了,再护持护持,还能用两年。
②俗话说:"人牢的物牢",对家具要爱惜、要护持,才能用的长久。

【花狸狐哨】[huāli húshào（sào）]

"花狸狐哨"出自《西游记》第十一回：话说刘全妻子李翠莲因为与丈夫赌气悬梁缢死。三个月之后，刘全被唐王钦差，赴阴司进瓜果。阎王怜悯，放他们夫妇回来。李翠莲因尸首已经腐烂，只好借唐王御妹李玉英宫主的尸首还魂。她不知自己是借尸还魂，反而乱嚷道：

"我吃甚么药？这里那是我家！我家是清亮瓦屋，不像这个害黄病的房子，花狸狐哨的门扇！放我出去！放我出去！"(P138)

"花狸狐哨"什么意思？《汉语大词典》解释："'花狸狐哨'亦作'花里胡哨'。亦作'花里胡绍'。亦作'花丽狐哨'。亦作'花黎胡哨'。❶形容颜色错杂、艳丽。现多用于贬义。❷引申指花色繁多。❸形容花言巧语，耍弄花招。"《西游记》中的"花狸狐哨"显然是形容皇宫颜色错杂、艳丽。《现代汉语词典》仅有"花里胡哨"。"花狸狐哨"是通渭方言中的一个常用词语。义项多为贬义。

1. 形容颜色错杂、艳丽、不协调。例如：

①厅房墙还是用青砖显得庄重、大气，不要用瓷砖贴得花狸狐哨的。
②那个新房装饰得花狸狐哨的太难看了！

2. 引申为穿着打扮怪异。例如：

③那人打扮得花狸狐哨的可俗气了！
④老师们还是穿得庄重得体一些，不要花狸狐哨的影响学生。

3. 形容花言巧语，耍弄花招。例如：

⑤有啥事你就说，不要花狸狐哨的来虚稍！
⑥兀块媳妇子花狸狐哨的样数儿可多了！

【环眼】[huányǎn（huánjiàn）]

《西游记》中的人、妖、怪、神，形态各异，绝不混同。但眼睛却有很高的相似度，起码有六位长着"环眼"。

  第十三回："（刘伯钦）环眼圆睛如吊客，圈须乱扰似河奎。"(P159)
  第十九回："行者金睛似闪电，妖魔（猪八戒）环眼似银花。"(P230)
  第二十九回："（黄袍怪）屹迸迸，咬响钢牙；滴溜溜，睁圆环眼；雄纠纠，举起刀来。"(P360)
  第五十二回："那儿怪闻报大惊，扢迸迸，钢牙咬响；滴溜溜，环眼睁圆。"(P643)
  第六十九回："（麒麟山獬豸洞赛太岁部下先锋）九尺长身多恶狞，一双环眼闪金灯。"(P852)
  第八十七回："风伯垂真，曾似燥眉环眼。"(P1071)

"环眼"即如环儿一样大、圆的眼睛。

《现代汉语词典》没有"环眼"词条。通渭方言中，将大眼睛、圆眼睛就称为"环眼"，或"环儿眼"。"眼"读作 [jiàn]（见）音。例如：

①这个娃娃如果再有一双环儿眼，那就成一块大美人了！
②谁不想有一双环儿眼！有一双环儿眼，即使成不了美人，起码看见的地盘大点么！

【灰耙】[huīpá]

  "灰耙"是《西游记》第五十二回中出现的一种工具。话说孙悟空变成促织儿进了金𠆤洞，将毫毛变作三五十个小猴，教他们拿了被兕大王用圈子套去的李天王及众位天神的武器，然后孙悟空骑了火龙，纵起火势，从里边往外烧来。众天神得了武器又来叫阵：

  门里边有几个小妖，正然扫地撮灰，忽见众圣齐来，慌得丢了扫帚，撇下灰耙，跑入里面，又报道："孙悟空领着许多天神，又在门外骂战哩！"(P643)

  "灰耙"是种什么样的工具？《汉语大词典》《现代汉语词典》等辞书没有"灰耙"词条。通渭地域的老百姓家却有"灰耙"，也称为"推耙"，是专门用来填炕的工具。"灰耙"由一块长约一尺，宽五六寸的薄木板，正中开一洞，揳一根一米五左右的櫺构成。用"灰耙"可以把烧炕的原料推到炕洞里，也用

"灰耙"把炕洞里的灰"耙"出来。就《西游记》的具体语境来看,"灰耙"即往一起推灰的"耙",应该就是通渭人依然使用的那种"灰耙"。例如

①没有灰耙(推耙)怎么填炕了?
②这些工具在城里没用。把这把镢头,这个灰耙送给你二妈吧!

现在,随着人们盖起洋楼,架起炉子,用起电暖,睡起"电炕",烧"填炕"的土炕终将被淘汰,灰耙也将随之消失。

【会家不忙】[huìjiā bùmáng]

"会家不忙"意为行家、把势对自己熟悉的事,应付裕如,不会慌乱。《西游记》中该习语共有四处,均为描写孙悟空从容淡定迎战的。例如:

第四回:"那猴王正是会家不忙,将金箍棒应手相迎。"(P47)

第四十一回:"行者正是那会家不忙,又使了一个身法,闪过枪头。"(P503)

第二十一回:"这大圣正是会家不忙,忙家不会。理开铁棒,使一个'乌龙掠地势',拨开钢叉,又照头便打。"(P253)

《汉语大词典》将"会家不忙"归为"会者不忙"条。所举文例:

《警世通言·赵太祖千里送京娘》:"言犹未毕,草荒中钻出一个人来,手执钢叉,望公子便搠。公子会者不忙,将铁棒架住。"

《二刻拍案惊奇》卷二八:"程朝奉正是会家不忙,见接了银子,晓得有了机关。"

《天雨花》第二回:"左公子正是会家不忙。"

可见,该习语在明清时是个通用语。《现代汉语词典》无该词条。通渭方言中,"会家不忙"是个行业术语,一般用于与武术相关的领域。可以单用,还可以采用回环式的对比并列结构"会家不忙,忙家不会"。这恰巧与《西游记》第二十一回的说法吻合。例如:

①俗话说耍狮子是会家不忙,忙家不会。不熟就一招一式慢慢做。不能忙,一忙就乱了方寸。

②老张老李过招,真是会家不忙,忙家不会。老张淡定,老李急躁。不及

三个回合，老李就被打趴下了。

【霍闪】［huòshàn］

"霍闪"在《西游记》中出自第八十七回：话说凤仙郡郡侯因与妻子斗气，将斋天的供桌推倒，泼了素馔，将斋供喂狗，又口出秽言。这一切恰巧被下界的玉皇撞见，作为惩戒，凤仙郡三年未见雨滴。在孙悟空的周旋下，凤仙郡人人向善。善意传到天庭，玉皇大帝免除了凤仙郡的灾殃。霎时，雷电风雨骤至。

城里城外，大小官员，军民人等，整三年不曾听见雷电；今日见有雷声霍闪，一齐跪下，头顶着香炉，有的手拈着柳枝，都念："南无阿弥陀佛！南无阿弥陀佛！"（P1070）

此处"霍闪"义为闪电。"霍闪"除了"闪电"之义外，还引申为：闪动貌。如：

唐·顾云《天威行》："金蛇飞状霍闪过，白日倒挂银绳长。"

魏巍《火线春节夜》："小火苗的光，霍闪霍闪，照着每一个年轻的脸，红艳艳的。"

《现代汉语词典》没有"霍闪"词条。通渭方言中，"霍闪"是个常用词语。其用法与唐代、明代时的用法完全相同。

1. 闪电。该义项有时用"儿"化音。例如：

①有白雨①了！赶快起场，那南面已经闪霍闪儿了！

②问：妈妈，雨还下着吗？答：现在雷声听不见了，但霍闪还闪着。

2. 闪动貌。例如：

③你眼皮霍闪闪的又有什么坏主意！

④山后面霍闪霍闪的是啥？车灯还是霍闪儿？

---

① 【白雨】［báiyǔ（páiyù）］即雷阵雨、冰雹。这是一个古语词。书面语较早出现于唐代、宋代的文学作品中。1. 暴雨。唐·李白《宿虾湖诗》："白雨映寒山，森森似银竹。"宋·陆游《大雨中作》："贪看白雨掠地风，飘洒不知衣尽湿。"2. 雹的别名。明·王志坚《表异录·象纬》："关中谓雹为白雨。"《中国谚语资料·农谚》："六月六，白雨足。"原注："白雨，即雹。南方称雹为白雨，盛夏益多。"通渭方言中将雷阵雨、暴雨、冰雹统称为白雨。将雷阵雨、暴雨、冰雹形成的过程称为"发白雨、起白雨"。

J

【急慌慌】[jíhuānghuāng]

"急慌慌"在《西游记》中出自第三十回：话说黄袍怪变作一俊俏之人，纵云头来到宝象国认亲。花言巧语一番，不但取得了国王的信任，还将唐僧变为斑斓猛虎。白龙马见唐僧落难，无人可救，便变作侍酒女子与黄袍怪打斗。

小龙抵敌不住，飞起刀去，砍那妖怪，妖怪有接刀之法，一只手接了宝刀，一只手抛下满堂红便打，小龙措手不及，被他把后腿上着了一下。急慌慌按落云头，多亏了御水河救了性命。(P369)

"急慌慌"是什么状态？《白话小说语言词典》解释："慌忙貌。"

"急慌慌"是"急慌"的重叠形式。在古代通俗文学中，"急慌"与"急慌慌"都极为常见。如：

元·杨文奎《儿女团圆》第三折："我急慌里，着些闲散话儿遮。"

元·郑廷玉《看钱奴》第三折："泪汪汪甚人来守孝堂，急慌慌为亲爷来献香。"

《水浒传》第七九回："却说宋江军马见高太尉提兵至近，急慌退十五里外平川旷野之地。"

《现代汉语词典》没有"急慌""急慌慌"词条。通渭方言中，多用"急慌慌"，而少见"急慌"。"急慌慌"有两个义项：

1. 动作神态急忙、慌张。例如：

①你急慌慌地做啥去了。

②个急慌慌地赶着去时，伊家已经走了，没见上人。

2. 心神不宁；内心慌乱不安。例如：

③不知为啥！个今日心急慌慌地不安得很！
④兀人看样子急慌慌地心里有事儿咧！

【浆包】[jiāngbāo]

"浆包"出自《西游记》第五十三回：话说唐僧与猪八戒喝了子母河的水，怀了孕。

> 那呆子越发慌了，眼中噙泪，扯着行者道："哥哥！你问这婆婆，看那里有手轻的稳婆，预先寻下几个，这半会一阵阵的动荡得紧，想是摧阵疼。快了！快了！"沙僧又笑道："二哥，既知摧阵疼，不要扭动，只恐挤破浆包耳。"(P654)

此处"浆包"亦称"浆泡"，即胎膜。这是一个民间的医学专用术语。现代医学上有无此术语，作者没有查到。《现代汉语词典》无该词条。"浆包"在通渭方言中仅六十岁以上的女性使用或者知道。二十世纪八十年代前，通渭地域医疗条件落后，妇女生孩子皆在自家。接生的除了赤脚医生，大多为有经验的妇女。"浆包"就出自那些生孩子，或者接生的妇女口中。例如：

①哎哟，浆包破了，但孩子还不见动静！
②你嫂子已经疼了一天一夜了，但浆包还没破！

二十世纪八十年代后，随着医疗条件的改善，通渭的女性去医院生孩子成为常态。"浆包"使用频率越来越低，渐渐地，许多人不知道其含义了。

【将就】[jiāngjiù]

"将就"是《西游记》中一个出现频率较高的多义词。据不完全统计有十四处，涉及四个义项：

1. 勉强。这是本书中该词的主要义项。

> 第二十回："不敢夸言，也将就看得过。"(P242)
> 第二十九回："不敢，不敢，也将就晓得几个变化儿。"(P358)

2. 迁就。

　　第七十二回:"天气炎热,没奈何,将就容我洗洗儿罢。"(P888)

　　第三十四回:"他若肯将就,留得性命;说不过,就打死,还在此间。"(P415)

3. 引申为应付。

　　第八十六回:"樵哥,我见你府上也寒薄,只可将就一饭,切莫费心大摆布。"(P1061)

4. 凑合。

　　第六十八回:"师兄,这里将就买些用罢。"(P834)

　　第二十五回:"你且在这路旁边树林中将就歇歇,养养精神再走。"(P306)

"将就"是一个极为古老的词语。该词较早出现于先秦的文献典籍中。其后大量出现于文学作品中。如:

　　《诗·周颂·访落》:"将予就之,继犹判涣。"

　　宋·朱熹《诗集传》:"将使予勉强以就之,而所以继之者,犹恐其判涣而不合也。"

　　宋·吕祖谦《与陈同甫书》:"或虽知其非诚,而将就借以集事,到得结局,其弊不可胜言。"

　　元·郑廷玉《忍字记》楔子:"罢罢罢,咱将就的饮几杯。"

　　元·关汉卿《窦娥冤》楔子:"孩儿,你也不比在我跟前,我是你亲爷,将就的你。"

"将就"在现代汉语通用语中是个单义词,在通渭方言中是个多义词语。义项主要有两个:

1. 勉强、凑合。例如:

①妈妈常说使唤物件是新三年、旧三年、缝缝补补又三年,将就凑合再一年!

②这个灯笼将就着还能用。

2. 将近、接近、马上的意思。例如:

③看这麦子的颜色,将就五月五了吧!

④今天啥时候了,将就中午了吧?

【绞缠】[jiǎochán（jiàochán）]

"绞缠"出自《西游记》第四十七回：话说唐僧师徒因被通天河所阻，来到陈家庄陈澄家投宿。孙悟空得知陈澄陈清老弟兄俩为独生儿女"预修亡斋"，准备将独生儿女陈关保、一秤金送去祭赛时，不解道：

"既有这家私，怎么舍得亲生儿女祭赛？拚了五十两银子，可买一个童男；拚了一百两银子，可买一个童女。连绞缠不过二百两之数，可就留下自己儿女后代，却不是好？"(P587)

"绞缠"义为开销、费用。

《现代汉语词典》无"绞缠"词条。通渭方言中，"绞缠"是个通用词语。语义继承古义，即花销、费用。该词特别强调干某件事情所需要的所有费用。例如：

①这次西安一趟，绞缠大得很！花掉了五千元。
②孩子去城里上中学，家长就得租房陪读，这样下来，绞缠就大了！
③俗话说"长钱的初月①无利的寿"，老爷子的这个香寿结算下来将近一万元。绞缠够大的！

【截疤儿】[jiébār]

"截疤儿"是出自《西游记》第四十六回猪八戒之口的一个名词。话说在车迟国，孙悟空与虎力大仙赌砍头。孙悟空砍下的头被土地神定住后，竟然随着他一声"长！"飕的腔子内长出一个头来。猪八戒不解。

八戒道："哥哥，可用刀疮药么？"行者道："你是摸摸看，可有刀痕？"那呆子伸手一摸，就笑得呆呆挣挣道："妙哉！妙哉！却也长得完全，截疤儿也没些儿！"(P572)

"截疤儿"即截断、割断处重新长好后留下的疤痕。《汉语大词典》《现代

---

① 【初月】[chūyuè] 小孩满月酒。

汉语词典》等辞书没有该词条。通渭方言中,"截疤儿"是个习用语,但现在多用于植物。比如:

①这树干上怎么这么多截疤儿?
②这块木头截疤儿多着用不成。

【解板】[jiěbǎn(gàibàn)]

"解板"出自《西游记》第四十九回:话说孙悟空请观音菩萨降了通天河的金鱼精,解除了陈家庄人的祭赛之苦。行者请众人寻一只船,送他们师徒过河。陈清道:

"有!有!有!"就教解板打船。众庄客闻得此言,无不喜舍。那个道,我买桅篷;这个道,我办篙桨。有的说,我出绳索;有的说,我雇水手。(P613)

"解板"即用大锯将圆木解成木板。《汉语大词典》《现代汉语词典》等辞书均无"解板"词条。通渭方言中"解板"是一个木工专用术语。语义与《西游记》中完全相同。例如:

①原先解板全凭人工,吃力得很!现在用电锯,一方木头一会儿就解成板了,方便得很!
②老张他们在木器厂解板了,下午就解完。

通渭方言中,"解板"的"解",在大多数语境中读[gǎi](改)音。该音来源于《广韵》"古隘切"。1949年10月1日,朱德总司令在天安门城楼上下达《阅兵命令》时就将"解放"的"解"读作[gǎi]。"解[gǎi]"在通渭方言中义为剖开、分开、解开的意思。如:解木头、解带子、解扣子、解疙瘩、解绳套、解开、解绞①、解拆②等。

---

① 【解绞】[gàijiǎo] 一种两人玩的绳套游戏。用一根一米左右的细线绳绾成一个圈。然后一人用双手的手指将其撑出图案,另一人用双手手指按一定的规则进行"解"撑。如此循环往复,解出如驴槽、面条、方块、猪屁股、扫帚疙瘩等形状。直到纠缠于一体,无法解拆为止。

② 【解拆】[gàichāi(gàicāi)] 劝解、解围等义。

【筋节】[jīnjié]

"筋节"是《西游记》中一个出现频率不高,仅有五处,但语义极为复杂的词语。

1. 筋骨、力气、劲。

  第七十三回:"那道士与大圣战经五六十合,渐觉手软,一时间松了筋节,便解开衣带,忽辣的响一声,脱了皂袍。"(P900)

2. 强劲有力的重拳。

  第二回:"那魔王被悟空掏短肋,撞丫裆,几下筋节,把他打重了。"(P26)

3. 引申为短小精悍。

  第三十一回:"行者笑道:'咱老孙小自小,筋节。'"(P381)

4. 指言语上的分寸或关键。这也是许多辞书解释"筋节"的经典文例之一。

  第四十五回:"行者道:'我与你(虎力大仙)都上坛祈雨,知雨是你的,是我的?不见是谁的功绩了。'国王在上听见,心中暗喜,道:'那小和尚说话,倒有些筋节。'沙僧听见,暗笑道:'不知一肚子筋节,还不曾拿出来哩!'"(P558)

《汉语大词典》解释:"筋节"亦作"觔节"。其是一个多义词,除了《西游记》中所具有的义项外,还包括"做事的条理、诀窍。""比喻文章或言辞中重要而有力的转折连接处。"等。该词大量出现于唐代以降的文学作品中。如:

  唐·元稹《骠国乐》:"从舞跳趫筋节硬,繁辞变乱名字讹。"

  《醒世恒言·黄秀才徼灵玉马坠》:"你说巨身在江涛汹涌之中,何等力气,黄生又是个书生,不是筋节的,一只手如何带得住。"

  《野叟曝言》第一八回:"我倒好心和他说正经话,教他筋节,他倒挺出这样死话来。"

《现代汉语词典》中"筋节"只有两个义项:❶肌肉和关节。❷比喻文章或言辞中重要而有力的转折连接处。通渭方言中"筋节"为常用词语,但语义单一，即麻利、精干、勤快等义。显然，该义是从孙悟空所言"筋节"引申而来。《西游记》中因百花羞公主将孙悟空与八戒、沙僧对比，且嘲笑他是个"筋多骨少的瘦鬼"，引的行者笑道：

> "你原来没眼色，认不得人。俗语云：'尿泡虽大无斤两，秤铊虽小压千斤。'他们相貌，空大无用：走路抗风，穿衣费布，种火心空，顶门腰软，吃食无功。咱老孙小自小，筋节。"

孙悟空认为"短小精悍"者"筋节"。通渭方言中就有"汉大腰松，树大张风"之说。认为个子过高的人会松垮无力，而个子短小反而精干利落、灵敏机警。灵敏机警的人转换腾挪利落、速度快，于是就有了通渭方言中的"筋节"意。例如：

①你也太筋节了吧，一天做了多少活业！
②刚下完雨，休息一会儿，那么筋节干嘛！

【精着身子】[jīngzhe shēnzi]

"精着身子"出自《西游记》第九十五回：话说月宫中的玉兔成妖变为天竺国公主，"欲招唐僧为偶，采取元阳真气，以成太乙上仙"。就在"十字街头，高结彩楼，抛打绣球，撞天婚招驸马"。唐僧莫名其妙，被绣球打中，欲招为驸马。孙悟空识破妖精计谋，与其打斗：

> 那些妃子，有胆大的，把那衣服、钗环拿与皇后看了，道："这是公主穿的、戴的，今都丢下，精着身子，与那和尚在天上争打，必定是个妖邪。"(P1152)

"精着身子"即没穿衣服，身体裸露。用通渭方言说就是"精身儿""光身儿"。

"精"在古汉语中义项特别多。《汉语大词典》所列"精"的义项共计二十七项。其中有一项为"光，全无"。所举文例为：

元·高文秀《黑旋风》第三折："还有精着腿，无个裤儿穿的。"

《红楼梦》第九七回："难道他个女孩儿家，你还叫他赤身露体，精着来，光着去吗？"

这些文例与《西游记》中"精着身子"中的"精"的用法、意思完全相同。《现代汉语词典》的"精"词条没有该义项。说明该义项在古汉语中使用比较普遍，在现代汉语中用得比较少，或者已经被双音节词语"精赤"或者其他词语所替代。但在通渭方言中，将单音节的"精"作为动词，置于表示人的身体部位的名词前作述语的状况极为普遍。例如：精身子、精身儿、精屁股、精尻 [góu] 子、精胳膊、精腿子、精脚 [jié] 子，等等。"精"为光着、精赤、裸露的意思。这种说法完全继承古义。

通渭纪事：

晚上七点，大家正在看电视上直播的奥运会女子体操比赛。九十岁的老祖母本来很喜欢看电视，但此时她头也不抬地做手工活。过了一会儿，她很生硬地命令："电视关了，嘈人得很！"大家吓了一跳，很不解地去看老祖母，发现她竟然收拾被褥，准备睡觉。她从来没这么早睡过觉啊！太阳刚下山！于是急忙调低音量。没想到，老祖母再次发飙："半夜三更地看啥哩，关了睡觉去！"大家极为不舍地关了电视，一头雾水地各自去看手机。

老祖母见大家都走了，就坐直了身子继续做活。这时陪她睡觉的小曾孙女儿问："太太，您怎么又不睡了？"老太太诡异地一笑说："这么早，我睡啥？"小姑娘不解地说："您不是刚才说要睡觉吗？"老太太很无奈地说："我是看一大家子人盯着精身儿的女子看，心里不暖和！"接着老太太自言自语："电视里面的男人都穿得周武郑王的，连脖子都扎得紧紧的。女人却不穿衣服，不是光胳膊就是赤腿子，现在干脆精身儿啦！精身儿的也不赧打整么，看的也不赧打整！这是啥世道！"

【抉作四段】 [juézuò sìduàn]

"抉作四段"出自《西游记》第五十三回：话说唐僧与猪八戒误饮子母河的水而怀孕。孙悟空去解阳山破儿洞欲取落胎泉水给他们消胎气。没想到因为没有"花红表礼，羊酒果盘"，霸占泉水的道人如意真仙竟然坚决不给孙悟空泉水。孙悟空与其打斗：

> 那妖仙措手不及，推了一个蹼辣，挣踏不起。大圣夺过如意钩来，折为两段；总拿着又一抉，抉作四段，掷之于地道："泼孽畜！再敢无礼？"(P661)

《汉语大词典》解释:"'抉'为折取;折断。""抉作四段"义为迅疾、猛力地折为四段。《现代汉语词典》中"抉"无该义项。通渭方言中,"抉"恰巧有折取;折断的义项。具体而言:

1. 抉:义同折取;折断。但"抉"又不是普通的"折取;折断"。它特别强调迅疾、用力猛折,用力猛取之意。《西游记》中"抉"的用法恰巧就体现了这一点。"大圣"的"一夺""一折""一抉",三个动作迅速连贯,一气呵成。但为何先"折"后"抉"?二者有何区别?仔细分析,"折"的为一根,"抉"的为两根,"折一根"需要的力量小,"抉两根"需要的力量大。需要力量小的可以慢折,需要力量大的就必须猛抉。

"抉"在通渭方言就"折取、折断"义项而言,是个极为通俗常用的词。具体又细分为:

(1) 折取。此意强调动作的"迅疾"。例如:

①我们今天抉蕨菜去吧!
②你去给咱们抉一些韭黄来!

此类语境中之所以用"抉"不用"折",就是因为蕨菜、韭黄之类的东西最佳折断处为根部最嫩处。而"折""掐"时工具往往不易到达根部。若用"抽"容易中间断掉,只有快速猛力"一抉"才会使其在根部最嫩处断裂。

(2) 折断。此意强调用力迅猛。

③你担的有多重,竟然把这根扁担抉折了!
④这根树枝我砍了半天了,你使劲抉一下,看能不能抉折。

2. 挑选、选取。此义项的"抉"常常强调用特殊的方式从海量的同类事物中选出最好的、最优的,或者最为需要的。例如:

⑤清华北大每年把考生中的尖尖(最好的)抉走了。
⑥今天碾场前先要抉点麦籽。

K

【口敞】［kǒuchǎng］

"口敞"是《西游记》中一个好玩的词，共有三处。一处是如来佛说孙悟空的。两处是孙悟空说猪八戒的。显然，孙悟空也是现学现卖。

第五十二回：如来对行者道："你这猴儿口敞，一传道是我说他，他就不与你斗，定要嚷上灵山，反遗祸于我也。"(P646)

第六十九回："行者接过口来道：'我这兄弟，是这般口敞。但有个经验的好方儿，他就要说与人。'"(P849)

第七十七回："行者笑道：'你这呆子口敞，延地里就对人说，我们是爬墙头的和尚了。'"(P951)

"口敞"形容口快，说话随便，不能保密。《现代汉语词典》没有"口敞"词条。通渭方言中，"口敞"是个常用词语。语义继承《西游记》中的用法，即口无遮拦，信口开河，说话随便。例如：

①兀人口敞得很！你想让天下人都知道的就过说，不想让人知道的千万休过说。

②你的这口敞得像个裤腰一样整天叨叨叨、叨叨叨地说啥了？

【口壮】［kǒuzhuàng］

"口壮"出自《西游记》第一百回：话说唐僧师徒历经十四年，回到长安，将经交纳，然后连人带马五口，复转灵山。如来佛封唐僧为旃檀功德佛。孙悟空为斗战胜佛。猪悟能做净坛使者。猪悟能对此不满，口中嚷道：

"他们都成佛，如何把我做个净坛使者？"如来道："因汝口壮身慵，食肠宽大。盖天下四大部洲，瞻仰吾教者甚多，凡诸佛事，教汝净坛，乃是个有受用的品级。如何不好！"[P1216]

所谓"净坛使者"，通俗地说即打扫祭品、贡品者。如来佛之所以封猪八戒这个职务，理由之一就是其"口壮"。通观猪八戒与食物有关的特征，即：食肠大、胃口好、不挑食。显然"口壮"即胃口好，吃得多，不挑食。

《汉语大词典》《现代汉语词典》均无"口壮"词条。是不是只有如来佛用该词，人间不用该词？显然不是。起码通渭人就用这个词。"口壮"在通渭方言中是个常用词语，有两种用法：

1. 特指牲口胃口好，不挑食。尤其指猪胃口好，此说法可能继承了如来佛之说。例如：

①这个猪娃子口壮得很，不管啥食，都吞吞哐哐吃完了。
②这个骡驹子口壮得很。

2. 偶尔用于人。用于人时多用于孩子，用于成人则有失尊重，一般不会当面说。例如：

③这个娃娃口壮，啥都吃。
④兀个木匠口壮，好招待。

与"口壮"相对的就是"口细"。"口细"即胃口不好，挑食严重。在通渭方言中"口壮"是个村俗词语，多用于牲畜。而"口细"却是个通用语，不分人畜，不分场合皆可用。例如：

⑤兀个娃娃口细得很，啥都不吃！
⑥你这人怎着这门口细呢，啥都吃不成！
⑦这个猪娃子口细得很，嘴子刺到食槽里只哐点水，就是不吞着吃。

【胯子】 [kuàzi]

"胯子"出自《西游记》第七十六回：话说在狮驼岭，孙悟空、猪八戒与白象精作战。白象精用鼻子卷住孙悟空。悟空将金箍棒搠进象鼻。

那妖精害怕，沙的一声，把鼻子捽放，被行者转手过来，一把挝住，用气力往前一拉，那妖精护疼，随着手举步跟来。八戒方才敢近，拿钉钯望妖精胯子上乱筑。(P941)

"胯子"是什么部位？《汉语大词典》解释："犹侉子。指口音与本地语音不同的人。"该解释显然不适合用于此处。《白话小说语言词典》解释："腰两侧与大腿上部。"该解释合乎文意。《现代汉语词典》没有"胯子"词条。通渭方言中，就将腰两侧与大腿上部称为"胯子"。既用于人，也用于动物。例如：

①个今日掰胯了，胯子疼着点儿不能走！
②价骡子的胯子上怎着烂着？

【旷荡】[kuàngdàng]

"旷荡"出自《西游记》第九十二回：话说唐僧师傅正月十三日来到天竺国外郡金平府。众僧挽留他们上元佳节看花灯。没想到看灯时妖精摄走了唐僧。

经云"泰极还生否"，好处逢凶实有之。爱赏花灯禅性乱，喜游美景道心漓。大丹自古宜长守，一失原来到底亏。紧闭牢拴休旷荡，须臾懈怠见参差。(P1123)

此处"旷荡"义为放松、懈怠。

"旷荡"本义为辽阔、宽广。引申为（思想、心胸）旷达、开朗。该词较早出现于汉代的文学作品中。

汉·张衡《南都赋》："上平衍而旷荡，下蒙笼而崎岖。"

汉·陈琳《为曹洪与魏文帝书》："来命陈彼妖惑之罪，叙王师旷荡之德，岂不信然。"

"旷荡"在通渭方言中是个常用词语。多用引申义：旷达、开朗、阳光、随和等。例如：

①那个姑娘喜辣、旷荡得很，个爱得很！
②旷荡的人好打交道。

L

【来】［lái］

"来"字，无论是在古代汉语中，还是现代汉语中，都是一个词性、义项非常丰富的通用词语。《汉语大词典》"来"词条下所列义项多达三十七条。其中有一条，"语助词。用在句末，表示疑问语气。"而《西游记》中"来"的义项也非常丰富。其中一个重要的义项就是做疑问语气词。如：

第一回："你不是神仙，如何说出神仙的话来？"[P10]

第二回："你这一向修些甚么道来？"[P20]

第十一回："你在阴司见些甚么来？"[P137]

第十四回："你往那里去来？教我行又不敢行，动又不敢动，只管在此等你。"[P176]

《现代汉语词典》"来"词条没有"疑问语气词"这一义项。可见，在现代汉语通用语中，"来"不是一个语气助词。但在通渭方言中一直将"来"作为一个重要的疑问语气词使用，相当于"哩"。这种用法源于古义。例如：

①甲：你做啥去来？乙：我割麦去。
②人来？都到阿里去啦？

词语补说：

录一首"来"作语气词的通渭儿歌：

撒——撒——撒哥哥儿，撒了三担米哥哥，你的你吃哈，个的个过放羊娃娃丢哈。放羊娃娃来么？没来。来了，馍馍来？猫叼了。猫来？钻洞了。洞来？草塞了。草来？牛吃了。牛来？打㞗了。㞗来？雪苫了。雪来？消水了。水来？和泥了。泥来？裹墙了。墙来？猪毁了。猪来？杀成肉肉了。肉来？个家娃娃吃掉了。骨头来？门背后立着来。

【狼虫虎豹】[lángchónghǔbào]

"狼虫虎豹"是《西游记》中使用频率较高的一个短语，据不完全统计有七处。如：

第六回："及收兵查勘时，止捉他些狼虫虎豹之类，不曾捉得他半个妖猴。"(P64)

第七十四回："原来此辈都是些狼虫虎豹，走兽飞禽，鸣的一声，都哄然而去了。"(P918)

第八十回："这等深林里，有甚么人叫？想是狼虫虎豹唬倒的，待我看看。"(P983)

"狼虫虎豹"泛指凶猛的动物。

《现代汉语词典》没有该词条。通渭方言中"狼虫虎豹"是个常用词语。语义继承古义，既泛指凶猛的野兽，也比喻恶人歹徒。例如：

①狼虫虎豹那么毒，也不食自己的娃娃。你怎么能这么毒辣地打各家的娃娃！

②兀人现在连狼虫虎豹一样，六亲不认！

【狼犺】[lángkàng]　　【榔槺】[láng kāng]

通渭方言中有一个形容词［lángkang］，意思是凌乱、肮脏、窝囊、粗重等，总之脏乱差、粗笨蠢的人、事、物、行为、动作、环境空间等都可以用"lángkang"来形容。但具体怎么书写却莫衷一是。《西游记》中有两个"lángkang"，即【狼犺 lángkang】【榔槺 lángkang】。

【狼犺 lángkàng】共计六处。都是用来形容猪八戒、蟒蛇等的体形。

第四十二回："他却不变大的，如狼犺大象，恐进不得你门。"(P516)

第六十七回："那妖精神通广大，身体狼犺。你这个长老，瘦瘦小小，还不彀他填牙齿缝哩！"(P822)……"这厮身体狼犺，窟穴窄小，断然转身

不得。"(P825)

第七十六回："那呆子生得狼犺，又不会腾那，这一去，少吉多凶。"(P938)

【榔槺 lángkāng】仅一处，是美猴王对自己的武器——刀的评价。

第三回："汝等弓弩熟谙，兵器精通，奈我这口刀着实榔槺，不遂我意，奈何？"(P31)

这两个词的区别在哪里？我们看《汉语大词典》的解释：

【狼犺】

❶笨拙；笨重。

《初刻拍案惊奇》卷一："若不是海船，也着不得这样狼犺东西。"

《儿女英雄传》第九回："这三千金，通共也不过二百来斤，怕带不了去？但是东西狼犺，路上走着，也未免触眼。"

钱锺书《围城》七："辛楣把带来的十几本书给鸿渐道：'这些书我不带走了，你将来嫌它们狼犺，就替我捐给图书馆。'"

❷踉跄貌。

清·蒲松龄《聊斋志异·青蛙神》："〔蛙〕下床出门，狼犺数步，复返身卧门内。"

❸"狼犺"：兽名。《集韵·上荡》："狼犺，兽名。似猴。"

【榔槺】亦作"榔杭"。器物长大，笨重，用起来不方便。

《西游记》第三回："汝等弓弩熟谙，兵器精通，奈我这口刀着实榔槺，不遂我意。"

《现代汉语词典》没有"狼犺"词条。有"榔槺"词条，解释为："〈方〉形容器物长而大，用起来不方便。"

综上可见，这两个词为近义词，且为方言词语，使用地域较窄。"狼犺"虽然《现代汉语词典》没有选录，但从文例来看，其义项相对较多，使用较广泛，不仅古汉语中使用，现代汉语中也使用。多用于描写人物、动物的形体。"榔槺"为方言词语，多描写物体或者行为动作等。通渭方言中，【狼犺】【榔槺】俩词的语义全有，且使用极为普遍通俗。例如：

①兀老汉的样子现在狼犺着看不成。
②这个骡子怎着这么狼犺！你把这老毛过梳理过哈呗。
③这棵杨树长了个榔槺！需要好好修剪一下。

④这根窖绳太长了,榔槺着用不成!

通渭方言中,除了使用"狼犺""榔槺"的基本义外,还大量使用引申义:肮脏、凌乱、窝囊等。使用引申义时两词通用。例如:

⑤今天在亲戚家吃螃蟹可把我吃狼犺(榔槺)了。
⑥不就做个馍馍吗,你的这坛场也太狼犺(榔槺)了吧!
⑦厨房的物件用了当即不清洗,现在就狼犺(榔槺)着用不成。
⑧你的这房子狼犺(榔槺)着进不来人!
⑨那家伙人狼犺么,做事也狼犺(榔槺)。与那家伙一沾染就倒霉,你少染!

【老女儿】[lǎonǚér]

"老女儿"出自《西游记》第十八回:话说唐僧与孙悟空来到高老庄投宿。在街衢口,遇见了一位少年。初次问询,他很不耐烦。经过孙悟空的再三"纠缠"。

这人无奈,只得以实情告诉道:"我是高太公的家人,名叫高才。我那太公有一个老女儿,年方二十岁,更不曾配人,三年前被一个妖精占了。"(P220)

该"老"什么意思?文本注释:"年级大的人对最末一个儿子、女儿,叫作老儿子、老女儿、老姑娘。""老女儿"即排行在最后的女儿、小女儿。通渭就有"以小为老"的习俗。孩子多的人将最小的一个孩子叫"老生胎"。例如:

①个有四块娃娃,这是一块老生胎。
②他是父母的老儿子,我们最小的弟弟,大家惯得很!

这种习俗称谓也延伸到上辈或下辈。如:

③她是个老姑!
④祝老侄儿(小侄儿)新西兰玩得愉快!

随着少子化时代的到来,"老生胎"的说法将逐渐消亡。

【老实头儿】[lǎoshitóur]

"老实头儿"是《西游记》第九十七回一伙抢劫犯对孙悟空的评价。话说铜台府地灵县的一伙凶徒打劫了斋僧的寇家,打死了寇员外。藏匿赃物的路上,恰好碰上了西行的唐僧师徒,众贼心犹不歇,遂持兵器,拦住唐僧师徒。行者假假的一通惊恐"招供"、求情。众贼听说:

"这个和尚倒是个老实头儿。既如此,饶了你命,教那三个丢下行李,放他过去。"(P1175)

"老实头儿"义为忠厚规矩的人,老实得过分的人!什么叫"有眼无珠"?什么叫"见着死神还起哄"?这伙凶徒认为孙悟空是个"老实头儿"就叫"有眼无珠",就叫"见着死神还起哄"。如果说孙悟空是个"老实头儿",那世间就没有不老实的人了!

《汉语大词典》《现代汉语词典》均无"老实头儿"词条。《汉语大词典》有"老实头"词条。通渭方言中没有"老实头",只有"老实头儿",亦称"老实头子"。是个略含贬义的词。有两个义项:

1. 指过于老实的人,或老实得过分的人。例如:

①你这个老实头儿!人家遮饰你坐会儿,你就拾了个环锥当成针,真不走了!

②你这个老实头儿,人家把你卖了,你还一五一十帮着数钱了!

2. 没本事之人的代名词。例如:

③兀不像块年轻人,是块老实头儿,没出成!

④兀人就是块老实头儿,挖窖打墼子行,做生意肯定不行。

【雷堆】[léiduī(luǐduī)]

"雷堆"出自《西游记》第三十回:话说孙悟空因三打白骨精,惹恼了唐僧,加之猪八戒在旁边火上浇油似的唆嘴,唐僧就将其赶逐回了花果山。后唐僧遇难,猪八戒去花果山请孙悟空,又不敢明明地去见他,就先挤在猴群中磕头。孙悟空早已发现，却佯装不认识，且嘲弄道：

"我这大圣部下的群猴，都是一般模样。你这嘴脸生得各样，相貌有些雷堆，定是别处来的妖魔。"(P372)

"雷堆"即粗笨、笨拙、累赘的意思。

"雷堆"是个古词语。除了以上义项外，还有两个截然不同的义项：

❶堆积物，大土堆。此指太湖中的大雷山和小雷山。

元·杨维桢《送客洞庭西》诗："送客洞庭西，雷堆青两两。"楼卜瀍注："郦道元《水经注》云：湖中有大雷、小雷二山。"

❷古代法场上的泥堆，因借指上法场被杀。

《扬州评话选·扬州劫法场》："教场当中钉两根木笼标竿……木头上有个铁圈子，犯人到法场，就跪在标竿底下，当日人有辫子，把根辫子扣在铁圈上。标竿后头堆起两个烂泥堆子，名叫'雷堆'。我们时常听见人骂：'你这个小伙多雷堆啊！''雷堆'这两个字，骂出来人不懂，实在恶毒得很，等于骂人上法场。"

可见《西游记》中"雷堆"是引申义。《现代汉语词典》没有"雷堆"词条。通渭方言中，"雷堆"是一个极为通俗的形容词。不仅有粗笨、累赘等引申义，还有肮脏、恶心等比喻义。而且比喻义用得更为广泛。

1. 引申义：粗笨、累赘。该义项与《西游记》中的"雷堆"语义完全相同。例如：

①老刘屎肚子那么大，看着雷堆得很！
②大夏天的裹个皮袄，你不雷堆吗！

2. 比喻义：肮脏、恶心。例如：

③你把这鼻涕擤掉去！搞腾搞腾地不雷堆嘛！
④你的这茶盅子雷堆得很！多长时间没洗过了？

3. 做事邋遢、糊涂。例如：

⑤那个婆娘雷堆得很，把娃娃的屎毡儿与抹布混在一搭着！
⑥老吴的婆娘那么雷堆，竟然当厨子去了！

【累坠】[lèizhuì（luìzhuì）]

该词出自《西游记》第二十三回：话说天色将晚，三藏问孙悟空去往哪里安歇？孙悟空回答过于不食人间烟火，惹恼了八戒。

猪八戒道："哥呵，你只知道你走路轻省，那里管别人累坠？自过了流沙河，这一向爬山过岭，身挑着重担，老大难挨也！"(P277)

"累坠"义为多余、拖累、麻烦、负担等。现代汉语中，"累坠"亦作"累赘"。通渭方言中，"累坠"是个使用频率极高的词语。大体有两个义项。

1. 负担、拖累。例如：

①曹岁数大了，就成娃娃们的累坠了。
②个累坠多得很，老人孩子还有鸡鸭猪狗都是个的事。

2. 沉重、多余。例如：

③你穿那么多，看着累赘得很！
④耳朵上挂那么多索索练练的东西，你不觉得累坠吗？

【睖睖睁睁】[lènglèng zhēngzhēng（lēnglēng zēngzēng）]

"睖睖睁睁"出自《西游记》第五回：话说孙悟空做蟠桃园的执事。一日，王母娘娘瑶池中设宴，做"蟠桃盛会"，即着那七衣仙女去蟠桃园摘桃建会。孙悟空得知按上届旧规，自己可能不在邀请之列。于是：

好大圣，捻着诀，念声咒语，对众仙女道："住！住！住！"这原来是个定身法，把那七衣仙女，一个个睖睖睁睁，白着眼，都站在桃树之下。(P55)

"睖睖睁睁"是什么状态？《汉语大词典》解释："眼睛直视发呆。亦省作'睖睁'。"

"睖睁"出自《西游记》第三十八回：话说孙悟空与乌鸡国太子商量好拿妖的计谋，打发太子回城。自己怎么都睡不着，思前想后，决定将乌鸡国王的尸首从御花园的琉璃井中捞出来做证据。行者与唐僧经过商量，决定让猪八戒帮忙。

  行者揪着耳朵，抓着鬃，把他一拉，拉起来，叫声"八戒。"那呆子还打睖睁。行者又叫一声，呆子道："睡了罢，莫顽！明日要走路哩！"(P468)

正如前文所说："那呆子是走路辛苦的人，丢倒头只情打呼，那里叫得醒？"所以被孙悟空抓着鬃拉起来时，人还处于睡着的状态，自然打"睖睁"，发呆发蒙！

《现代汉语词典》无"睖睖睁睁"词条。通渭方言中，"睖睖睁睁"是个常用习语。有两个义项：

1. 眼睛直视发呆、发愣。例如：

①兀块人看着睖睖睁睁的不疾伶！是不是瓜的？
②兀连个打愣的驴一样，睖睖睁睁半天，一句话都不说！

2. 头发昏、发蒙。例如：

③个今日头睖睖睁睁地不合适，是不是塌汗了！
④你睖睖睁睁的兀样子是听不见吗？

3. "睖睁"多用于指责或斥责他人没反应，或反应迟钝。例如：

⑤个给他讲了半天，他连个睖睁都不打！
⑥听来没听来？你倒是打个睖睁啊！

【凉浆水饭】[liángjiāng shuǐfàn]

《西游记》中有两处用"凉浆水饭"祭奠死者的情节。第一处为第四十六回：话说羊力大仙与孙悟空比赛"下油锅"。孙悟空恶作剧，变作个枣核钉儿，淬在油锅底上不起来。国王以为孙悟空被炸化了，就命令将唐僧、八戒及沙僧三人也投入油锅。没想到：

  三藏高叫："陛下，赦贫僧一时。我那个徒弟，自从归教，历历有功；今日冲撞国师，死在油锅之内，奈何先死者为神——我贫僧怎敢贪生！正是天下官员也管着天下百姓。陛下若教臣死，臣岂敢不死？——只望宽恩，赐我半盏凉浆水饭，三张纸马，容到油锅边，烧此一陌纸，也表我师徒一

念,那时再领罪也。"(P575)

第二处为第七十三回:话说黄花观的蜈蚣精道士药翻了唐僧、八戒及沙僧。孙悟空正发愁悲切时,遇见了黎山老姆变化的妇人:

> 但见一个妇人,身穿重孝,左手托一盏凉浆水饭,右手执几张烧纸黄钱,从那厢一步一声,哭着走来。(P901)

"浆水"是何物,以致唐僧与黎山老姆都需要用它祭奠死者?我们先查查百度:

> "浆水"是用油菜、包菜、芹菜、曲曲菜、萝卜、土豆、黄豆芽等为原料(还有其他原料,依口味习惯选择一样,也可以是几样搭配而作),在沸水里烫过后,拌以少量面粉,加温水,酵母发酵而成。浆水成淡白色,微酸,直接舀出饮用时若加以少许白糖,便酸甜可口,它营养丰富,消暑解渴。

"浆水"历史悠久。

唐·谷神子《博异志补编·郑洁》:"百味之物,深所反侧。然不如赐茶浆水粥耳,茶酒不如赐浆水,又贫居之易辨。"

宋·孟元老《东京梦华录·宰执亲王宗室百官入内上寿》:"又生葱韭蒜醋各一碟。三五人共列浆水一桶,立杓数枚。"

明·李时珍《本草纲目·水·浆水》〔释名〕引陈嘉谟曰:"浆,酢也。炊粟米热,投冷水中,浸五六日,味酢,生白花,色类浆,故名。"

浆水不仅是可口的食物。而且,还有药用价值。

明·李时珍《本草纲目·水·浆水》〔发明〕引朱震亨曰:"浆水,性凉善走,故解烦渴而化滞物。"

它可以治疗上吐下泻;过食腊肉,致筋痛肚闷;手指肿痛;脸上黑痣;骨鲠在咽,还可以调中引气,开胃止渴,解烦去睡,调理脏腑,利小便等。

用"浆水"祭奠死者的风俗在元代就有。元代的戏剧中多有描写。

元·马致远《青衫泪》第二折:"容我与侍郎瀽一椀浆水,烧一陌纸钱咱。"

元·关汉卿《窦娥冤》:"有瀽不了的浆水饭,瀽半碗儿与我吃。烧不了的纸钱,与窦娥烧一陌儿。"

可见唐僧与黎山老姆仅仅是继承了该传统。不知元明时期用于"祭奠"的"浆水"是不是百度所介绍的"浆水"?就《西游记》的语境来分析,要用"凉浆水饭"作为祭品,就必须满足两个条件:一是必须随时具备;二是廉价易得。据有关资料记载,"浆水"主要分布在陕西、甘肃中南部和山西、宁夏、青海等地的少部分地区。其中宁夏、青海、山西、甘肃兰州等地仅在夏季吃浆水。只有陕西、甘肃中部的天水、通渭、定西、陇西、会宁等地的人家一年四季都备有浆水,且廉价易得。而在通渭、甘谷、陇西等极小的区域内至今完整地保留着用"凉浆水"祭奠死者的习俗。即在祭奠死者时,一般烧过纸马、化过纸钱后,往地上奠三杯酒,瀽一些凉浆水。其中,可以没酒,但不能缺了纸钱与凉浆水。这习俗与元明时的习俗完全相同。因此,古人用于祭奠的"浆水"与今天的浆水是同一类东西的可能性很大。这就有个疑问?是通渭人完整地保留了元明时期的祭奠习俗,还是元明时期的这些文学作品所描写的是以通渭为中心的该地域内发生的故事?还是这些作品的作者与该地域有关系?这些疑问有待方家来解!

【燎浆大泡】[liáojiāng dàPāo]

"燎浆大泡"出自《西游记》第二十五回:话说镇元大仙要捉孙悟空下油锅,行者将旁边的石狮子变作他本身模样。他却出了元神,起在云端里。二十个小仙将假悟空:

> 扛将起来,往锅里一掼,烹的响了一声,溅起些滚油点子,把那小道士们脸上烫了几个燎浆大泡!只听得烧火的小童喊道:"锅漏了!锅漏了!"说不了,油漏得罄尽,锅底打破。原来是一个石狮子放在里面。(P313)

"燎浆大泡"即为滚油烫起的大水泡。

《汉语大词典》及相关辞书没有该词条。《重编国语辞典》对"燎浆泡"解释为:"皮肤因烫伤或火伤而引起的水泡。"通渭方言中"燎浆大泡"是个专用词语,特指人身体上所起的大水泡。有时将特别大的称为"燎浆大泡",将小一些的称为"燎浆泡"。具体义项有两个:

1. 特指皮肤因烫伤或烧伤而引起的大水泡。例如:

①今天做饭,油溅到手上烫起了一个燎浆大泡。
②开水把娃娃的脚面烫起了燎浆泡。

2. 皮肤上所起的大水泡。例如:

③涵涵的腿上出了许多不明原因的燎浆大泡。
④萌萌身上红色的燎浆大泡是虼蚤咬的吗？

【了劣】[liàolie]

《西游记》第十七回有这样一个情节：孙行者请观音菩萨去黑风山降熊罴怪取佛衣。路上遇见去给熊罴怪上寿的苍狼精。悟空一棒打死，然后拿着苍狼精给熊罴怪准备的礼物——一个底部刻有"凌虚子制"的玻璃盘子端的两粒仙丹对菩萨说：

"造化！造化！老孙也是便益，菩萨也是省力。这怪叫做不打自招，那怪教他今日了劣。"(P215)

"了劣"什么意思？《汉语大词典》解释为"了结。指死亡"。所用文例就是该例，而且是孤例。可见，该词在书面语中出现频率不高。具体分析："了劣 [lie]"中的"了"为动词，意为了结、结束。而"劣 [lie]"为动态助词，且含有"将来"时态。但是"劣 [lie]"除了此处之外，作者再没有查到它作为"助词"使用的文例。《西游记》中"劣 [lie]"的这种用法从何而来，为何是孤例？作者臆测，《西游记》作者的语言习惯中应该有一个发 [lie] 的动态助词。于是，他因音填字，选了"劣"。而在通渭方言中恰巧就有一个发 [lie] 却无字的动态助词，表示意欲、计划、准备等动态。例如：

①大家鼓一把劲，上午我们要把这块田了×[lie]！
②不管干到多晚，今日这个活要了哈×[lie]。
③你再繁精①，个把你宰哈×[lie]！

这种用法与《西游记》中的用法完全相同。孙悟空就是看见盘子底下的刻文以及盘中的仙丹后产生了"了"掉熊罴怪的想法而说的那番话。因此，作者今天也可借用《西游记》中"劣 [lie]"的用法填上通渭方言中 [lie] 有音无字的空白。例如：

①大家鼓一把劲，上午我们要把这块田了劣！
②不管干到多晚，今天这个活要了哈劣。

---

① 【繁精】[fánjīng] 闹腾、不安分。

③你再繁精，个把你宰哈劣！

注意："了劣[liàolie]"与"了了[liàole]"语义及用法是不同的。"了劣[liàolie]"是意欲、计划结束、完结、完成，是"将来完成时"。其音近于"了哩[liàoli]"，但不同。通渭方言中似乎不用"哩[li]"这个助词，这与该地方言的发音习惯有关。"了了[liàole]"是已经结束、完成，是"现在完成时"。且通渭方言中的"了了[liàole]"多读作"了了[liàola]"。

【了帐】[liàozhàng]

"了帐"亦作"了账"。该词是《西游记》中使用频率较高的一个词，计有十三处。其中九处为猪八戒所言。四处为孙悟空所言。而儒雅的唐僧与呐言的沙僧从未用过该词。可见"了帐"在当时是个极为村俗的词语。其语义主要集中于两个义项。

1. 结束、完结、完了。

第三回："（悟空）掼下簿子道：'了帐！了帐！今番不伏你管了！'一路棒，打出幽冥界。"(P37)

第四十七回："八戒道：'既是了帐，摆出满散的斋来，我们吃了睡觉。'"(P583)

第五十四回："八戒笑道：'你那里知道，米好的是个日消货，只消一顿饭，就了帐也。'"(P674)

2. 特指生命结束，死亡。八戒最解气、最喜欢、最委婉的骂词就是"了帐"。

第四十一回："若不是老猪救你啊，已此了帐了，还不谢我哩！"(P509)

第四十六回："那呆子捆在地下，气呼呼的道：'闯祸的波猴子，无知的弼马温！该死的波猴子，油烹的弼马温！猴儿了帐，马温断根！'"(P575)

"了账"在现代汉语通用语中特指"结清账目，比喻结束事情"。通渭方言中，"了帐"是个较雅的词语。语义涉及该词古今所有的义项。

1. 结账，理清账目。表示该义项时常将"了"与"帐"分开使用。例如：

①咱俩还有个账没了。

②我与老张还有卖了沙子的帐需要了一哈。

2. 泛指结束、完结。例如：

③老程一死，所有的恩怨就了帐了。

④对人好十次，一次不好，所有的"好"就了帐了。

3. 特指生命结束，死亡。例如：

⑤爷爷说："我也到了帐的时候了，哪里能管得了孙子的事情！"

⑥兀老汉八九十岁的人，都到了账的时候了，还兀么贪着干嘛！

M

【麻麻糊糊】[mámáhúhú]

"麻麻糊糊"是出自《西游记》第七十八回的一个形容词。话说唐僧师徒来到一座城池,不知是何所在?

一行四众进了月城。见一个老军,在向阳墙下偎风而睡。行者近前,摇他一下,叫声"长官"。那老军猛然惊觉,麻麻糊糊的睁开眼,看见行者,连忙跪下磕头,叫:"爷爷!"(P959)

"麻麻糊糊"即模模糊糊;不清楚之义。《现代汉语词典》没有该词条。通渭方言中,"麻麻糊糊"是个常用词语。有两个义项:

1. 模模糊糊;不清楚。例如

①那时天已经黑了,我麻麻糊糊地没看清那人的脸。
②那上面的字太小了,麻麻糊糊地根本看不清楚。

2. 马马虎虎;差不多。例如:

③好多事情别较真!麻麻糊糊也就过去了!
④这筐菜麻麻糊糊也就五十斤吧!

【毛鬼】[máoguǐ(máoguì)]

"毛鬼"即"小鬼"。是《西游记》中一个情感色彩较复杂的詈词。如:

第三十二回:"好大圣,睁开火眼金睛,漫山越岭的望处,都无踪迹。

忽抬头往云端里一看，看见是日值功曹，他就纵云赶上，骂了几声'毛鬼！'"(P392)

第五十回："你这毛鬼讨打！既知我到，何不早迎？却又这般藏头露尾，是甚道理？"(P623)

上文的"毛鬼"，第一处为孙大圣骂变为"樵子"报信的日值功曹。第二处为孙大圣骂变为"老翁"与"僮仆"来报信的山神与土地神。可见"毛鬼"虽为詈词，但"骂"义并不重，仅有嗔怪之意。

《汉语大词典》《现代汉语词典》均无该词条。通渭方言中，"毛鬼"是个极为通俗的常用词语。含义较丰富。

1. 与"鬼"同义。迷信者以为人死后魂灵不灭，称之为毛鬼。例如：

①晚上坟地里不敢走，有毛鬼了！
②兀一家最近有人吊死了，据说毛鬼反着。

2. 凡人们想象出来的"冥间"的作祟之物皆为"毛鬼"。例如：

③传说，带血的绳子埋到人迹罕至的地方，时间长了就会成精，变成毛鬼，出来害人。
④苦水泉沟里硬①得很，每天夜里都有毛鬼演社火，到处滚蓝色的火疙瘩！

3. 指行为鬼祟、不光明磊落的人，有时也称为"毛鬼神"。例如：

⑤你这个毛鬼（神），最近连人影都不见，干啥去了？
⑥兀像个毛鬼一样秘密出处地干啥了？

4. 指小气、吝啬的人。例如：

⑦个大妈那是个毛鬼，别说吃肉，就是一碗凉水你都别想从她手里要来。
⑧你休那么毛鬼，馍馍拿出来大家吃！

5. 嗔怪语。此用法与《西游记》中的用法完全相同。例如：

⑨你这个毛鬼！上街怎么不叫个！
⑩你这个毛鬼！啥东西都是猫窝里拉到狗窝里，现在找不着了吧！

---

① 【硬】[yìng (jìng)] 恐怖、阴森之意。

【毛坑】[máokēng]

"毛坑"是《西游记》第四十四回中出自猪八戒之口的一个专有名词。话说孙悟空师兄弟来到三清观,变作太上老君、元始天尊、灵宝道君欲享受供养。孙悟空嫌圣象碍事,就让八戒将它们扔到旁边的一个"五谷轮回之所"。八戒来到那厢,才知是个大东厕,笑道:

"这个弼马温着然会嘴弄舌!把个毛坑也与他起个道号,叫做甚么'五谷轮回之所'!"……"三清,三清,我说你听:远方到此,惯灭妖精。欲享供养,无处安宁。借你坐位,略略少停。你等坐久,也且暂下毛坑。你平日家受用无穷,做个清净道士;今日里不免享些秽物,也做个受臭气的天尊!"(P551)

可见,"毛坑"是厕所的俗称。"毛坑"亦称"茅坑"。《现代汉语词典》没有"毛坑"条,有"茅坑"词条,且将"茅坑"归为方言词语。通渭乡间,就将简陋厕所称为"毛坑"。有个俗语"毛坑的石头,又臭又硬"。例如:

①乡下去最害怕的就是上厕所。那个毛坑太恶心了!根本不敢进去。
②有个乡下小伙带了城里的媳妇第一次来老家,那媳妇一看厨房、毛坑,就立马坐车回城了!原来,她嫌厨房、毛坑太脏了!你说,没法吃饭、上厕所,怎么待了!

近些年,随着"厕所"革命的推进,乡间的毛坑也越来越像"厕所"。"毛坑"这个称谓也逐渐被"厕所"所替代。且终将会被"厕所"所替代。

【毛神】[máoshén]

"毛神"即渺小不足道的神。该词在《西游记》中共计六处,全为詈词。其中五处为悟空骂巨灵神、九曜恶星、日值功曹的。一处为金角大王泛骂神仙的。

第四回:"你是那路毛神?老孙不曾会你,你快报名来。""泼毛神,休夸大口,少弄长舌!我本待一棒打死你,恐无人去报信;且留你性命,快

早回天，对玉皇说：他甚不用贤！老孙有无穷的本事，为何教我替他养马？"(P46)

第五回："这泼毛神，老大无礼！本待不与他计较，如何上门来欺我？""量你这些毛神，有何法力，敢出浪言。不要走，请吃老孙一棒！"(P60)

第三十四回："那猴头神通广大，处处人熟，不知那个毛神放他出来，骗去宝贝！"(P416)

第六十六回："你这毛神，这向在那方贪图血食，不来点卯，今日却来惊我！伸过孤拐来，让老孙打两棒解闷！"(P810)

"毛神"的"毛"本有小、微不足道的意思，含有很浓的贬义。所以"毛神"意为小神、微不足道之神、毛毛躁躁之神。其与"毛鬼"作为詈词时大同小异，只不过一个骂神，一个骂鬼。

《汉语大词典》以及相关辞书均无"毛神"词条。可见从古到今该词的使用范围不广，应该为方言词语。通渭方言中，"毛神"也作詈词用。不过孙悟空在极为愤怒时在该词前加一个"泼"字作定语，而通渭人往往在前面加一个"秋"字作定语。孙悟空的"泼毛神"体现了"毛神"的泼皮无礼，或者对"毛神"的不屑；而通渭人嘴里的"秋毛神"，生动形象地刻画出了那种落魄萧瑟，形容憔悴，毛发凌乱，坐卧不宁，蹿来蹿去之人的魂不守舍状。例如：

①你像个秋毛神一样趋趋①地蹿啥来！
②那婆娘胖子逗起着像个秋毛神，看着就让人不舒服。

【毛团】[máotuán]

"毛团"是《西游记》中孙悟空等人骂妖魔的一个专用术语。如：

第三十五回："你这伙作死的毛团，不识你孙外公的手段！不要走，领吾一棒！"(P436)

第七十九回："我把你这伙毛团，甚么'好机会'！吃吾一棒！"(P974)……呆子忍不住手，举钯照头一筑，可怜把那个倾城倾国千般笑，化作毛团狐狸形！"(P976)

---

① 【趋】[qiū] 行走貌。"趋趋"形容走来走去的样子。

第八十六回:"我把你这伙毛团!你将我师父藏在洞里,拿个柳树根哄你猪祖宗,莫成我师父是柳树精变的!"(P1053)

第八十九回:"我把你这个贼毛团!你是认我不得!……因放在院中,被你这贼毛团禽夜入城偷来,倒说我弄虚头骗你宝贝!"(P1090)

第九十回:"偷宝贝的贼怪!你去那里,伙这几个毛团来此怎的?"(P1095)

被孙悟空、猪八戒骂为"毛团"的这些妖怪都是狼、彪、虎、豹或者狮、狐、鹿、猱之类的东西。显然,"毛团"即强调它们外在的形貌与兽性,也强调它们的愚蠢,即长毛缺脑子的货,相当于现代人所谓的"头发长,见识短"或"四肢发达,头脑简单"。"毛团"这个詈词充分地表达了骂者对被骂者的蔑视。

"毛团"的基本义并非詈词,而是泛指禽兽类动物,亦比喻幼童。其大量出现于古代的通俗文学作品中。如:

元·马致远《汉宫秋》第四折:"不见你这个泼毛团,也耳根清净。"

元·刘庭信《一枝花·秋景怨别》套曲:"雁儿,往常时趁程途,盼江湖,且是的悲悲切切语喧呼。今夜毛团为甚不言语,知他你那答儿里错下了断肠书。"此指雁。

《醒世恒言·小水湾天狐贻书》:"主人家,我今日造化低,遇着两个毛团,跌坏了眼。"此指狐狸。

《儿女英雄传》第四十回:"主儿打毛团子似的,掇弄到这么大,也不管主儿跟前有人使没人使。"

《现代汉语词典》没有"毛团"词条。通渭方言中"毛团"是个常用词语。有两个义项:

1. 形容动物羸弱毛长,常加"儿"。例如:

①那个驴娃子太瘦了,就是个毛团儿!
②哟,这个狗娃子像一个毛团儿,心疼(可爱)得很!

2. 詈词:往往指责某人愚蠢、笨拙,或者外形邋遢、猥琐、凌乱等。该用法源于古义。例如:

③那女人头发乱糟糟的,像个毛团儿!
④你也不打扮打扮,像个毛团儿似的!谁会喜欢你?

【没高没低】[méigāo méidī]

"没高没低"是《西游记》中一个使用频率不高的词语。仅有两处,但语义不同。

1. 本义:地势平缓,没有高低之分。

   第四十七回:"那里有甚正路,没高没低,漫过沙滩,望见一簇人家住处。"(P580)

2. 引申义:不管高低、不管轻重之义。

   第二十五回:"那行者没高没低的,棍子乱打。"(P308)

《汉语大词典》及相关辞书均无该词条。"没高没低"在通渭方言中是个常用习语。义项较多。

1. 本义:地势没有高低起伏,变化不明显。例如:

①你的这假山修得没高没低,像馒头一样!
②平原上没高没低的有啥看头!旅游还是要去有山有水的地方。

2. 做事判断失误,动作拿捏不准。该义项往往针对需要做得有高有低的动作而言。例如:

③干活眼睛看着,不要没高没低地乱丢。
④麦捆儿你看着扔啊!怎么没高没低地乱撂咧?

3. 说话不着边际,信口开河。例如:

⑤兀人说话胡吹冒撂、没高没低的,实在没法搭言。
⑥你在人前多听少说,不要没高没低地招人笑话。

4. 做人做事没有一贯性、没有准则。例如:

⑦兀人做事没高没低,打不成交道。
⑧兀就是一个没高没低的人,没说头!

【没好气】［méihǎoqì（mòhàoqì）］

"没好气"是《西游记》中一个多次出现的副词短语。

第二十四回:"贼头鼠脑,臭短臊长,没好气的胡嚷。"(P300)

第三十八回:"八戒果然怕打。没好气,把尸首拽将过来,背在身上,拽步出园就走。"(P474)

第六十回:"这女子没好气倒在怀里,抓耳挠腮,放声大哭。"(P737)

"没好气"即态度不好、不高兴、生气等义。

"没好气"大量出现于明清的通俗文学中。可见,在当时是个通用习语。如:

《清平山堂话本·快嘴李翠莲记》:"丈夫丈夫你休气,听奴说得是不是?多想那人没好气,故将豆麦撒满地。"

《水浒传》第七二回:"李逵看见宋江、柴进与李师师对坐饮酒,自肚里有五分没好气。"

《红楼梦》第二六回:"谁知晴雯和碧痕正拌了嘴,没好气,忽见宝钗来了,那晴雯正把气移在宝钗身上。"

《现代汉语词典》没有"没好气"词条。通渭方言中,"没好气"是一个常用习语。读作［mòhàoqì］。例如:

①俗话说:骂人没好口,说人没好气。哪里有好家愿气地打捶骂仗的!
②个一看着兀坏屐的德行,就没好气!

【没蛇弄了】［méishé nòngliao］

"没蛇弄了"出自《西游记》第六十七回:话说在小西天驼罗庄,孙悟空、猪八戒与红鳞大蟒妖怪作战,追赶到七绝山稀柿衕时,蟒蛇妖将头钻进了窟窿。

还有七八尺长尾巴丢在外边。八戒放下钯,一把挝住道:"着手!着手!"尽力气往外乱扯,莫想扯得动一毫。行者笑道:"呆子!放他进去,自有处置,不要这等倒扯蛇。"八戒真个撒了手,那怪缩进去了。八戒怨

道:"才不放手时,半截子已是我们的了!是这般缩了,却怎么得他出来?这不是叫做没蛇弄了?"(P825)

"没蛇弄了"的出处原来在这儿!"没蛇弄了"显然就是"没蛇抓了""没蛇捉了"。

《汉语大词典》《白话小说语言词典》及相关辞书均没有"没蛇弄了"或"没蛇抓了""没蛇捉了"等短语。可见从古到今该短语在文学作品中使用频率不高,也许是个方言习语。从语境来看,猪八戒的"没蛇弄了"绝对是写实——实话实说。可见"没蛇弄了"的本义为没蛇抓、没蛇把玩、没蛇舞弄、没蛇撩拨、没蛇逗引了。通渭地域蛇不多,但方言中以"蛇"作为喻体的比喻句却很多。"没蛇弄了"就是一个极为通俗常用的习语。其与没蛇抓了、没蛇捉了、没蛇揣了等词同义,使用时仅凭使用者的习惯与语境、语音的差异而选取不同的谓词。"没蛇弄了"在通渭方言中语义很丰富,具体有以下义项:

1. 比喻有关的人、物消失,无处着手。例如:

①兀家的娃娃失踪几天了!能想到的地方都找了,现在简直没蛇捉了!
②骗子骗走了老张几万元哩!哪里能追回来?根本没蛇揣了!

2. 比喻事情没有头绪,不知如何着手。例如:

③这个事情还没蛇弄了(没蛇抓了、没蛇捉了)!
④那条路怎么坌?——说实话是还没蛇弄了(没蛇抓了、没蛇捉了)!

3. 比喻把事情做砸了,不知如何继续,如何收场。例如:

⑤让你摊子不要铺得那么大,你不听!现在没人手、没资金。没蛇弄了吧!
⑥婆娘怎么能随便打了!现在人家跑了,你没蛇捉了吧!

4. 比喻事情没了下文,或者不了了之。例如:

⑦甲:那件事情怎么处理了?乙:领导都换了很多届了,早没蛇抓了,处理啥了!
⑧肇事者跑了。公安局又够不上立案。这不就没蛇捉了吗!

通渭纪事:

老常指着扶贫新村的半拉子工程,满脸无奈地说:"这个工程现在是两多三少。问题多、困难多;资金少、人手少、技术少。继续做吧,简直是没蛇捉!放弃吧,蛇捉到拦腰了,放不下!你说阿门办了?"

老马盯着老常手指的方向,目光迷糊,沉思半晌,慢吞吞地说:"你问个,

111

个更是没蛇捉！不过蛇捉到拦腰不容易啊！个只能给你批点款子。"

老常一听"批款子"，一下来了精神。"哎哟，有款子，蛇就好捉了！你老哥能批多少？"

老马依然不紧不慢地说："俗话说蛇大的窟窿大。个看你这蛇腰粗得很啊！但个只能填一下小窟窿。但前提是你还必须把这个蛇捉住！"

老常两眼放光，接茬道："老哥你放心，只要有款子，这块蛇个保证能捉住，还能给你把蛇皮擜下。"

【没头没脸】[méitóu méiliǎn]

《西游记》写的最精彩的部分之一就是打斗的场景。作者在描写孙悟空师兄弟与各路妖魔鬼怪作战时，多次用"没头没脸"这个词形容作战双方的不顾一切，或者打得酣畅淋漓。如：

①第四十二回："群妖枪刀簇拥，望行者没头没脸的扎来。"(P518)
②第五十三回："爬起来，双手抡棒，没头没脸的打将上去。"(P658)
③第五十五回："那女怪也不知有几只手，没头没脸的滚将来。"(P678)
④第六十一回："你看他没头没脸的使钉钯乱筑。"(P749)
⑤第七十六回："只见那二怪使枪，三怪使戟，没头没脸的乱上。"(P935)

"没头没脸"在《西游记》虽有十一处，但语义单一，都为不顾一切、狠狠地打。

《现代汉语词典》没有"没头没脸"词条。通渭方言中，"没头没脸"是个常用词语。义项较丰富。

1. 不分头脸、不顾一切地乱打。此义项与该短语在《西游记》中的用法完全相同。例如：

①教育孩子说两句就行了，怎么能没头没脸地打了！
②那个婆娘把老张没头没脸地一通乱挠。老张的头和脸直接花掉了！

2. 引申为相貌丑陋腌臜、眉目不清。例如：

③兀块人没头没脸的竟然能娶上媳妇！
④你把你的那皮嘴脸稍微拾掇过哈，没头没脸的哪里像个人？

3. 比喻没有见识、没有身份、没有地位。例如：

⑤我认识县长。县长认识我这个没头没脸的老百姓吗？
⑥我一个没头没脸的打工的，能找谁帮忙啊？

【没眼色】[méiyǎnsè（mójiànsèi）]

"没眼色"是《西游记》中孙悟空师兄弟评价他人的一个专用术语。全书共有七处，五处出自孙悟空之口。两处出自猪八戒、沙僧之口。如：

第二十回：行者笑道："你这个老儿，忒也没眼色！似那俊刮些儿的，叫做中看不中吃。"(P242)

第三十一回：行者笑道："你原来没眼色，认不得人。俗语云：'尿泡虽大无斤两，秤铊虽小压千斤。'"(P381)

第三十三回：沙僧笑道："这个没眼色的老道！我驮着不好，颠倒要他驮。"(P405)

第七十五回：那呆子慌了道："哥哥没眼色！我又粗夯，无甚本事，走路扛风，跟你何益？"(P925)

"没眼色"义为：没有眼光，无判断能力，看事不准。
《现代汉语词典》没有"没眼色"词条。通渭方言中，"没眼色"是个常用词语。多用引申义：即不会察言观色、不识趣等。例如：

①你这人真个儿没眼色，伊家兀门不爱的，你还死皮赖肉①地缠舍哩！
②兀块婆娘没眼色得很，看着人家兀么忙，就是坐哈不走。

【乜乜些些】[mièmie xiēxie]

该短语出自《西游记》第六十一回：话说孙悟空与牛魔王因为借芭蕉扇一事在火焰山变化斗法。

行者立定，抖抖翎毛，又变作一只丹凤，高鸣一声。那白鹤（牛魔王）见凤是鸟王，诸禽不敢妄动，刷的一翅，淬下山崖，将身一变，变作一只

---

① 【肉】读作 [rù]。

香獐，乜乜些些，在崖前吃草。"(P753)

《汉语大词典》将"乜乜些些"解释为："装痴作呆"。所选文例即本例。显然此解释是基于该文本。牛魔王变的"香獐"肯定不痴也不呆。若"痴"若"呆"，只能是佯装、做作的。但这个"装痴作呆"恰巧表现了"乜乜些些"的真正语义应为：似乎有点痴呆但并不痴呆的样子。

《现代汉语词典》没有"乜乜些些"词条。"乜乜些些"是通渭方言中一个常用形容词，也用"乜乜斜斜""乜乜塌塌"。形容在某种场合，某人人微言轻、来去无人理睬、自言自语、讪讪无趣的行为状态。例如：

①你乜乜些些地在院子里转啥了？
②老张去儿子家，儿子儿媳理也不理，只好乜乜些些地转一哈就出来。

【馍馍】[mómó]

"馍馍"是某些方言中对馒头或饼状面食的统称。《西游记》中的馍馍类型丰富，花样繁多。不信来看：

1. 馍馍。

   第四十六回："忽遇斋公家劝饭，多吃了几个馍馍。"(P573)

   第九十三回："八戒欢喜，吃了一盘馍馍，把行李、马匹牵出。"(P1134)

2. 饼状馍馍。

   第四十八回："只得安排些干粮烘炒，做些烧饼馍馍相送。"(P599)

   第六十七回："你们去办得两石米的干饭，再做些蒸饼馍馍来。"(P827)

3. 包馅馍馍。

   第五十五回："一盘是人肉馅的荤馍馍，一盘是邓沙馅的素馍馍。"(P677)

4. 大馍馍。

   第六十八回："着然有好茶房、面店，大烧饼、大馍馍，饭店又有好汤饭。"(P834)

   第七十九回："金盘高垒大馍馍，银碗满盛香稻饭。"(P978)

5. 蒸馍馍。

第八十一回:"淘米,煮饭,捍面,烙饼,蒸馍馍,做粉汤,抬了四五桌。"(P997)

第八十五回:"蒸的白米干饭,白面馍馍斋僧哩。"(P1042)

《现代汉语词典》将"馍馍"归为方言词语。通渭方言中,就将馒头、饼子、锅盔等面食统称为馍馍。更有意思的是,《西游记》中的馍馍类型及称谓在通渭乡间基本都能找到。具体来看:

1. 馍馍。例如:

①男:我要喝茶,有下茶馍馍么?女:有咧。碗柜里有两块油饼。

②哎呀,你的这喝茶馍馍样数儿多得很——饼干、卷儿、馒头,还有荞面节节①!

2. 大馍馍。一种状如倒扣的牛肉面碗一样大的馒头。入笼时在面剂子顶端用刀划十字。蒸熟时,馒头顶端十字状瓣开,像初开的玉兰花苞,极为好看。通渭人给孩子过满月,儿女订婚,老人过香寿时都要蒸大馍馍。来客要带大馍馍,带大馍馍的数量也有讲究。例如:

③明天去李家庄定亲,需要带几块大馍馍?

④娃娃外家拿的大馍馍实话做得好!白得漂亮亮的不说是还瓣得花得很!

3. 蒸馍馍。馒头的统称。例如:

⑤夏天蒸馍馍容易坏,干脆做上两块干面锅盔。

⑥过年不蒸馍馍怎着过咧!

4. 包馅馍馍。通渭方言中,通常将《西游记》中的包馅馍馍,圆的称为包子,扁的称为盒子。有时在特殊情况下也称作馍馍。例如:

⑦甲:你家吃啥饭?乙:馍馍滚水!甲:大饭时候吃馍馍滚水?乙:地蒬包儿加米汤,不就是馍馍滚水么!

⑧甲:你吃不吃馍馍?乙:啥馍馍?甲:韭菜饸儿!乙:哦,那还是吃点儿吧!

---

① 【荞面节节】用荞面做的发糕式的馍馍,切成一节一节的。

【母难之日】[mǔnánzhīrì]

"母难之日"出自《西游记》第十七回黑风山的熊罴怪之口。话说熊罴怪在观音院的老和尚处偷了唐僧的锦襕袈裟。孙悟空在众和尚的指点下寻到了黑风山,正巧碰见三个妖魔在芳草坡前席地而坐,高谈阔论。

那黑汉笑道:"后日是我母难之日,二公可光顾光顾?"……"他忽然说出道:后日是他母难之日,邀请诸邪来做生日;夜来得了一件锦襕佛衣,要以此为寿,作一大宴,唤做'庆赏佛衣会'。"(P205-209)

"母难之日"是什么日子?《白话小说语言词典》解释:"指自己的生日。因母亲生育自己时会遭受痛苦,故称。"《现代汉语词典》没有"母难之日"词条。通渭地域,一些老人还沿用这种说法,将自己的生日称为"母难之日",只不过说法要口语化一些。例如:

①今日是我妈妈的受难日,是我的好日子,各家不过,但先人要敬。
②孙儿:爷爷,你过生日,为什么还要给先人(去世的祖先)烧香、献饭呢?
爷爷:个的生日,就是个妈妈的受难日,当然要敬个妈妈了。

通渭纪事:

乡下有位老汉,孩子们都在外地,很少回来,也记不得老父亲的生日。

老汉七老八十的人了,看着同龄的人都有儿孙们给张罗着过生日,也很美慕。这年,他决定给自己张罗个生日。于是,在生日前一天傍晚,他端了香盘,去祖屋(弟弟家)接祖先的神主。侄儿们很诧异地问:"三大,又不过年,又没啥红白事,您接'主'干吗?"老汉说:"哎呀——明日是个①妈妈的受难日,个是块忤逆才,年年没过个的先人烧过一支香。今年想起来了,个把主接过去,明早给个的先人烧他一支香,献他一碗饭。"侄儿们恍然大悟:"哦,明早是三大香寿!"

第二天,侄儿侄女一大群人相约来给老汉上寿。大家先一眼一板地烧香磕头敬先人,再一眼一板地给三大磕头祝寿。老汉特别高兴,承过祝寿头,在厅

---

① 【个】[gè] 第一人称代词:我。

房里高声大嗓地喊："厨房里，娃娃们都来了，暂准备饭！"

老汉的老伴是方圆几十里有名的小气人。她一看见来了那么多人，心里就不痛快，听见老头这么一说，气更不打一处来。于是大声回应："个正要煮洋芋劣。"随之就从厨房里传来用铲子铲锅墨①的声音：嚓—嚓—嚓嚓—嚓嚓嚓—嚓—

来客们急忙说："三大，休叫个三妈准备饭，我们是吃过饭来的，坐坐就走。"

老汉是好盛之人，加之耳朵背，似乎没听见厨房里的嚓嚓声。他毫不含糊地大声说："哎——今日是个妈妈的受难日，个的老人家在桌子上领香烟着，个的侄男甥女都来了，个高兴得很！大家稳稳个坐着！"

老伴在厨房里听见了，把一铲煤丢到灶膛里，气哄哄地咕叨："哏，今日到底是你妈妈的受难日还是个的受难日？都涌着来着要吃要喝的阿是做了？"

厅房里有耳朵尖的听见了老太太的咕叨声，于是互相耳语："三妈捣灶火门②着，走吧！"

来客们很快找各种理由走了。老头送走最后一位客人，意犹未尽地对着桌上的神主说："妈妈，今日是你的受难日。个的好日子。娃娃们都忙得很！只有曹不忙！个陪先人们喝茶吧！"

他重新续上茶叶。茶开了，桌上献一盅，各家喝一盅。

---

① 【锅墨】[guōmò（guōméi）]锅底灰。
② 【捣灶火门】代指厨房里主妇不愿意给来客给饭，私自发脾气。

N

【奈河桥】[nàihéqiáo]

"奈河桥"是一个佛教用语。"佛教传地狱中有奈河,河上有桥名奈河桥。此桥险窄,恶人魂过时堕入河中,便为虫类所食。"《西游记》第十回对"奈河桥"有极为详尽生动的描述:

> 那壁厢又有一桥,寒风滚滚,血浪滔滔,号泣之声不绝。太宗问道:"那座桥是何名色?"判官道:"陛下,那叫做奈河桥……桥长数里,阔只三戲。高有百尺,深却千重。上无扶手栏杆,下有抢人恶怪……铜蛇铁狗任争餐,永堕奈河无出路。"
>
> 诗曰:时闻鬼哭与神号,血水浑波万丈高。无数牛头并马面,狰狞把守奈河桥。(P128-129)

《现代汉语词典》没有"奈河桥"词条。"奈河桥"在通渭民间是个既具象又抽象的概念。具象在于,通渭民间传说,人死后,灵魂要经过"奈河桥"才能到达真正的阴间。经过"奈河桥"时,守桥鬼神要对此人的灵魂进行搜身检查,并对其一生的行径进行极为严格的考核,只有善人的灵魂才能顺利经过此桥。恶人的灵魂将被推入奈河,堕入万劫不复的地狱。抽象在于,"奈河桥"长什么样?守桥鬼神姓甚名谁!如何搜身如何考核?等等问题均无具体描述。就如作者,从小就被告知不能作恶,否则,将来老死之后,灵魂过不了"奈河桥"。"奈河桥"在非佛教徒的通渭老百姓嘴里就是一个经久不衰的传说。例如:

①据说人死了,只有魂烟儿①过了奈河桥,才能到那一世。

---

① 【魂烟儿】[húnyāner] 方言指阴魂、魂魄。

②据说寻无常死的人，魂烟儿过不了奈河桥，就在二夹皮里游荡。

【馕糠】[nǎngkāng]　　【馕糟】[nǎngzāo]

"馕糠""馕糟"是《西游记》中使用频率较高的两个词。"馕糠"约计七处；"馕糟"约计六处。基本为孙悟空骂猪八戒的詈词。

第十九回："那馕糠的夯货，快出来与老孙打去！"(P231)

第二十回："这个馕糠！好道汤着饿鬼了！"(P244)

第三十八回："你这馕糟的呆子！我那里有甚么外公？"(P475)

第八十回："似你这个重色轻生，见利忘义的馕糟，不识好歹。"(P984)

"馕"即拼命往嘴里塞食物。"馕糠"即拼命吃糠。"馕糟"即拼命吃糟。"馕糠""馕糟"也比喻如畜生一般地吃糟糠，或者吃糟糠的畜生。

《汉语大词典》解释这两个词条所举文例皆为《西游记》中的例子。《现代汉语词典》没有这两个词条。"馕"在通渭方言中是个极为通俗的动词。读[nàng]（齉）音。含有贬义，包括三个义项：

1. 本义：往嘴里拼命塞东西，或者嘴里塞满食物。例如：

①你咽下去，都馕在嘴里干嘛！

②一口一口吃，不要全馕在嘴里。

2. 狼吞虎咽，吃相差，令人厌恶。例如：

③没人抢啊，你馕死馕活地干嘛！

④你看那馕糠样，一辈子没见着饭一样！

3. 引申为贪吃。例如：

⑤饼干让那饿死鬼全馕上了。

⑥那么多馍馍，你一个人馕上了，不怕馕死么！

【你去邀着】[nǐ qù yāozhe（jì qì yāozhe）]

该短语出自《西游记》第八十九回：话说豹头山虎口洞的金毛狮子怪窃走

了悟空三人的武器。于是孙悟空与猪八戒变成为庆祝"钉钯会"去买办猪羊的小妖"刁钻古怪"与"古怪刁钻",与沙僧赶了七八口猪,四五腔羊欲进入虎口洞。遇上出门去请人的另一小妖。孙悟空与他攀谈:

> 正说处,八戒道:"去罢,去罢!猪羊都四散走了!"行者道:"你去邀着,等我讨他帖儿看看。"那怪见自家人,即揭开取出,递与行者。^(P1089)

"你去邀着"意思为"你去把猪羊拦着、赶着。"

【邀 yāo】在古汉语中是个语义极为复杂的词语。《汉语大词典》解释:"❶迎候。❷逢;遇到。❸阻拦;截击。❹请求;谋求。❺招;邀请。❻要挟。❼约定。❽〈方言〉驱赶;吆喝。"其中的"驱赶;吆喝"特注明为"方言"。所选文例即《西游记》中的该例。无法考证《汉语大词典》所注"方言"为何处方言?而通渭方言中的"邀"就有吆喝、驱赶之意。具体又分为两种情况:

1. 单纯的驱赶、吆喝。其实"吆喝"是"驱赶"的方式之一或者辅助手段。驱赶牲口时往往伴随着吆喝,使牲口更能明白驱赶者的意图。例如:

①你把羊邀到苜蓿地里放一下。

②个把头口邀到圈里了。你再休管。

2. 引申为放牧或管理。此意不是"邀"的固有意,而是特殊语境所赋予的。例如:

③你放羊去啊,把个的这个羊羔儿也顺便邀上!

④个去饮头口,把嫩①的头口邀着来,个顺便邀上。

【孽障】[nièzhàng(jiézhāng)]

"孽障"是《西游记》中一个出现频率较高的词语,约有五处。"孽障"亦作"业障"。佛教用语。本义为由于过去产生的恶行所造成今生的障碍。古代通俗文学中以及日常生活中多用引申义。《西游记》中的"孽障"有两个义项:

1. 指罪恶、罪孽。

第七十七回:"(大鹏金翅雕)即开口对佛应声叫道:'如来,你怎么

---

① 【嫩】[jiào]通渭方言中将"你们"称为[jiào]。作者没找到本字,暂时以作为人名的"嫩"代替。

使大法力困住我也?'如来道:'你在此处多生孽障,跟我去,有进益之功。'"(P957)

2. 詈词:犹如坏东西。

第四十九回:"沙僧骂道:'你这孽障,是也不曾见!这般兵器人间少,故此难知宝杖名。'"(P608)

第五十三回:"大圣骂道:'我把你不识起倒的孽障!'"(P657)"大圣骂道:'你上来!你上来!我把你这个孽障,直打杀你!'"(P658)"大圣骂道:'泼孽障!既不与水,看棍!'"(P660)

根据语境分析,沙僧、孙悟空所言"孽障"的意义比"坏东西"要丰富得多。除"坏"之外,还含有愚顽、愚蠢、可怜等义。含有很浓的蔑视之意。正如沙僧骂为"孽障"的妖怪本为菩萨莲花池里的金鱼。它竟说沙僧为"磨博士",沙僧所使宝杖为"擀面杖",因此沙僧骂他"孽障"。此"孽障"就含有愚蠢、可怜、见识短等义。而被孙悟空一口一个"孽障"叫的是霸占解阳山破儿洞落胎泉水,依靠勒索求水人"花红表礼、羊酒果盘"生活的一个成精的道士。在孙悟空的眼里,他"孽障"得根本不值得打。除这两个家伙外,孙悟空师兄弟面对真正的对手时,从来不使用"孽障"这个词。

"孽障"除了《西游记》中的这两个义项外,还犹言"孽根",是对子女或胎儿的昵称。如:

《儒林外史》第二一回:"丢下这个孽障种子,还不曾娶得一个孙媳妇。"

清·蒲松龄《聊斋志异·农妇》:"一夕与邻妇语,忽起曰:'腹少微痛,想孽障欲离身也。'"

"孽障"是一个现代汉语通用词语,其义犹如"业障"。通渭方言中,"孽障"是个常用词语。读[jiézhāng](结张)音。日常用语中很少使用"业障"的本义,而是如明清通俗文学中一样主要使用基本义、引申义等。

1. 名词:可怜虫、愚蠢货、坏东西、冥顽不化的东西等。例如:

①你这个孽障,活在世上就是浪费粮食!
②老杨的小儿子就是个孽障,提起一串,放下一堆,不成器。

2. 形容词:懦弱、猥琐、可怜等。

③掉下一片树叶怕砸破头!你干脆孽障死算了!

④那人一副孽障样！打不成交道。

3. 形容词：可怜。此义项不含贬义，具有惋惜，怜悯、痛惜之意。例如：

⑤老厂长一去世，他老伴儿就孽障了！

⑥那个娃娃娘老子都死了，没人疼没人爱，看着孽障得很！

【脓包】[nóngbāo]

"脓包"本义为身体某组织化脓时因脓液积聚而形成的隆起物。是一个常用词语。但《西游记》中孙悟空多次以"脓包"为詈词笑骂他人。这种用法与通渭方言中该词的用法完全相同。因此特加以分析。《西游记》中"脓包"共有十一处。语义全为比喻义。细分为四种情况。

1. 比喻无用之人。

　　第四回："脓包！脓包！我已饶了你，你快去报信！"(P47)

　　第七十六回："像你这个不济事的脓包！"(P936)

2. 没出息、没担当。

　　第十五回："师父莫要这等脓包形么！"(P180)

　　第八十一回："我们住几日，临行谢你，柴火钱照日算还。怎么这等脓包！"(P995)

3. 没本事，没能耐。

　　第十八回："我们不是那不济的和尚，脓包的道士，其实有些手段，惯会拿妖。"(P221)

　　第四十二回："又去请个甚么脓包菩萨来，却被我一枪，搠得无形无影去了。"(P524)

4. 走劲、泄气、办砸等。

　　第七十四回："莫哭！莫哭！一哭便脓包行了！"(P912)

　　第八十六回："不要哭！一哭就脓包了！横竖不远，只在这座山上，我们寻去来。"(P1051)

通渭方言中，"脓包"作为詈词时也全用比喻义。且《西游记》中所具有的四种用法通渭方言中全有。

1. 比喻无用之人。例如：

①你这个脓包，连给人送礼都不会。
②兀块脓包连一句完整的话都不会说。

2. 没出息、没担当。例如：

③你怎么这么脓包，不就丢了一百块钱么，就活不成了！
④大不了着婆娘骂两句么，你这么脓包着害怕啥了！

3. 没本事、没能耐。例如：

⑤就你的那个脓包儿子——还想发大财？
⑥兀块大夫是块脓包，兀就没正规学过医！

4. 走劲、泄气、办砸等。例如：

⑦到时大家一鼓作气使劲拉！特别提醒：小张别说笑话，否则，一笑就脓包了！
⑧这事情一张扬出去，基本就脓包了。

P

【盘诘】[Pánjié]

"盘诘"是《西游记》中一个雅俗共赏的词语，无论是皇帝、魔怪还是猪八戒都说。

第二十九回："满城中百姓人家，也盘诘了无数，更无下落。"(P355)
第三十九回："魔王闻说，又没法搜检那唐僧，弄巧计盘诘行者。"(P483)
第四十回："哥哥，这等一个小孩子家，你只管盘诘他怎的！"(P495)

"盘诘"即查问、盘问的意思。该词多出现于唐代以降的文学作品中。

《旧唐书·韦陟传》："陟刚肠嫉恶，风彩严正，选人疑其有瑕，案声盘诘，无不首伏。"

宋·文天祥《集杜诗·自淮归浙东》序："初七日至郡，地分官盘诘甚至。"

"盘诘"是一个现代汉语通用词语。语义为：仔细追问。通渭方言中，"盘诘"也是一个常用词。但语义不同于通用语。而用盘问、追问的引申义，即坚持不懈、缠着干某事。例如：

①您放心，我盘诘着都会把它干完的。
②兀人耐心好得很，盘诘着一个人总算把兀楼盖住了！

【泼泼撒撒】[pōpō sǎsǎ]

"泼泼撒撒"出自《西游记》第八十一回的猪八戒之口。话说在镇海禅林寺，唐僧生病三天不起，心生懈怠。孙悟空与大家分析唐僧的身世病情。

行者道："你那里晓得，老师父不曾听佛讲法，打了一个盹，往下一失，左脚下蹾了一粒米，下界来该有这三日病。"八戒惊道："像老猪吃东西泼泼撒撒的，也不知害多少年代病是！"(P994)

"泼泼撒撒"本义：形容水从容器中泼洒出来的样子。此处引申为浪费、糟蹋。《现代汉语词典》没有该词条。通渭方言中，"泼泼撒撒"是个极为通俗的常用词语，既用本义，也用引申义。

1. 本义：形容液体从容器中泼洒出来的样子。例如：

①你这泼泼撒撒地端的啥？——哦！清油哎！
②汤舀那么满干吗？泼泼撒撒地端不上桌呗！

2. 引申义：浪费、糟蹋。例如：

③兀块婆娘用米用面泼泼撒撒地不像货得很！
④兀一家子人吃进嘴里的是少的，泼泼撒撒地浪费掉的是多的！

【婆婆】[PóPó]

"婆婆"是《西游记》中一个出现频率极高，指称对象复杂的称呼语，有六十多处，四个义项：

1. 婆母，即丈夫之母。

附录："我婆婆不知音信；我丈夫被这贼谋杀；我的儿子抛在江中。"(P101)

第五十六回："是东土取经的和尚，昨晚至此借宿，公公婆婆管待他一顿晚斋，教他在草团瓢内睡哩。"(P698)

2. 对祖母的称谓。《西游记》中此称谓主要来自"附录陈光蕊赴任逢灾、江流僧复仇报本"中唐玄奘对"祖母"的称谓。

玄奘道："是我娘着我来寻婆婆。我娘有书在此，又有香环一只。"……玄奘问："婆婆的眼，如何都昏了？"婆婆道："我因思量你父亲，终日悬望，不见他来，因此上哭得两眼都昏了。"(P103)

3. 妻子。

第二十回:"婆婆起来,少要惊恐……带男女们家去。"(P243)

4. 对老年妇女的尊称。

第四十五回:"慌得那风婆婆捻住布袋,巽二郎扎住口绳。"(P559)

第五十三回:"婆婆,你这里到那解阳山有几多路程?"婆婆道:"有三千里。"(P655)

"婆婆"在古汉语中是一个多义的称呼语。除了《西游记》中所具有的义项外,还是对"母亲"的称呼语。如:

金·董解元《西厢记诸宫调》卷五:"莺莺不忍,以此背婆婆。婆婆知道,除会圣,云雨怎得成合!"

"婆婆"这个称呼语虽然指称对象不同,但却是一个源远流长,使用地域极为广泛的词语。唐代以降的文学作品以及实用文中大量出现该称谓。

唐·权德舆《祭孙男法延师文》:"翁翁婆婆以乳果之奠,致祭于九岁孙男法延师之灵。"

宋·楼钥《太硕人潘氏挽词》诗自注:"太宗赐张文定·齐贤母诏曰:'婆婆有福,生得好儿,为国家分忧。'"

元·关汉卿《蝴蝶梦》楔子:"这是我的婆婆,生下三个孩儿,都不肯做农庄生活,只是读书写字。"

明·陈汝元《金莲记·捷报》:"妈妈远征,孩儿固当陪侍;婆婆独守,孙子岂忍抛离?"

《儒林外史》第六回:"媳妇住着正屋,婆婆倒住着厢房,天地世间,也没有这个道理。"

"婆婆"在普通话中只剩"婆母"这一义项。《现代汉语词典》解释:"婆婆〈名〉❶丈夫的母亲。❷〈方〉祖母;外祖母。❸〈方〉尊称老年妇女。"通渭方言中,"婆婆"一词既有"丈夫的母亲,即婆母"这一通用义项,也有"祖母、外祖母""尊称老年妇女"这两个方言义项。不过"婆母"这一义项原先仅在联合词语"公婆(公公婆婆)"中使用,而不单独说"婆婆"。例如:

①那个婆娘把公婆不好得很!
②过门了,对公婆要孝顺。

通渭方言中,女子背称"婆婆"多为"阿家",面称与丈夫相同,也叫"妈"或"娘"。不过,随着普通话的普及,称"婆母"为"婆婆"逐渐为人所认可。

  "婆婆"的两个方言义项是通渭方言中该词的传统义项。但通渭方言中不是所有人都称祖母、外祖母为"婆婆",而是有些姓氏、有些地域的人称祖母、外祖母为"婆婆",其他的则称为"奶奶"。就如作者本人父系姓马。马氏祖祖辈辈都称祖母为"婆婆";称外祖母"外婆",当面也叫"婆婆";称祖母辈的"姑姑""姨姨"为"姑婆""姨婆"。而本人母系姓陈。陈氏祖祖辈辈称祖母、外祖母"奶奶";称祖母辈的"姑姑""姨姨"为"姑奶奶""姨奶奶"。就地域来说,通渭与甘谷、秦安接壤的地方,如常河镇周围、碧玉小沟子、鸡川牛坡往南的部分地区称"祖母"为"婆婆",其他地域一概叫奶奶。

  "婆婆"作为"老年妇女的尊称",一般与称呼者对"祖母"的称谓是一致的。称"祖母"为"婆婆"者,尊称其他的老年妇女则为"婆婆"。称祖母为"奶奶"者,自然尊称其他的老年妇女为"奶奶"。

Q

【起动】[qǐdòng（qìtōng）]

"起动"出自《西游记》中第三十一回：话说孙悟空请众神降了奎木狼变的黄袍怪，将其押见玉帝。玉帝贬他去兜率宫与太上老君烧火。

> 行者见玉帝如此发放，心中欢喜。朝上唱个大喏，又向众神道："列位，起动了。"天师笑道："那个妖猴还是这等村俗。替他收了怪神，也倒不谢天恩，却就喏喏而退。"(P386)

此处"起动"为起身、告辞、走了等义。

"起动"是一个古语词。该词较早出现于汉代、唐代的文学作品中。

> 汉·焦赣《易林·干之节》："龙角搏颡，位至公卿，世禄久长，起动安宁。"

> 唐·陈子昂《为义兴公陈请终丧第三表》："臣自到桂州，病转增剧，更加瘴虐，卧在床枕，两目渐不见物，起动皆须扶引。"

"起动"在古汉语中义项较多。1. 起居。泛指饮食寝兴等一切日常生活状况；亦专指起立坐卧。2. 启驾动身。3. 差动、调发。4. 动、动弹。5. 开动、发动。6. 敬辞：烦劳、劳驾。在普通话中仅有开动、发动之义。通渭方言中的"起动"正如《西游记》中的天师所言，是一个村俗的词语。除了"启动"义外，还有一个如《西游记》中的"起身、动手"义。此意特别强调休息、停止之后的重新开始。例如：

①各位饭饱酒足了，现在起动！
②大伙儿起动起动，这个活业今晚要了岁！

【气不忿】[qìbúfèn]

"气不忿"在《西游记》中出自第二十七回：话说孙悟空打死了白骨精变的女妖精。她提的香米饭显形为长蛆、青蛙、癞虾蟆。唐僧才有点儿相信那是妖怪。没想到猪八戒色迷心窍。

怎禁猪八戒气不忿，在旁漏八分儿唆嘴道："师父，说起这个女子，他是此间农妇，因为送饭下田，路遇我等，却怎么栽他是个妖怪？哥哥的棍重，走将来试手打他一下，不期就打杀了。"(P331)

此处"气不忿"，义为气不顺、不服气。

"气不忿"亦作"气不愤"，该词大量出现于明清的通俗文学作品中。如：

《〈金瓶梅〉词话》第十一回："论起春梅又不是你房里丫头，你气不愤，还教他伏侍大娘就是了。"

《红楼梦》第六一回："没的赵姨奶奶听了，又气不忿，反说太便宜了我。"

可见，在明清时，该词使用地域较广，也许为通用词汇。《现代汉语词典》将"气不忿"列为方言词。通渭方言中，"气不忿"是个常用词语，有两个义项：

1. 本义：气不顺、不服气。此意与《西游记》中该词的用法完全相同。例如：

①老张曾骂玉福说："个拔上根汗毛比你的腰粗！你再气不忿也没治！"
②名人炫富，引起吃瓜群众气不忿。

2. 引申义：因羡慕、嫉妒、恨而浪费、破坏别人东西的行为。这是"气不忿"在通渭方言中的常用义。前面常常加动作动词，形成动宾短语。如：吃气不忿、喝气不忿、花（花销）气不忿、穿气不忿等。例如：

③老马斥责儿子："刷个猪圈门门子就用了一桶油漆！你这是刷门还是刷气不忿？"
④你们两块人一顿吃掉两只鸡。兀不是吃鸡，兀是吃气不忿的吧！

【谦谦讲讲】［qiānqiān jiǎngjiǎng］

该短语出自《西游记》第六十回：话说孙悟空为了借芭蕉扇，与牛魔王斗经百十回合，不分胜负。牛魔王休战去乱石山碧波潭赴宴。孙悟空尾随而至，变作牛魔王，偷骑了牛魔王的坐骑辟水金睛兽，径直来到翠云山芭蕉洞。罗刹女不辨真假，与假牛魔王叙家常、弄风情：

> 罗刹复接杯斟起，递与大王道："自古道：'妻者，齐也。'夫乃养身之父，讲甚么谢。"两人谦谦讲讲，方才坐下巡酒。大圣不敢破荤，只吃几个果子，与他言言语语。(P742)

此处"谦谦讲讲"即为谦让、谈论。

《汉语大词典》《白话小说语言词典》及相关辞书中没有"谦谦讲讲"条。可见该词从古至今在文学作品中的出现频率不高。

"谦谦讲讲"即"谦讲"的重叠形式。强调"谦讲"的时间长、回合多。通渭方言中，"谦谦讲讲"是个常用词语。与《西游记》中的语义相比较，方言中的"谦谦讲讲"不再有谦让之意，却有争论、争吵的意思，只不过"争"的意味不是很浓。例如：

①你那么大声音，与你爸谦讲啥了？
②就这个事儿，我与老马谦谦讲讲半日，他就是不理解！

【䶎】［qiān（zān）］

"䶎"出自《西游记》第六一回：话说孙悟空为借芭蕉扇与牛魔王斗法。牛魔王变作猪八戒骗走了芭蕉扇。孙悟空悔恨不已。

> （行者）恨了一声，跌足高呼道："咦！逐年家打雁，今却被小雁儿䶎了眼睛。"(P748)

"䶎"什么意思？《广韵》："苦咸切。"《集韵》："丘咸切，音嵌。鸟啄物也。"又《广韵》："竹咸切。"《集韵》："知咸切，音詀。义同。"即"䶎"本义：鸟啄物。引申义：多言。通渭方言中，"䶎"读［zān］（簪）音。例如：

①把鸡儿放出来，把那些土粮食着鹋上。
②兀只鸡公鹋人了。小心娃娃被鹋了。

【搴】［qiān（qié）］　　【掮】［qián（qié）］

"搴"与"掮"是《西游记》中出现的两个同音近义词。"搴"共有七处：

第三十二回："那呆子一时间侥幸，搴着钯，又走……搴着钯，径出红草坡，找路又走。"(P395-396)

第四十二回："却说那行者搴着铁棒，呵呵大笑，自涧那边而来。"(P518)

第六十回："没奈何，只得搴在肩上，找旧路而回，不题。"(P744)

第六十一回："那八戒抖擞精神，束一束皂锦直裰，搴着钯，即与土地纵起云雾，径回东方而去。"(P749)

第六十七回："行者见窟中无物，搴着棍穿进去叫赶妖怪。"(P825)

第九十七回："有几个从人，打着一把青伞，搴着一张校床。"(P1181)

"掮"在《西游记》中共计六处：

六十一回："话表牛魔王赶上孙大圣，只见他肩脖上掮着那柄芭蕉扇，怡颜悦色而行(P747)……正掮了走处，被他假变做你的嘴脸，反骗了去。故此耽搁两三个时辰也。"(P751)

第六十五回："这壁厢有二十八宿天兵共五方揭谛众圣，各掮器械，吆喝一声，把那魔头围在中间。"(P802)

第七十四回："急回头看处，原来是个小妖儿，掮着一杆'令'字旗……（大圣）也变做个小妖儿，照依他敲着梆，摇着铃，掮着旗。"(P913)

"搴""掮"什么意思，有什么差别，如何运用？先来看《汉语大词典》的解释：

【搴】《广韵》："九辇切，上狝，见。"《集韵》："丘虔切，平仙，溪。"

❶本义：拔取、采取。

《楚辞·屈原·九歌·湘君》："采薜荔兮水中，搴芙蓉兮木末。"
《汉书·卷六二·司马迁传》："攻城野战，有斩将搴旗之功。"

❷扛、举。

宋·胡仔《苕溪渔隐丛话后集·本朝杂记上》："阁道穹隆，两观搴翔于霄汉；阙庭焕丽，十户开阖于阴阳。"

❸揭、撩。

晋·陶渊明《闲情赋》："搴朱帏而正坐，泛清瑟以自欣。"
唐·杜甫《大云寺赞公房》诗之四："明霞烂复阁，霁雾搴高牖。"

【掮】用肩扛东西。

《儒林外史》第一四回："掮着一把伞，手里拿着一个衣包。"
《官场现形记》第三一回："我每逢出门，看见街上有些兵，都把洋鎗倒掮在肩膀上。"

综上所述，"搴"较早出现于先秦的文献典籍中，义项较多，是一个古语词。"掮"主要见于明清的文学作品中，语义单一，是个新生词。而在"扛举"这一义项上，二字通用。就《西游记》中的具体语境分析，"搴"与"掮"的语义虽然都是用肩膀"扛举"，但有细微的差别。"搴"的动作较自由，所"搴"之物如钯、棍、铁棒、交床（躺椅）等，既可以不论方向扛，也可以平扛，还可以抬扛。其语义重在"扛"。而"掮"之物，如"令"字旗、芭蕉扇等多为有方向性的竖举。语义重在"举"。

通渭方言中既有表示用肩随意抬、扛的动词"qian"，也有表示用肩"扛举"的动词"qian"。方言中，通读作［qié］（茄）音。根据《西游记》中"搴"与"掮"的用法。通渭方言中不论方向的用肩扛应该用"搴"，例如：

①把这袋粮食搴上。
②我要背粮食，你把铁锨镢头都搴上。

而表示"竖举"之义的"qian"应该用"掮"。例如：

③你把娃娃掮着肩膀上干啥了？小心摔下来！
④这几个娃娃给咱们把帅旗掮上。

【跷蹊】［qiāoqī］

"跷蹊"亦作"蹻蹊""跷奇""跷欹"。该词在《西游记》中共计七处。

第二十四回："那果子却也跷蹊，久放不得；若放多时，即僵了，不

中吃。"(P296)

第七十一回:"妖王见了,心惊道:'跷蹊!跷蹊!他的铃儿怎么与我的铃儿就一般无二!'"(P875)

第九十六回:"八戒笑道:'这路是你行过的,怎说不知?却是又有些儿跷蹊。'"(P1162)

《西游记》中的"跷蹊"均为奇怪、违背常情的意思。

"跷蹊"多出现于宋代以降的文献典籍及通俗文学中。如:

《朱子语类》卷二九:"如一件事物相似,自恁地平平正正,更着不得些子跷欹。"

明·汤显祖《邯郸记·外补》:"禀老爷,蹊跷了,原来老爷朦胧取旨,驰驿而回,被宇文老爷看破了奏上,圣旨宽恩免究。"

《水浒传》第一四回:"我们见他偌大一条大汉,在庙里睡得跷蹊,亦且面生,又不认得,因此设疑,捉了他来这里。"

《现代汉语词典》将"跷蹊"等同于"蹊跷",且仅解释"蹊跷"为"奇怪、可疑"。可见现代汉语中多用"蹊跷",而少用"跷蹊"。但在通渭方言中,却常用"跷蹊",不用"蹊跷"。"跷蹊"在通渭方言中有两个义项:

1. 奇怪、可疑。该义完全继承古义。例如:

①这也太跷蹊了!这瓶子你们都没动着怎么就破了?
②你不觉得这事跷蹊吗?怎么她一来老张就不敢张嘴了?

2. 引申义:专指由鬼神附体或纠缠而导致的病症。例如:

③这娃娃的病吃药打针这么长时间,都不见好,是不是有跷蹊?
④老汉的兀病就是个跷蹊,给神还了一个愿就好了。

【悄悄冥冥】[qiāoqiāo míngmíng]

"悄悄冥冥"在《西游记》中出自第八十一回:话说镇海禅林寺的和尚们向孙悟空描述他们的日常生活时说:

诸檀越不来呵,新的、旧的、生的、熟的、村的、俏的,一个个合着掌,瞑着目,悄悄冥冥,入定蒲团上,牢关月下门。(P995)

"悄悄冥冥"即寂静无声貌。《现代汉语词典》无该词条。通渭方言中,"悄悄冥冥"是个常用词。语义与上文相同。例如:

①这娃娃悄悄冥冥地干吗着?玩手机还是学习?
②兀房儿来悄悄冥冥地一点声音都没。没人吧!

【轻省】[qīngshěng(qīngsèng)]

《西游记》中的"轻省"出自第二十三回的猪八戒之口。话说三藏见天色已晚,问徒弟们哪里安歇?行者随口说了一通高、大、上的官话。引起猪八戒的不满,于是抱怨道:

"哥呵,你只知道你走路轻省,那里管别人累坠?自过了流沙河,这一向爬山过岭,身挑着重担,老大难挨也!须是寻个人家,一则化些茶饭,二来养养精神,才是个道理。"(P277)

此处"轻省"义为轻松,不费力。"轻省"是古代通俗文学中的一个常用词,也是一个多义词。《汉语大词典》解释:

1. 减轻,省免。

《三国志·魏志·高堂隆传》:"权、禅并修德政,复履清俭,轻省租赋,不治玩好,动咨者贤,事遵礼度。"

2. 轻松,不费力。

元·武汉臣《生金阁》第二折:"我做不的重难的生活,只管几件轻省的勾当。"

3. 犹轻微。

元·无名氏《杀狗劝夫》第四折:"兀那妇人,这件事你说的是啊,我与你问个妇人有罪,罪坐夫男,拣一个轻省的罪名儿与他。"

4. 重量小。如:这个箱子挺轻省。

《现代汉语词典》将"轻省"归为方言词语。通渭方言中,"轻省"就是一个常用词语。但语义似乎只有猪八戒所言的"轻松,不费力"一个义项。例如:

①六个人一天阅300份试卷,那轻省着!
②"活要轻省钱要多"——你想得美!阿是不知道钱多活轻省是好事!

R

【热擦】[rècā]

"热擦"出自《西游记》第四十三回:话说唐僧师徒离开号山枯松涧火云洞,笃志投西。行经一个多月,忽听得水声震耳,唐僧心惊,不禁忧叹:"何时满足三三行,得取如来妙法文?"行者劝慰:"若要那三三行满,有何难哉!常言道:'功到自然成哩'。"

八戒回头道:"哥啊,若照依这般魔瘴凶高,就走上一千年也不得成功!"沙僧道:"二哥,你和我一般,拙口钝腮,不要惹大哥热擦。且只捱肩磨担,终须有日成功也。"(P529)

"热擦"是什么行为?《汉语大词典》解释:"发急、恼火。"沙僧之所以劝八戒"不要惹大哥热擦",原因是唐僧思乡忧虑,怀疑取经之路漫长遥远,永无止境。悟空刚用"功到自然成"对师父进行宽慰劝解。不料猪八戒却不识时务地"抠"了一句。这一抠,自然会惹孙悟空恼火。恼火了还不"热擦"!"擦"本义就为搓、碰撞。因此就字面意思而言,"热擦"应该为因恼火而狠揍、暴揍。

《现代汉语词典》无"热擦"词条。"热擦"在通渭方言中是个常用词语,有两个义项:

1. 引申义:乘热劲儿、乘兴头干某事。这是该词在通渭方言中的主要义项。例如:

①乘今日大家刚演完社火的热擦,把这戏箱匣了吧!
②乘刚做完泥活的热擦,你把那砖缝勾掉吧!

2. 加"麻"字构成固定搭配"热麻擦、热麻擦儿"。意思为乘兴立马干某事、顺势赶紧赶某事。例如：

③看池湾梁上云彩的样子有白雨，大家先别休息，热麻擦儿把场里的麦子打碾完了再喝茶！

④屠夫把猪戳死后，朝大伙儿嚷："赶紧赶紧，热麻擦儿收拾了！"

【热舌头】[rèshétóu]

"热舌头"出自《西游记》第九十四回：话说玉兔变为天竺国公主。她通过"抛绣球撞天婚"，欲招唐僧为驸马。唐僧脱身无计，心焦不已。而孙悟空、猪八戒、沙僧三人还调笑取乐。

三藏闻言，越生嗔怒，骂道："好猢狲！你还害我哩！却是悟能说的，我们十节儿已上了九节七八分了，你还把热舌头锋我！快早夹着，切莫开那臭口！再若无礼，我就念起咒来，教你了当不得！"(P1143)

此处"热舌头"显然代指废话、脏话、不干净、不好的话。《汉语大词典》《白话小说语言词典》等辞书均无"热舌头"词条。通渭方言中，"热舌头"是个雅词，使用者岁数较大。语义完全继承古义，代指吵架、骂仗、生气、闹纠风等。例如：

①妈妈常说："个和你大嫂一起几十年，一个热舌儿都没拨过！"

②四婶说："两个媳妇子昨日就拨了个热舌头，再没事！怎着一个就死去了呢？"

【人前显贵】[rénqián xiǎnguì]

该短语出自《西游记》第五十一回：话说唐僧与八戒、沙僧不听孙悟空警告，走出孙悟空画的圈子，误入金岘山金岘洞独角兕大王住处，被其捆住。孙悟空为救他们与独角兕大王开战，其金箍棒被魔王的"白森森圈子"套去。悟空上天请来托塔李天王、哪吒太子、邓化、张蕃二雷公等一起降妖，结果天将的武器同样被妖王套走。孙悟空赤手空拳与妖王索战。二人走了一路拳术，精彩纷呈，一场好打！哪吒三太子忍不住赞叹道：

"孙大圣还是个好汉!这一路拳,走得似锦上添花;使分身法,正是人前显贵。"行者笑道:"列位在此远观,那怪的本事,比老孙如何?"(P637)

此处"人前显贵"显然是三太子赞扬孙悟空出手不凡,人前大显身手,令人刮目相看之义。

《汉语大词典》《白话小说语言词典》等相关辞书没有"人前显贵"条。"人前显贵"在通渭方言中是个常用词语。多用引申义,为人前卖弄,人前显摆等义。例如:

①这个娃娃人前显贵地专门在人多的地方出丑。
②你人前显贵的话多得很啦!

通渭方言中的"人前显贵"含有贬义,多强调卖弄、显摆的方式愚蠢拙劣,容易穿凿,具有丢人现眼的意味。与其同义的还有两个词——"人前显怪""人前显哗"。

【软善】[ruǎnshàn]

"软善"出自《西游记》第二十七回:话说白骨精变成送饭女子迷惑唐僧。唐僧不但不识其真容,还不听孙悟空的警告。于是孙悟空采用激将法:

"师父,我知道你了。你见他那等容貌,必然动了凡心。若果有此意,叫八戒伐几棵树来,沙僧寻些草来,我做木匠,就在这里搭个窝铺,你与他圆房成事,我们大家散了,却不是件事业?何必又跋涉,取甚经去!"那长老原是个软善的人,那里吃得他这句言语,羞得个光头彻耳通红。(P331)

"软善"即软弱和善,或者性情温顺、柔善。用"软善"形容唐僧的性格可真是名副其实。

"软善"大量出现于元代的戏剧中。可见,在元代以降,它是个通用词语。

元·马致远《汉宫秋》第二折:"大抵是欺娘娘软善。若当时吕后在日,一言之出,谁敢违拗。"

元·无名氏《神奴儿》第二折:"往常时似羊儿般软善,端的似耍马儿般胡伶。"

元·吴昌龄《张天师》第二折:"他从来老老实实,忒软善,忒温克。"

《现代汉语词典》没有"软善"词条。"软善"在通渭方言中是个常用词语。有两个义项。

1. 本义：性情温顺，性格和善。例如：

①张家娶的新媳妇看着是个软善人。
②兀人性格软善，但本事大得很！

2. 懦弱无能。例如：

③兔子急了也咬人了！你这么大的人怎么就这么软善，被人人欺负了？
④俗话说：马善被人骑，人善被人欺！人太软善了就没情况了，谁都把他不当人。

3. 引申为有缺陷、不得力。例如：

⑤老李的婆娘是个残疾人，家里指望不上。他软善子着根本不能出门。
⑥老张的一条胳膊有病使不上劲。他软善子着啥重活都不能干。

S

【筛锣】[shāiluó（sàilé）]

"筛锣"是《西游记》中一个出现频率较高的词语,共计七处。

第六回:"摇旗擂鼓各齐心,呐喊筛锣都助兴。"(P68)

第六十五回:"那壁厢摇旗呐喊,这壁厢擂鼓筛锣。"(P805)

第七十回:"妖王上前扯住道:'你怎么到了家还筛锣?问之又不答,何也?'"(P862)

"筛锣"本为锣的一种。也指敲锣。

宋·赵彦卫《云麓漫钞》卷三:"又中原人以击锣为筛锣;东南方亦有言之者。"

《西游记》中的"筛锣"全为"敲锣"之义。

《现代汉语词典》没有"筛锣"词条。通渭方言中"筛锣"是个常用词语。读作[sàilé]。多用比喻义,比喻扭捏作态、犹豫不决、不爽快、不痛快等行为,而且侧重指故意做出"犹豫不决状"或"不情愿状"的行为。此义大概源于"筛锣"时,锣槌来回摆动状。方言中的"筛锣"也可能是"筛箩"。"犹豫不决状"则取自于用"筛"或"箩"在筛东西时来回摇动状。该词在通渭方言中是个极具形象色彩的揶揄词语,虽含贬义,但无恶意。例如:

①我请老董做社火头人,他还筛锣着!

②老马:"走,咱们去老郜家喝酒去!"

老张:"我还有点事情咧,就不去了!"

老马:"哎哟,你就别筛锣了!走吧走吧!"

【闪】[shǎn]

"闪"是古今汉语中的一个通用词,也是一个极为古老的词语。该词较早出现于先秦的文献中。义项非常丰富。如:忽隐忽现、突然显现;躲避、避让;闪电、闪耀;因颠仆、侧转或用力过猛而扭伤筋络等。"闪"有两个特殊的方言义项"欺哄、蒙骗""甩下、丢下"。《西游记》中就有这两个特殊的义项:

1. 欺哄、蒙骗。

　　第二十六回:"那先生回家赶来,问答间,语言不和,遂与他赌斗;被他闪一闪,把袍袖展开,一袖子都笼去了。"(P317)

　　第五十二回:"可恨!可恨!如来却也闪赚老孙!"(P648)

2. 甩下、丢下。

　　第四十三回:"这太子将三棱简闪了一个破绽,那妖精不知是诈,钻将进来。"(P538)

　　第二回:"大王,你好宽心!怎么一去许久?把我们俱闪在这里,望你诚如饥渴!"(P24)

通渭方言中的"闪"恰巧也有这两个义项。因此,特列举于此。

1. 欺哄、蒙骗。例如:

①今年大家都让那假种子闪下了。
②那哈怂把我们闪着去了,人家没来。

2. 撇下、甩下、丢下。例如:

③你放心,我们走时一定叫你,不会把你闪下。
④我早上走得急,忘了叫你,不是我成心闪你!

【骟】[shàn]

"骟"出自《西游记》第三十九回:话说文殊菩萨的坐骑青毛狮子因"私仇"将乌鸡国王推入井中。自己化为乌鸡国王,侵占了原国王的江山、国土、两班文武、四百朝官、三宫皇后、六院嫔妃。唐僧师徒经过乌鸡国,受乌鸡国王的鬼魂所托,降了青毛狮子。当悟空认为它害人,且坏了人伦纲常时:

　　菩萨道:"也不曾害人。自他到后,这三年间,风调雨顺,国泰民安,何害人之有?"行者道:"固然如此,但只三宫娘娘,与他同眠同起,点污了他的身体,坏了多少纲常伦理,还叫做不曾害人?"菩萨道:"点污他不得。他是个骟了的狮子。"(P487)

此处,"骟"为阉割去势之义。
"骟"在古汉语中有两个义项:
❶阉割牲畜、动物。

　　明·李时珍《本草纲目·兽一·马》:"去势曰骟。"
　　明·沈德符《野获编补遗·内监·内廷豢畜》:"御前又最重猫儿……若已骟者,则呼曰某老爹。"

❷截去树的主根。

　　元·鲁明善《农桑衣食撮要·正月》:"骟诸色果木树:树芽未生之时,于根旁掘土,须要宽深,寻篡心钉地根截去,留四边乱根勿动,却用土覆盖,筑令实,则结果肥大,胜插接者,谓之骟树。"

"骟"在现代汉语通用语中仅有"阉割牲畜、动物"这一义项。通渭方言中似乎没有"骟树"一说。但"骟"却有引申义,而且有多个音调;且音调不同,词性也不同。

1.［骟 shàn］动词:阉割。一般指大型的牲畜被阉割称为"骟"。如:骟马、骟牛、骟骡子、骟羊、骟头口。例如:

①请你给我帮忙把这头牛骟了吧!
②我要去请人骟骡子。

2.［骟 shān］区别词:被阉割过的。如:骟马、骟牛、骟骡子、骟羊、骟头口。这与《西游记》中"骟"的用法完全相同。例如:

③你整天骟马摆腰子一样转啥?
④我想买只骟羊,好养。

3.［骟 shán］形容词:像被骟［shàn］过的一般,比喻笨、傻、愚蠢、迟钝、无能等意思。有两种用法:

(1) 放在一些名词或形容词前组成具有地方色彩的短语,多为詈词,含贬义。如：骟辈、骟人、骟货、骟尿、骟骟个、骟落落的。

（2）作为形容词单独使用。例如：

⑤你骟着了吗？连个鸡都堵不住。

⑥兀个人骟着！能指住干那事吗？

词语补说：

【骟尿】［shánsóng］通渭方言中有一个使用范围极广，组词能力极强，可以单独使用，也可以与其他词语组合成词使用的［shán］字，却无统一的书写。该"shán"字所组词语最典型的就是"shánsóng"。这是个极具形象色彩，适用性极强，使用频率极高，简直如口头禅一样应口的通渭方言詈词。意为软弱无能、反应迟钝、愚蠢愚笨之人。在秦陇其他方言中好像也有"shánsóng"之说。其书写五花八门。例如：疝偬①、屃偬②、苦怂、扇怂、善怂、扇竼，等等。其中"疝偬""屃偬"之说自有道理。但其他书写大多为因"音"填字，尤其"怂""竼"与詈词"shánsóng"的语义无任何关系。

作者窃以为"骟"本义为将雄性动物去势。雄性动物，如雄狮、种马、特牛、叫驴、羝羊、猳猪、公鸡等之所以强壮健美、好斗骁勇、能征善战，关键在于"势"起作用，即雄性激素起作用。而无论多厉害的角色，一旦被"骟"去"势"，则马上变得安静祥和、软弱无能。就如《西游记》中那头被骟的青狮子，即使霸占他人的三宫皇后、六院嫔妃，也是心有余而力不足，只是满足一下"有"的心意罢了。因此，本人认为通渭方言中的詈词"shánsóng"的"shán"应该为"骟"字。而"sóng"应该为"尿"字。"尿"字有两个义项：（1）精液的俗称。（2）讥讽人软弱无能。无论哪个义项与"骟"结合都是极具形象色彩、语义色彩的！尤其第（1）个义项——被骟过的尿不就是一包废物吗！这就不难理解通渭人为何稍有不满，就"骟尿"满天飞了！

【骟辈】［shánbēi］，詈词。意为被骟［shàn］之辈、被阉割之辈。其从形体到精神都是猥琐、无能的。

【骟货】［shánhuō］意为软弱无能的东西。将人称为"货"，即将其从"人"的行列中剔除了，意为不是人，再加一"骟"字，就更不是东西了。通渭方言中以"货"为词素的詈词很多，如：二货、烂货、哈货、混账货等。

---

① 汪宝德著：《定西"河州话"方言及其美学初探》，甘肃人民出版社，2017年10月版，第163页。

② 陈晓强、陈晓春、陈晋著：《陇西方言词语研究》，甘肃人民出版社，2015年4月版，第205页。

【晌午】［shǎngwǔ］

"晌午"是个表示时间的名词。该词在《西游记》中有两处。即：

第十七回："时少只在饭罢，时多只在晌午，就成功了。"(P213)

第十八回："悟空，你早间去时，原约到饭罢晌午，如何此时日西方回？"(P218)

"晌午"是古代通俗文学中的一个常用词语。如：

元·无名氏《争报恩》第一折："你晌午后先吃了人一顿拷，怎又将他来扯拽着。"

《水浒传》第四回："未及晌午，马已到来，员外便请鲁提辖上马，叫庄客担了行李。"

《红楼梦》第八回："至晌午，贾母便回来歇息。"

"晌午"虽大量出现于古代通俗文学中，但具体指何时？似乎不太确切。《汉语大词典》解释为："晌午：正午。"《现代汉语词典》解释为："晌午：中午。"且将该词归为方言词语，但没有标明是何处方言。"百度百科"解释为："晌午，拼音shǎngwǔ，是俚语，在中原地区，一般指早饭后到午饭前的这段时间，部分地区表示'中午''正午'之意。还有的地区表示下午15：00—17：00（末时、申时）时段，以及一日五餐（早点、早饭、晌午、晚饭、晚点）中的'晌午'。"

通渭方言中就有"晌午"之说。"晌午"在通渭方言中是一个泛称性的时间名词，也是一顿"饭"的名称。具体时刻因季节而不同。如冬季至初春，农人们采用冬令时，早饭和晚饭为正餐。午饭为便餐，就称为"晌午"（大概为12–14点）。春末直至秋末，采用夏令时。午饭与晚饭为正餐。上午8–9点吃早饭，俗称吃"干粮"。下午16–17点为晌午进行加餐，俗称吃"晌午"。因此，通渭方言中的"晌午"有两个义项：

1. 表示时间。冬季为12–14点，夏季为16–17点。例如：

①今日啥时候了，晌午会①到了没？

---

① 【会】为时刻之意。"晌午会"即晌午时刻。

②晌午会了，天凉了一点。

2. 表示饭名，即晌午时吃的饭。例如：

③叫你哥哥来吃晌午。

④不急，等我们吃完晌午再做。

《西游记》中的"晌午"不知具体指何时？根据文中景致"临堤绿柳转黄鹂，傍岸夭桃翻粉蝶"判断，此时应该为初春。再根据唐僧所问"如何此时日西方回？"来判断，此"晌午"很可能与通渭方言中"冬令时"的"晌午"时间，即下午 12–14 点相一致。

【上紧】[shàngjǐn]

"上紧"在《西游记》中共有两处，涉及两个义项：

1. 赶紧、赶快的意思。

　　第六十六回："大圣，休推睡，快早上紧求救。你师父性命，只在须臾间矣！"(P810)

2. 重要、重视、上心的意思。

　　第九十六回："他那几个大小家僮，往宅里搬柴打水，取米面蔬菜，整治斋供，忽惊动员外妈妈，问道：'是那里来的僧，这等上紧？'"(P1165)

在《西游记》成书之前，"上紧"这个词已经大量出现于元杂剧中。如：

　　元·无名氏《冯玉兰》第二折："小姐，上紧走动些，老爷坐着久等哩。"

　　元·吴昌龄《张天师》第二折："更做到秀才每忒上紧，忒成迷。"

　　元·郑廷玉《金凤钗》第二折："〔孤云〕哥哥，借钱与老汉罢。〔正末云〕你为什么这般上紧也。〔孤云〕我遇着恶人魔。"

可见"上紧"在元代以降，是一个通俗词语。《现代汉语词典》将"上紧"标为方言词语。通渭方言中，"上紧"就是一个常用词语。语义与古代通俗文学中的用法一致，即赶紧、赶快、抓紧、上心等。例如：

①天马上黑了，手底下麻利些，上紧做。

②娃娃上学的事儿你给咱们上紧办一下。

【上寿】[shàngshòu]

"上寿"是《西游记》中一个出现频率不高,仅有四处,但语义复杂的词语。

1. 祝福长寿。该"上寿"出自《西游记》第十一回:唐太宗因大赦天下,得到天下黎民百姓及百官的祝福。祝福其长命百岁,万寿无疆。

第十一回:"诗曰:大国唐王恩德洪,道过尧舜万民丰。死囚四百皆离狱,怨女三千放出宫。天下多官称上寿,朝中众宰贺元龙。"(P135)

2. 动词:单指祝贺寿辰。此"上寿"均指带上礼物去祝贺某人寿辰,与"拜寿"同义。

第十七回:行者道:"菩萨,你认他不得。他是那黑熊精的朋友……定是今日替那妖去上寿。"……行者道:"菩萨你就捧了这个盘儿,两粒仙丹,去与那妖上寿,把这九大些的让与那妖。"(P214-215)

第二十四回:"小弟虽不曾吃,但旧时做卷帘大将,扶侍鸾舆赴蟠桃宴,尝见海外诸仙将此果与王母上寿。"(P299)

"上寿"是一个极为古老的词语。本义为:三寿中之上者。引申为:向人敬酒,祝颂长寿;或单指祝贺寿辰。该词大量出现于明代以前的文献以及通俗文学中。如:

《庄子·盗跖》:"人上寿百岁,中寿八十,下寿六十。"

晋·嵇康《养生论》:"或云,上寿百二十,古今所同,过此以往,莫非妖妄者。"

《史记·刘敬叔孙通列传》:"至礼毕,复置法酒。诸侍坐殿上皆伏抑首,以尊卑次起上寿。"

《后汉书·明帝纪》:"公卿百官以帝威德怀远,祥物显应,乃并集朝堂,奉觞上寿。"

元·石子章《竹坞听琴》楔子:"今日是小姐生辰贵降的日子,我与他上寿走一遭去。"

《现代汉语词典》没有"上寿"词条。通渭方言中,"上寿"是个通用词语,不过义项仅限于拜寿,祝贺寿辰。例如:

①明天给外婆去上寿，带些啥礼物了？
②我要给舅舅上寿去，你去吗？

通渭纪事：

通渭传统习俗中年轻人的生日称为"晬"①，过生日叫"过晬"。五六十岁以上人的生日叫"香寿"或"好日子"。过生日叫"过香寿"。如果大张旗鼓，大宴宾客过生日，别人就说"某某人有香寿"。亲戚朋友邻人就会特意去祝寿。祝寿叫"上寿"。如果不招待宾朋的生日叫"没香寿"。亲戚朋友邻人就不去祝寿。老人"过香寿"，一般在家设席招待客人。儿女们为老人筹办生日宴的过程叫"办②香寿"。

通渭传统习俗中，红白喜事以及老人"过香寿"，孩子过满月宴等，其中特意邀请的宾客很少，也很有讲究。如结婚，孩子满月宴会特意邀请姑婆姑爷、姑姑姑父、舅爷、舅舅等近亲，但好像不请姨姨姨夫。白事中女人去世了要派专人上门请其娘家。男人去世了会特意邀其姐妹。老人"过香寿"，本家设席但一般不专门邀请某人。亲戚朋友邻居都是根据人情往来"闻风而动"，主动去上寿。

上寿有礼俗。当天，"寿星"洗漱穿戴整洁，端坐在厅房（正房，客厅）炕上与来上寿的德高望重的客人聊天应酬。厅房的长桌上按资排辈摆着先人的神主（牌位）。方桌上摆满献饭贡品。方桌最前面有一香炉。香炉左右两边摆着点着蜡烛的烛台与插满线香的香筒。按礼俗，所有上寿来的客人都要先进厅房"拜寿"。拜寿时，先恭恭敬敬地拈一根香，双手持香点着，对着桌子作一揖，将香插入香炉，下跪磕三头，起身作揖。然后才下跪磕一头③祝寿。祝寿时边磕头边大声说："给××（如太爷、太太、爷爷、奶奶等尊称）拜寿！"起身作揖，拜寿结束。如果人们结伴成群来，一般只选两位岁数较大的烧香。其他人跟在后面作揖磕头拜寿即可。

---

① 【晬】[zuì] 周年。又特指婴儿周岁或满百日。《说文解字》周年也。子内切。
② 办 [bàn (pàn)] 准备、筹备之义。
③ 通渭乡间磕头有讲究，所谓："神五鬼三人一"。即进庙敬神一次磕五个头；敬死者一次磕三个头；给活人拜年拜寿磕一个头。

【上台盘】[shàngtáipán]

"上台盘"在《西游记》中出自第四十七回：话说在通天河边的老陈家，孙悟空得知陈清陈澄老弟兄不得不拿独生儿女陈关保、一秤金去祭赛，于是，决定和猪八戒顶替两个孩子去见识见识那个吃童男童女的"灵感大王"。为了万无一失，他俩先扮作陈关保、一秤金，按往年祭赛的程序演习一番：

> 那老者即取出两个丹盘，行者与八戒坐上。四个后生抬起两张桌子，往天井里走走儿，又抬回放在堂上。行者欢喜道："八戒，像这般子走走耍耍，我们也是上台盘的和尚了。"(P589)

孙悟空此处所言的"上台盘"显然是"实情实说"，道出了"上台盘"的本义！这也从侧面说明，《西游记》成书的时代，大众语言中就有"上台盘"之说。稍加追溯，元代的通俗文学中就有"上台盘"这个短语。如：

> 元·无名氏《桃园结义》头折："咱这庄买卖虽是低都儿低，可也上台盘。"

《白话小说语言词典》解释："上台盘：指有身份或见过世面，能在交际场合应酬。"《现代汉语词典》没有"上台盘"词条，但有"台盘"词条，且将其归为方言词语。解释："台盘：〈方〉❶席面。❷比喻交际应酬的场合或公开的场合。"通渭方言中，"上台盘"与"台盘"的语义都有。且有两个固定搭配的习语："狗肉不上台盘""狗肉上不了台盘"。

1. 狗肉不上台盘：义为不识抬举、不知好歹。例如：

①你真是狗肉不上台盘，伊家那么请你，你竟然没去！
②兀块家伙人抬举胳不着！纯粹是块狗肉不上台盘的货！

2. 狗肉上不了台盘：义为没见过世面，在交际场合没有能力应酬。例如：

③你们这些人真个儿是狗肉上不了台盘，给你们露脸的机会也不露。
④我现在是狗肉上不了台盘，害怕在人多的地方说话。

【声唤】[shēnghuàn]

"声唤"义为因痛苦而叫唤、呻吟。《西游记》中"声唤"共有三处：

第五十三回："师父声唤道：'疼的紧！'"(P653)

第五十五回："行者飞来后面，影影的只听见唐僧声唤。"(P682)

第八十六回："师父听见老妖方醒声唤，便叫：'徒弟，妖精醒了。'八戒上前一钯，把老怪筑死。"(P1060)

"声唤"除了《西游记》中的呻吟、因痛苦而喊叫等义外，在古代通俗文学中，还有呼唤、召唤之义。亦指呼唤声。如：

《水浒传》第一〇八回："望见山岭之西，下面深谷中，隐隐的有一簇人马，被树林丛密遮蔽了，不能够看得详细。又且高下悬隔，声唤不闻。"

《古今小说·闲云庵阮三偿冤债》："恰才整理完备，早听得房外夫人声唤，小姐慌忙开门。"

《现代汉语词典》无"声唤"词条，只有"呻吟"词条。通渭方言中没有"呻吟"这个词，只有"声唤"。通渭方言中的"声唤"只有一个义项，即因痛苦而叫唤、呻吟。例如：

①老王昨晚不住声地声唤，听的人着实难受。
②你太疼了就声唤两声！出声了会好受点儿！

【声声唤唤】[shēngshēng huànhuàn]

"声声唤唤"是"声唤"的重叠形式。意为声音高一阵低一阵、反反复复、持续不断地声唤；或者声唤声杂且多。《西游记》该词共有两处。都是强调声唤者众，声唤声杂。

第三十五回："原来都是他分身法打伤了的，都在这里声声唤唤，忍疼而立。"(P433)

此处强调被打伤的小妖们多，所以声唤的声音多而杂。

第五十三回:"行者即挽唐僧,沙僧即扶八戒。两人声声唤唤,腆着肚子。"(P653)

此处强调唐僧与八戒两人都因怀孕肚子疼,所以声唤的声音杂且多。通渭方言中,"声声唤唤"多强调反反复复、持续不断地声唤。例如:

①老汉昨晚声声唤唤一晚上,吵得大家都没眨眼!
②不就蹭破了点儿皮么,你声声唤唤干吗?

【生疼】[shēngténg(sēngténg)]

"生疼"是《西游记》第四十八回中描写猪八戒感受的一个形容词。话说金鱼精听从斑衣鳜婆的主意,兴风作雪,一夜之间将通天河结冰冻实了。唐僧师徒欲踩冰过河,又怕冰薄不安全。八戒跳下马来:"你们且休讲闲口,等老猪试看有多少厚薄。"只见:

那呆子撩衣拽步,走上河边,双手举钯,尽力一筑,只听扑的一声,筑了九个白迹,手也振得生疼。(P599)

"生疼"即特别疼、非常疼。《现代汉语词典》没有"生疼"词条。通渭方言中,生疼是一个常用词语。人们动不动就叫唤"生疼",而且还有更为形象的说法:"活生生地疼""生嚓嚓地疼"。例如:

①我的这个手骨节不知道怎么了,生疼生疼的!
②兀人被一个疮活生生地疼死了!
③类风湿不要命,但生嚓嚓地疼死人呢!

【盛设】[shèngshè]

"盛设"义为丰盛的酒馔,或者款待。该词在《西游记》中共计两处,有两个义项:

1. 动词:盛情设宴款待。

第五十四回:"陛下,多蒙盛设,酒已够了。"(P672)

2. 形容词：丰盛充足。

  第七十九回："说不尽蘑菇、木耳、嫩笋、黄精，十香素菜，百味珍馐。往来绰摸不曾停，进退诸般皆盛设。"(P978)

《汉语大词典》《现代汉语词典》以及相关辞书均无"盛设"词条。可见该词从古至今使用地域不广。通渭方言中，"盛设"是个较雅的常用形容词。具体又分两种情况：

1. 专指酒席的丰盛豪华。例如：

①小田结婚，酒席盛设吗？
②老太太百岁寿辰，席盛设得很！

2. 形容针对特殊的日子，准备了充足丰盛的食物。例如：

③现在有菜有肉有酒，这年盛设得很了！
④不就一个五月五么，没必要准备得那么盛设吧！

【时兴】［shíxīng］

"时兴"亦作"兴时"。《西游记》中"时兴"一词出自第八十二回：话说陷空山无底洞的女妖精摄走了唐僧。孙悟空师兄弟一路腾云驾雾追来，"着八戒先下山凹里打听打听。"

  却说八戒跳下山，寻着一条小路。依路前行，有五六里远近，忽见两个女怪，在那井上打水。他怎么认得是两个女怪？见他头上戴一顶一尺二三寸高的篾丝鬏髻，甚不时兴。(P1004)

"时兴"义为入时、流行。猪八戒见"女人"的发髻时兴，就觉得是妖怪。这也许就是通渭乡下人见女人打扮时兴时，就下意识觉得其妖里妖气的渊源！"时兴"在通渭方言中是一个常用词语。但凡流行、时尚的东西都用该词来概括。不过现在有一个近义词"时髦"开始与其平分秋色。例如：

①这件大衣时兴得很！
②今年就时兴那种烫发头。

【食肠】[shícháng]

"食肠"是《西游记》中专门用来描写猪八戒的胃及胃口的词语,多达十四处。有两个义项:

1. 特指胃。

第五十四回:"三藏道:'是我第二个徒弟。他生得食肠宽大,一生要图口肥。'"(P671)

第一百回:"因汝口壮身慵,食肠宽大。盖天下四大部洲,瞻仰吾教者甚多,凡诸佛事,教汝净坛,乃是个有受用的品级。如何不好!"(P1216)

2. 指胃口,饭量。

第二十回:"那呆子真个食肠大:看他不抬头,一连就吃有十数碗。"(P244)

第三十回:"我猪弟食肠大,却不是以果子作膳的。"(P373)

第八十一回:"想是我那长嘴和尚,食肠大,吃伤了你的本儿也?"(P995)

第四十七回:"这等说,想是你的食肠大些。"(P583)

"食肠"是个古词语。该词在汉代的文献典籍中就已出现。如:

汉·王充《论衡·祀义》:"人食肠满,则骨节与血脉因以盛矣。"

"食肠"除了《西游记》中的胃、胃口、饭量之义外。还比喻对事物的欲望。如:

《绿野仙踪》第七五回:"这事有前个处法,他的食肠大,比不得我,不是一头半百下得来的,你多与他二百,至少也得一百五六。"

《现代汉语词典》没有"食肠"词条。通渭方言中该词属于古语词,使用者岁数较大。语义单一,专指胃口、饭量。例如:

①妈妈说:"李家湾来的兀块人食肠大得很!吃饭吃得好得很!"
②妈妈说:"你大姨姨食肠大得很,把兀酸菜打憋憋口儿吃上了!"

【是】[shì（sì）]

《西游记》中的"是"字有个非常特殊的用法，即在句子末尾作语气词。《汉语大词典》《现代汉语词典》的"是"字条都未提及该用法。可见这并非"是"字的常用义项。《西游记》中"是"字作句末语气词分三种情况：

1. 表示祈使语气。

  第七十六回："买命钱让与你罢，好道也救我出去是。"(P940)

  第二十三回："师父！这娘子告诵你话，你怎么佯佯不睬？好道也做个理会是。"(P281)

2. 表示陈述语气。

  第三十四回："造孽畜！叫甚么老奶奶！你叫老奶奶，就该称老孙做上太祖公公是！"(P419)

  第七十五回："若还能够拜佛求经，除是转背摇车，再去投胎夺舍是。"(P922)

3. 表示疑问语气。

  第八十一回："八戒惊道：'像老猪吃东西泼泼撒撒的，也不知害多少年代病是！'"(P994)

  第九十八回："离此镇还有许远，如何就拜！若拜到顶上，得多少头磕是？"(P1187)

可见，在《西游记》作者的语言体系中，"是"是个极为寻常，且功能比较齐全的句末语气词。通渭方言中，"是"继承了该用法，不仅可以做句末语气词，而且是一个多功能的句末语气词。它不仅可以表示陈述语气、祈使语气、疑问语气，还可以表示感叹语气。

1. 陈述语气。例如：

①像他说的兀门能挣的话他不早成百万富翁了是。
②按照你们说的那样个都可以做太太了是。

2. 祈使语气。例如：

③哥哥，今晚看电影带上个是！

④你尽快把咱们的那个账了哈是!

3. 疑问语气。例如:

⑤现在的大学生一个月的生活费大概要多少是?
⑥不知道他们走了没是?

4. 感叹语气。例如:

⑦你看这个娃娃心疼(漂亮、可爱等意)不是!
⑧我都要乏死了是!你还催啥?

【是必】[shìbì(sìbì)]

"是必"是《西游记》中一个使用频率较高的副词,据不完全统计有二十一处。如:

> 第十一回:"陛下明心见性,是必记了,传与阳间人知。"(P131)
> 第二十回:"此去倘路间有甚不虞,是必还来茅舍。"(P245)
> 第四十回:"师父呵,到西天经回之日,是必还到寡人界内一顾。"(P490)
> 第八十回:"悟空,我们才过了那崎岖山路,怎么又遇这个深黑松林?是必在意。"(P981)

"是必"即务必、必须的意思。在《西游记》所营造的世界里,"是必"是一个极为通俗且承载力极强的词语。大凡需要嘱咐、嘱托的事儿全用"是必"强调。

"是必"在明代以前的通俗文学作品中已经很常见。如:

> 宋·无名氏《错立身》第二出:"伊且住试听:唤取多娇金榜来……只道家中管待客。展华筵,已安排,是必教它疾快来。"
>
> 元·刘庭信《一枝花·春日送别》套曲:"你是必早寻一个着实店房里宿。"

可见其在古代汉语中是一个源远流长、使用地域比较广泛的口语词。《现代汉语词典》没有"是必"词条。"是必"在通渭方言中是个常用词语。有两个义项:

1. 务必、必须。例如:

①你经过兰州,是必看看你姐姐。

②你是必记着把那件事办了。

2. 必然,自然而然。例如:

③你那么做,我是必这样想。

④你们整天打捶骂仗,娃娃是必没心思学习。

【熟嘴】[shúzuǐ]

"熟嘴"是《西游记》中专门用以形容孙悟空能说会道的一个词语。如:

第十七回:"菩萨笑道:'这猴熟嘴!'行者道:'不敢,倒是一个计较。'"(P215)

第二十回:"那老儿听得这篇言语,哈哈笑道:'原来是个撞头化缘的熟嘴儿和尚。'行者道:'你儿子便是熟嘴!我这些时,只因跟我师父走路辛苦,还懒说话哩。'"(P242)

上面的例子也是许多辞书解释"熟嘴"的主要文例。《现代汉语词典》没有该词条。可见,在普通话中,"熟嘴"不是一个通用词语。通渭方言中,"熟嘴"多为六七十岁以上的人群使用,且多用儿化音"熟嘴儿"。例如:

①妈妈常说:"'熟嘴儿溜,狗的一团肉!'别只说嘴,干活去!"

②陈义大哥就是个熟嘴儿,嘴上一套一套的,干事就死命蹵了!

"熟嘴"用普通话解释,即为"油嘴滑舌";用现在流行的北京话解释,即为"耍贫嘴";用通渭方言解释,即为"滑嘛溜嘴"。随着交通条件的改善、随着普通话的普及,通渭方言中的"熟嘴儿"逐渐将被"油嘴滑舌"所替代。

溜几段儿时的熟嘴儿:

1. 烟瓶沿,冒冒烟,牛赂耩①,种夏田。夏田黄,连枷打,簸箕扬。一扬扬到科勒县,科勒县里逢绸缎。绸缎扯哈缝袄袄,袄袄连年到个家。个家屋里一缸好酸酒,今年喝到明年有。案子底下一窝老死狗,打一鞭,不动弹,打两鞭,上青天。青天门儿脱开,脱出一块老鳖。老鳖打卦,打出一窝蛤蟆。蛤蟆

---

① 【赂耩】[gē(gēi)gàng] 耕地的意思。

跳水，跳出一个老鬼。老鬼没腿，祭起一群飞鬼。飞鬼抬轿子，寻不着轿担儿。折上两根柳棍掀上，一掀掀到天上。天上没路，捣了一个窟窿。窟窿淌水，淌下白块。白块变冷子①。冷子稠，冷子大，砸了个家的阳坡屲。阳坡屲里紫胡麻，只见冷子不见花。哎哟——只见冷子不见花！

2. 溜溜溜溜儿盘盘儿，张家爷爷缺个一百盐钱。个过②跑着要洽了，张家爷爷的门楗③着了。个过一脚踏开，地上一双麻鞋。个过穿上，张家爷爷哭开了。个过脱哈，张家爷爷笑开了。个要钱钱来？张家爷爷把个嫌谂④哩。搓脚按手没干头，一蹦子徛⑤到灶上头。猛凉子⑥看着灶爷板儿上，坐着一个碗儿匠⑦。呼呼啦啦风箱响，拉出一番好样场。金碗银碗堆成山，爷爷撮毛⑧不还钱。个过背起碗儿匠，悄悄冥冥门后藏。爷爷以为个走了，抱着麻鞋睡觉了。实话把个笑死了！

3. 板凳扁，扁红花，红花园里做亲家。亲家亲家你坐着，个连媒人诰话⑨去。诰的什么话？诰的那么话！你看个这家，青砖瓦房檐磕檐，高头大马槽上拴，鸡鸭猪狗满圈圈，丫鬟仆人跟前站。你家姑娘不要钱，八抬大轿不嫌远，细吹慢打媵⑩进门，绫罗绸缎身上穿，金钗银篦沉甸甸，精米化面吃不完，端吃掌喝有人惯。你家姑娘若要钱，金哩银哩都要全。大箱装来小框担，骡驮马运就是远。光鞍瘦驴媵进门，粗茶淡饭薄命人。一更睡来三更起，洗锅抹灶喂鸭鸡。风里来了雨里去，泥脚面手不得闲。泼米漾面要挨打，浪汤泼稀招人嫌，黑明昼夜把活干，掇弄打水别叫唤。兄弟死来爹娘亡，千万不要叫姑娘。

---

① 【冷子】[lěng(lèng) zǐ] 专指冰雹。
② 【过】[guò] 通渭方言中做助词，相当于"给"。
③ 【楗】[jiàn(qiàn/tiàn)] 以木闩关门。
④ 【嫌谂】[xiáncàn] 意为厌恶、憎恶且加以指责。
⑤ 【徛】[jǐ/qi] 即跳过河。通渭方言中将"跳"也叫"徛"。
⑥ 【猛凉子】[měngliángzǐ] 通渭方言，意为突然、冷不丁、冷不防等。
⑦ 【碗儿匠】[wǎnérjiàng] 修补碗碟等瓷器的匠人。二十世纪七八十年代，通渭乡间常有碗儿匠游走。
⑧ 【撮毛】[cuōmáo] 意为小气、抠门、抠搜等。
⑨ 【诰话】[gàohuà] 意为商量、谈话、说话等。
⑩ 【媵】[yìng] 女方言嫁；男方言娶。

【耍】[shuǎ]

"耍"是个古语词。"耍"在《现代汉语词典》中有四个义项:"❶〈方〉玩耍、游玩、消闲取乐。❷表演。❸施展、表现出来。❹耍弄、捉弄。"《汉语大词典》中"耍"还有戏谑;舞弄;使用武器、器物;苛刻;赌博等义。无论在古代汉语中,还是现代汉语中,"耍"都是一个口语通用词。之所以将其作为一个方言词语辑录于此,原因在于,一方面,《西游记》中"耍"的义项远远多于现代汉语通用语中"耍"的义项。另一方面,通渭方言中的"耍"的义项也远远多于现代汉语通用语中"耍"的义项,且包含作为方言的玩耍、游玩等义。

《西游记》中"耍"义项主要为玩耍、戏谑、舞弄等。具体来看,又有细微的差别。

1. 玩耍。如群猴相戏,自在玩耍。

第一回:"一群猴子耍了一会,却去那山涧中洗澡。"(P4)

第二十八回:"你们因何不耍不顽,一个个都潜踪隐迹?"(P340)

2 游玩、玩赏。

第四十八回:"陈老见三藏不快,又打扫花园,大盆架火,请去雪洞里闲耍散闷。"(P596)

第九十四回:"今日既在御花园饮宴,带我们去耍两日,好教师父替你家做驸马。"(P1143)

3 消闲取乐。

第六十八回:"只听得行者与沙僧在客房里正说那揭榜之事耍笑哩。"(P837)

第四十六回:"徒弟呀,仔细些。那里不是耍处。"(P571)

4. 玩笑、开玩笑。

第十八回:"你那老儿,年纪虽大,却不识耍。我把这话儿哄你一哄,你就当真。"(P224)

第四十一回:"老猪见他撑持不住,却来助你一钯,不期他不识耍,就败下阵来。"(P505)

5. 戏谑、捉弄。

　　第五十三回:"行者还要耍他,沙僧随后就到,笑道:'水来了!水来了!'"(P662)

　　第六十八回:"沙僧也知是耍呆子,只得顺口应承道。"(P834)

6. 舞弄、使用武器、器物等。

　　第二十二回:"自从降了黄风怪,下山来,这个把月不曾耍棍。"(P265)

　　第八十八回:"等我跳在空中,耍一路儿,你们看看。"(P1079)

在通渭方言中,"耍"除了没有"苛刻"这个义项外,其他的古今义项都有。另外还有表演、凭借、依靠等义项。具体来看:

1. 玩耍、消闲取乐。例如:

①你和弟弟到哪里耍去了?
②带妹妹去院子里耍去!

2 游玩、玩赏。例如:

③下雪了,咱们去坪顶上耍去!
④你一个学生,不在教室上课,整天在大街上耍啥着?

3. 戏谑、捉弄、玩弄、欺骗。例如:

⑤你被那家伙耍了吧!
⑥我看你是被人耍了还帮人家数钱了!

4. 舞弄、使用武器、器物等。例如:

⑦原先公交车上耍红蓝铅笔的都是骗子。
⑧你拿铁锨耍啥了?小心伤着人!

5. 施展、使用、表现、卖弄、玩弄、暗用心机等。与此相关的"耍"字词语在通渭方言中特别丰富,多含贬义。例如:

⑨耍阔、耍人、耍死狗、耍流氓、耍泼妇、耍光棍、耍混水(混蛋)、耍无赖、耍威风、耍酒疯、耍心眼、耍花招、耍阴谋、耍手腕、耍姿干(苗条)、耍排场、耍滑头、耍奸打滑、耍小聪明、耍二杆子、耍二百五等。

6. 赌博。例如:

⑩你们又打麻将耍钱着?小心被警察抓走。

⑪我们也就玩玩，钱耍得不大！

7. 表演。例如：

⑫过年时，通渭乡间村村耍耍拳、耍社火、耍狮子、耍猴子、耍龙灯、耍秧歌、耍高跷。

8. 依靠、凭借。例如：

⑬我们就靠耍手艺（耍嘴皮子、耍笔杆子等）吃饭。

【耍耍】[shuǎshua]

"耍耍"是由"耍"重叠而成，表示"耍"的程度轻、时间短。《西游记》中该词使用频率较高，据不完全统计，有十九处。义项较多。

1. 玩一玩、耍一耍。这是《西游记》中"耍耍"的主要义项。取经之路辛苦寂寞。取经路上的妖魔鬼怪表面看来让唐僧吃尽了苦头，实际上只不过是唐僧师徒的玩伴罢了。这不但从孙悟空、猪八戒变着花样逗妖魔鬼怪"耍耍"可见，也从唐僧都认为徒弟们降妖除魔不过是"耍耍"可知。

第十八回："因是借宿，顺便拿几个妖怪儿耍耍的。动问府上有多少妖怪？"(P222)

第四十七回："一则感谢厚情，二来当积阴德。况凉夜无事，你兄弟耍耍去来。"(P588)

2. 打一打、战一战。在孙悟空眼里降妖伏魔之事不过是"耍"！对于劫道的蟊贼、成妖的虎、鹿、羊，悟空收拾他们连"耍"都算不上，仅是"耍耍"罢了。当然，第二十二回收复流沙河中做妖怪的沙僧，怎么能真打！"耍耍"也就得了！

第十四回："你们也打得手困了，却该老孙取出个针儿来耍耍。"(P173)

第二十二回："我见你和他战的甜美，我就忍不住脚痒，故就跳将来耍耍的。"(P265)

3. 游玩游玩、观赏观赏。

第三十回："贤弟，请你往水帘洞里去耍耍。"(P374)

第九十一回："老师宽住一二日，过了元宵，耍耍去不妨。"(1107)

4. 男女狎昵语。女妖怪见着可爱的悟空和尚,儒雅的"妙人"唐僧,个个淫欲难耐,唯有"耍耍"最能代表其心意。

第八十一回:"女子搂住,与他亲个嘴道:'我与你到后面耍耍去。'"(P998)

第八十二回:"那妖精十分欢喜道:'妙人哥哥倒有些兴趣。我和你去花园里耍耍。'"(P1012)

5. 舞弄舞弄、展示展示。

第八十八回:"等老猪也去耍耍来!"(P1079)

《汉语大词典》没有"耍耍"词条。通渭方言中,"耍耍"既有动词性,也有名词性。具体来看:

1. 动词:犹如玩耍,但语义较"耍"轻。仅用于婴幼儿。例如:

①我带宝宝耍耍去。
②宝贝去哪里耍耍了?

2. 名词:玩具。例如:

③你别哭。我给娃娃买个耍耍。
④宝贝把这个耍耍拿上。我们玩去。

【耍耍儿】[shuǎshuǎr]

该词是"耍耍"的儿化语。属于方言俗语。该词在《西游记》中共有四处:三处为孙悟空所言;一处为孙悟空教三藏所说。孙悟空性情单纯,天生喜欢玩耍,也将世间诸事看透,明白凡事无非耍着玩。但面对不同的人与事时,其"耍"的说法是不同的。"耍耍儿"相较于"耍""耍子""顽耍""耍耍"而言,其语气色彩要柔和、要温婉得多。就"耍耍儿"而言,每一处语境不同,体现"说者"的心境与语用效果也各不相同。

第二十二回:"那大圣……掣出棒来道:'师父,你坐着,莫怕。等老孙和他耍耍儿来。'"(P265)

唐僧在西行路上虽然受尽磨难,但他显然是越走承受能力越强,因为他对徒弟们愈来愈了解,越来越有信心。但此时,却是卷帘大将沙僧在流沙河里做妖怪，意欲抢了唐僧当早餐之时；正是唐僧人妖不辨，屡受惊吓，已如惊弓之鸟之时。此刻，猪八戒与沙僧在流沙河里打得浪涛翻涌、昏天黑地。孙悟空要撇下他去参战。唐僧怎能不吓得魂飞魄散！所以孙悟空不得不如哄幼儿般哄他仅为"耍耍儿"去。

第二十六回："这行者厉声高叫道：'带我耍耍儿便怎的！'众仙见了，急忙趋步相迎。"(P322)

话说孙悟空为救"人参果树"，驾云来到瀛洲海岛。"只见那丹崖珠树之下，有几个皓发皤髯之辈，童颜鹤鬓之仙，在那里着棋饮酒，谈笑讴歌……那些老儿正然洒乐。"本来有求于人，再者面对神仙老儿，显然孙悟空卖萌耍宝的"耍耍儿"效果很好！

第三十回："行者闻言，跳下崖来，用手搀住八戒道：'贤弟，累你远来，且和我耍耍儿去。'"(P373)

孙悟空被唐僧赶逐回到花果山，虽然委屈、生气，但还是心系取经人。突然猪八戒远道而来，孙悟空的兴奋与亲切全包含在"耍耍儿"里了。

第八十二回："三藏道：'娘子……你带我往那里略散散心，耍耍儿去么？'"(P1012)

要让唐三藏耍宝哄女妖，可真难为了他！幸好"耍耍儿"还顺口。

通渭方言中"耍耍儿"意同"耍耍"。有两个义项。

1. 动词：玩耍、游戏。正如悟空嘴里的"耍耍儿"，语气温婉、柔和，一般针对婴幼儿使用。例如：

①妈妈带宝宝上街耍耍儿去。
②你与姐姐去院子里耍耍儿。妈妈做饭饭去。

2. 名词：玩具。例如：

③宝贝的耍耍儿丢哪里了？
④宝宝别乱动啊！奶奶给你找个耍耍儿玩。

【耍子】[shuǎzi]

"耍子"是个口语词。《西游记》中"耍子"的使用频率很高，据不完全统计,有七十五处。其意义极为复杂。

1. 玩耍。这是《西游记》中"耍子"的主要义项。不论是凡人小道,还是神仙鬼怪都喜欢耍子。爱"耍子"是《西游记》中众生的天性。

  第二回:"不敢瞒师父,适才孙悟空演变化耍子。"(P23)

  第二十三回:"只见那妇人带了三个女子,在后门外闲立着,看菊花儿耍子。"(P283)

2. 玩赏、游山玩水。猴子们喜欢在花果山水帘洞耍子。唐僧在必要的时候也得学着带女妖怪去后花园耍子。

  第一回:"众猴都道:'我们今日赶闲无事,顺涧边往上溜头寻看源流,耍子去耶!'"(P4)

  第八十二回:"你哄他往园里去耍子,我救了你罢。"(P1011)

3. 开玩笑。这也是《西游记》中"耍子"的重要义项。孙悟空即使上刀山,下火海也权当"耍子",但对别人的"耍子"却往往理解错误!

  第十五回:"师父休怪,我老汉作笑耍子,谁知你高徒认真。"(P188)

  第五十七回:"善财陪笑道:'还是个急猴子。我与你作笑耍子,你怎么就变脸了?'"(P702)

4. 闲待、无拘无束地生活。孙悟空曾向菩萨和如来一再央求去掉头上的"金箍儿",放自己回归花果山去"耍子",但终未如愿。

  第十五回:"你既放我出来,让我逍遥自在耍子便了。"(P184)

  第三十回:"我这里,天不收,地不管,自由自在,不耍子儿,做甚么和尚?"(P374)

5. 男女媾和。俗话说"爱美之心,人皆有之"。看《西游记》才知"爱美之心,妖更甚之"。《西游记》中的女妖们多为好色之徒。她们一见着唐僧,就"色"令智昏,根本没有过度,就想直接把他诱倒在绣床上"耍子"。

  第五十五回:"常言'黄金未为贵,安乐值钱多。'且和你做会夫妻儿,耍子去也。"(P681)

  第六十四回:"佳客莫者,趁此良宵,不耍子待耍怎的?"(P792)

6. 降妖伏魔。与天兵天将一起去降妖除魔总让孙悟空充满"耍子"的激情。

第三十三回："这个却好耍子儿啊！我且问你，他这洞中有甚人与他相往？"(P409)

第五十二回："说得有理。我们齐了心，耍子儿去耶！"(P643)

7. 厉害。悟空即使耍子也耍到了极致。

第三十四回："似这般手段，着实好耍子。正是那聚则成形，散则成气。"(P420)

8. 形容词：可笑、有意思。一个怀孕的男人会让西梁女国的婆婆乐开花。妖怪的两只眼睛竟然能让猪八戒当成灯。真是好"耍子"！

第五十三回："好耍子！好耍子！你都进来，我与你说。"(P653)

第六十七回："好耍子！好耍子！原来是个有行止的妖精！该和他做朋友！"(P824)

9. 承受、忍受。世间只有孙悟空能将头被先吃当耍子。

第三十二回："若是先吃头，还好耍子；若是先吃脚，就难为了。"(P391)

10. 调戏语。猪八戒浑身散发着人间烟火气！他曾因调戏嫦娥被贬到人间，来时却没走人道，于是成了"人不人，猪不猪"的丑八怪，成了人人嘴里的"夯货"。按理说，他该长点记性，看见女人就躲。但事实上他仅长了猪的好吃、好喝、好睡的脑子，却保留了天蓬元帅好色的天性。于是，即使做了和尚，听见、看见、遇见女人，他还是忍不住想"耍子"一番。

第九十三回："早知我去好来！都是那沙僧怠懒！——你不阻我呵，我径奔彩楼之下，一绣球打着我老猪，那公主招了我，却不美哉，妙哉！俊刮标致，停当，大家造化耍子儿，何等有趣！"(P1138)

第九十五回：猪八戒动了欲心，忍不住，跳在空中，把霓裳仙子抱住道："姐姐，我与你是旧相识，我和你耍子儿去也。"(P1157)

11. 惩罚、惩处着玩。老魔的"耍子"非孙悟空的"耍子"，但归根结底还是被孙悟空"耍子"了。

第三十四回："是他！是他！把他长长的绳儿拴在柱科上耍子！"(P422)

第十九回："我才试他一试耍子。此去一定拿来与你们看。"(P231)

12. 赌博、游戏。"猜枚"本是一种酒令，玩时一方猜对方手中所握之物，猜中者为胜，不中者为输，输者罚酒。孙悟空特别喜欢玩"猜枚"，而且是高手,不但在东天门赢了增长天王,而且在北天门赢了护国天王。更好"耍子"的是孙悟空赢来的不是"不喝酒",而是"瞌睡虫"。

第二十五回:"他腰里有带的瞌睡虫儿,原是在东天门与增长天王猜枚耍子赢的。"(P306)

第七十七回:"我当初做大圣时,曾在北天门与护国天王猜枚耍子,赢的他瞌睡虫儿,还有几个,送了他罢。"(P950)

《现代汉语词典》没有"耍子"词条。通渭方言中,"耍子"是个极为通俗的词语。义项极为丰富,除了基本的玩耍、游玩、开玩笑等外,还有玩具、闲逛、工作敷衍、产品不合格、男女媾和、调戏语、赌博、游戏等义。与《西游记》中所具有的义项相比较,互有增减。

1. 动词:玩耍。例如:

①那柳树下耍子的是你弟弟吗?
②走!爷爷带宝宝耍子去。

2. 名词:玩具。该义项是"玩耍"的引申义。例如:

③我给宝贝买了个耍子的。
④你把我当成耍子的了?

3. 动词:旅游、赏玩。例如:

⑤周末我想去太白庙耍子去。你去吗?
⑥今年暑假我带着父母去西安耍子了一趟。

4. 动词:开玩笑。例如:

⑦说伊家考试作弊,这可不是好耍子的!
⑧看她那神情,不像耍子的!

5. 不务正业、吊儿郎当、闲逛。例如:

⑨今年没活干,几乎就耍子着呗!
⑩你二十多岁的人了,整天吊着膀子耍子,怎么行?

6. 男女媾和。这与《西游记》女妖怪的说法完全一致。例如:

⑪和别人的老婆耍子,小心被人打断腿!
⑫他老婆知道他和别的女人耍子的事儿吗?

7. 调戏语。男女通用。该义项与猪八戒的说法相吻合。例如：

⑬哎呀！这个妹子漂亮得很！我把你带上，咱们耍子走！
⑭好啊！你真是个男人，现在就带我耍子去！

8. 赌博、游戏。例如：

⑮他们整天在麻将馆耍子着，赌注大得很！
⑯那家伙是个哈货，有点儿钱，就去游戏厅耍子掉了！

9. 工作不认真，敷衍了事。例如：

⑰就三根钢筋！这哪里是盖楼，简直是耍子么！
⑱凡事不做就算了，做就要认真，不要耍子！

10. 引申为产品不合格。例如：

⑲张家窑烧的砖不行，一抓就掉渣，像耍子的。
⑳老程的那楼就是个耍子的，三层的楼竟然没楼梯，只靠一架云梯上下！

【说嘴】[shuǒzuǐ]

"说嘴"是孙悟空的长项。他不但会说嘴、能说嘴，还以说嘴为豪。不但人人知道他是说嘴的大王，而且孙悟空也信手拈来，将"说嘴"随时赠送他人。

1. 耍嘴皮子。

第四十二回："菩萨道：'你这猴头，只会说嘴。瓶儿你也拿不动，怎么去降妖缚怪？'"(P520)

第五十三回："行者笑道：'你不要说嘴；省些力气，好生产也。'"(P659)

第六十六回"行者道：'这怪不知死活！莫说嘴！吃吾一棒！'"(P815)

2. 吹牛、说大话。

第十九回："呆子不要说嘴！老孙把这头伸在那里，你且筑一下儿，看可能魂消气泄？"(P233)

第二十二回："贤弟呀，这桩儿我不敢说嘴。水里勾当，老孙不大十分熟。"(P266)

第七十五回："猴儿不要说嘴！看我这二刀来！决不容你性命！"(926)

"说嘴"属于通渭方言中极为村俗的一个词语。《西游记》中所有的义项通渭方言中都有。

1. 耍嘴皮子。此意相当于油嘴滑舌。该义项还有一个方言同义词"滑麻溜嘴"。含贬义。例如：

①你们不要只说嘴，不干活！
②说嘴是没有效益的，还是动手干吧！

2. 吹牛、说大话。例如：

③说嘴都能得很，做事就死命窊了！
④说嘴没用哦！你开辆宝马来让我们看看！

3. 说话。此意还有儿化音，儿化以后往往用于小孩，有爱昵之意。例如：

⑤小马说嘴啥都懂，做事比谁都襒襫。
⑥我特别喜欢看这点儿娃娃说嘴儿！

【四马攒蹄】[sìmǎ cuántí]

《西游记》中有一种特殊的捆人方法，即"四马攒蹄"。不仅各类妖魔鬼怪善于用"四马攒蹄"法捆绑唐僧师徒，而且孙悟空也喜欢用"四马攒蹄"法绑缚妖怪。

第二十九回："沙僧措手不及，被怪一把抓住，捉进洞去。小妖将沙僧四马攒蹄捆住。"(P360)

第四十一回："却说那怪自把三藏拿到洞中，选剥了衣服，四马攒蹄，捆在后院里。"(P502)

第七十五回："三怪把行者扳翻倒，四马攒蹄捆住；揭起衣裳看时，足足是个弼马温。"(P921)

第七十六回："众怪一齐下手，把呆子四马攒蹄捆住。"(P938)

第八十六回："那老妖还睡着了，即将他四马攒蹄捆倒，使金箍棒掬起来，握在肩上，径出后门。"(P1060)

第九十七回："行者即拔下些毫毛，吹口仙气，变作三十条绳索，一齐下手，把贼扳翻，都四马攒蹄捆住。"(P1176)

"攒"字有两个读音：1. [zǎn]积聚、积蓄。2. [cuán]聚、凑集、拼凑。"四马攒蹄"的"攒"读作[cuán]。《汉语大词典》解释："比喻两手两脚捆在一起。或形容仰面跌倒，手脚朝上。"《现代汉语词典》没有"四马攒蹄"词条。通渭方言中，该词是个常用词语，多用于捆绑牲畜。例如：

①骟骡子四马攒蹄捆不行，那样血不流通。
②将那羊四马攒蹄捆住，蹄子中间插根扁担，你俩抬上。

"四马攒蹄"有时候也用于捆人。但显然没有人随便会让别人用"四马攒蹄"法捆。所以此"捆人"多用于逗孩子玩。例如：

③再不听话，奶奶就把你四马攒蹄绑住了！
④爪爪再害人，我就把它们四马攒蹄捆在一起了。

【尿泡】[suīPao（jiāoPao）]

"尿泡"出自《西游记》第三十一回：话说孙悟空来到碗子山波月洞，对百花羞公主说，要拿了黄袍怪，带她回朝见驾。公主认为连高大壮实的猪八戒、沙和尚都不是黄袍怪的对手，何况瘦小单薄的孙悟空。行者听了笑道：

"你原来没眼色，认不得人。俗语云：'尿泡虽大无斤两，秤铊虽小压千斤。'他们相貌，空大无用：走路抗风，穿衣费布，种火心空，顶门腰软，吃食无功。咱老孙小自小，筋节。"(P381)

"尿泡"也做"尿脬"。膀胱的俗称。《现代汉语词典》将其归为方言词语。通渭方言中，"尿泡"是个常用词语。无论人的膀胱，还是动物的膀胱一概称为"尿泡"。方言读（jiāoPao）。孙悟空所说的"尿泡虽大无斤两，秤铊虽小压千斤"就是通渭民间极为通俗的一个习语。还有一些谚语，例如：

①尿泡打脸，不疼，气难受。
②猪尿泡打脸，不疼，臊得慌。

T

【坛场】[tánchǎng]

"坛场"出自《西游记》第四十五回。话说在车迟国,悟空师徒与虎力大仙,鹿力大仙,羊力大仙赌胜求雨。

国王见说,即命打扫坛场;一壁厢教:"摆驾,寡人亲上五凤楼看。"……少时间,一员官飞马来报:"坛场诸色皆备,请国师爷爷登坛。"(P557)

此处的"坛场"即设坛做法事祈雨的场所。

"坛场"是一个古语词。有两个义项:

1. 古代设坛举行祭祀、继位、盟会、拜将等大典的场所。

《史记·封禅书》:"诸祠各增广坛场,珪币俎豆,以差加之。"

《汉书·高帝纪上》:"于是汉王斋戒设坛场,拜信(韩信)为大将军。"

2. "坛场"也指法坛,即佛家讲经说法之所。后世也指政坛,政治舞台等。如:

唐·柳宗元《南岳般舟和尚二碑》:"佛法至于衡山,及津大师始修起律教,由其坛场而出者,为正法。"

清·袁枚《新齐谐·陈紫山》:"陈目且瞑,强起张目答曰:'来原无碍,去亦何妨?人间天上,一个坛场。'言毕,跏趺而逝。"

康有为《大同书》戊部第五章:"凡登坛场而执政者皆男子也。"

可见,古汉语中,"坛场"多为书面语。与坛场有关的多为涉及国家社稷的大事，或严肃的事。《现代汉语词典》无"坛场"词条。古汉语中"坛场"所表示的义项在现代汉语中多直接用单音节的"坛"加定语代替了，如政坛、文坛、讲坛等。"坛场"在现代汉语中不是一个通用词语，但在通渭方言中"坛场"一直是通用词语。而且语义很丰富，使用频率很高。

1. 集体活动场所。这个"集体活动"多强调与宗教有关，或者与古老的传统习俗有关的活动。例如：

①我家是明年的社火坛（场）。
②今年的灯戏坛场在谁家？

2. 特指某个脏乱差的场面、环境。该义项也许是从设坛做法事后坛场上脏乱差的景象引申而来。例如：

③看看这坛场，哪里像一个做饭的地方！
④那个坛场，根本没地方下脚！

3. 引申义：规模。例如：

⑤你现在养了多少头牛？我看你的这坛场大得很！
⑥老张的那坛场现在大着，应该是几千万的工程吧！

4. 场面、排场。例如：

⑦就一个娃娃的百岁么，坛场铺得那么大干嘛！
⑧即使招待一个人，坛场得像样么。

词语补说：

通渭乡间有夏收或者秋收之后唱牛皮灯影戏敬方神（地方神灵）的传统。夏收之后唱的叫"夏戏"，秋收之后唱的叫"秋戏"，统称为"灯戏"。"灯戏"皆在晚上唱。一般一晚上唱一本戏。无论是唱一晚上，还是多晚上，皆称为"一台戏"。唱灯戏没有固定的场所，一般在人家临时设敬神的场所并搭建戏台，搭建戏台的人家或者处所就叫作坛场。

【天不收地不管】[tiānbùshōu dìbùguǎn]

该短语出自《西游记》第三十回：话说孙悟空因为三打白骨精被唐僧赶逐回到了花果山。唐僧被黑松林的黄袍怪施魔法变成了斑斓猛虎。猪八戒听从白龙马建议去请孙悟空，却谎称唐僧想见孙悟空。

> 行者道："我往那里去？我这里，天不收，地不管，自由自在，不要子儿，做甚么和尚？"(P374)

"天不收地不管"意为自由自在，不受任何约束。

通渭方言中，"天不收地不管"是个常用习语。有两个义项：

1. 阴阳二界都不要，都不管束。传说死法不正的人，其鬼魂不入正道，去不了冥府，又回不了阳间，只能在二夹皮之间游荡。例如：

①张家的那女人是吊死的，现在阴魂天不收地不管，就害人着！
②人不能寻无常死（非正常死），要不然，阴魂就天不收地不管了。

2. 喻指不受"生死簿"的约束。传说冥间有阎王爷管着"生死簿"。每人的生辰死期都是确定的。通渭乡间多高龄老人。有些老人自认为是阎王爷"点名"时将自己忽略了，于是不无得意地用该词自夸。还有一些高龄老人得了老年痴呆等疾病，生活质量不高，该词就成了其命运多舛的感叹语。例如：

③大爷常说："我现在天不收，地不管地活得耐实得很！"
④妈妈说："你大姨姨阎王爷忘了吧！天不收，地不管的活那么多受罪啊！"

3. 比喻义：孤苦伶仃、无人照管。例如：

⑤那个海彤儿（智障人）父母都死了，现在天不收，地不管地就那么混着呗！
⑥原先的五保户老了天不收地不管地可怜得很！现在的五保户年纪轻轻就被政府养着，日子好过得很么！

4. 无人管束、自由自在，或任性胡为。这也是孙悟空希望过的生活方式。例如：

⑦秋娃子男人活着时也管不住她，现在男人一死，更是天不收地不管，没人能管得了！
⑧现在的留守儿童天不收地不管地只是害人。

【天灵盖】[tiānlínggài]

"天灵盖"出自《西游记》第七十五回：话说在八百里狮驼岭，孙悟空与狮驼洞的老魔头赌斗。老魔夸自己的刀：

"金火炉中造，神功百炼熬。锋刃依三略，刚强按六韬。却似苍蝇尾，犹如白蟒腰。入山云荡荡，下海浪滔滔。琢磨无遍数，煎熬几百遭。深山古洞放，上阵有功劳。搠着你这和尚天灵盖，一削就是两个瓢！"(P926)

"天灵盖"义为头盖骨的上部，泛指头骨。该词早散见于明代以前的通俗文学中。如：

宋·王辟之《渑水燕谈录·奇节》："〔刘温叟〕尝令子和药，有天灵盖，温叟见之，亟令致奠埋于郊。"

元·马致远《黄粱梦》第二折："则恁的东倒西歪，推一交险撷破天灵盖。"

可见，"天灵盖"在古代汉语中是一个通俗的口语词。《现代汉语词典》无"天灵盖"词条。通渭方言中，该词是个通用词语，也叫"天棱盖"，泛指头顶。例如：

①老程叫唤他的天灵盖疼，是不是感冒了？
②你的天灵盖怎么那么高？

使用该词的人岁数较大。该词将逐渐被"头顶"所替代。

【调和】[tiáohuò]

"调和"出自《西游记》第六十八回：话说唐僧师徒来到朱紫国会同馆。唐僧进朝倒换关文。行者暗笑道：

"沙僧，好生煮饭，等我们去买调和来。"……行者道："买调和。"那人道："那郑家杂货店，凭你买多少，油、盐、酱、醋、姜、椒、茶叶俱全。"……行者道："我们走过去，到郑家店买些调和来。"……览毕，满心欢喜道："即此不必买甚调和，且把取经事宁耐一日，等老孙做个医生

耍耍。"(P834-835)

"调和"为何物？前文说悟空三人到了"会同馆中"，着沙僧安排茶饭，并整治素菜。沙僧道："茶饭易煮，蔬菜不好安排。"行者问道："如何？"沙僧道："油盐酱醋俱无也。"而"那人"又说郑家杂货店有的是"油、盐、酱、醋、姜、椒"。可见，此处悟空去采购的"调和"就是"油盐酱醋姜椒"等，即普通话所谓的"调料"。

通渭方言中一直将"调料"称为"调和"。读[tiáohuò]（调祸）音。例如：

①煮肉却没一点儿调和！你赶紧去给咱们买些。你就给卖调和的说要煮羊肉的调和，让他配些。

②那是个调和摊子，啥调和都有。

《现代汉语词典》没有名词的"调和[tiáohuò]"条，只有动词与形容词的"调和[tiáohé]"条。且【调和 tiáohé】没有"调料""作料"这一义项。《汉语大词典》有没有注音的【调和】条，其义项3为"调味用的佐料"。所选文例即为《西游记》中的上例以及当代山西籍作家韩文洲（1920-2007）的短篇小说《四年不改》中的句子。可见"调和[tiáohuò]"之说在明清时就有，但其使用范围不广。其在现代汉语中已经不是一个通用词语。而通渭方言中自古至今一直将调料称为"调和[tiáohuò]"。直到近些年随着普通话的普及，才有"调料"说。

【跳天搠地】[tiàotiān shuòdì（tiàoqiān suàndì）]

该词出自《西游记》第二十八回：话说孙悟空因三打白骨精，被唐僧逐赶，回到花果山，只见"花草俱无，烟霞尽绝；峰岩倒塌，林树焦枯"。"猴烟"稀少，问询得知猎人竟然捕捉猴子"剥皮剔骨"当菜吃，或者叫它"跳圈做戏"耍着玩。这让大圣极为恼火。他决心惩治猎人，于是吩咐：

"小的们，都出去把那山上烧酥了的碎石头与我搬将起来堆着。——或二三十个一推，或五六十个一堆，堆着，我有用处。"那些小猴都是一窝风，一个个跳天搠地，乱搬了许多堆集。(P341)

"挷"即刺;戳之义。"跳天挷地"意为猴子们欢天喜地,又跳又闹的样子。

《汉语大词典》即相关辞书没有该词条。通渭方言中,"跳天挷地"是个常用习语。其"挷"读［suàn］(蒜)音。多用比喻义,形容孩童顽劣的样子。例如:

①这几个娃娃跳天挷地的害人着!
②兀个娃娃是个人来疯,一有诧人,就跳天挷地的没治了。

【跳天索地】［tiàotiān suǒdì（tiàoqiān suàndì)］

该词出自《西游记》第六十回:话说孙悟空为了借芭蕉扇,来到积雷山摩云洞,碰见牛魔王的小老婆玉面公主,假装铁扇公主央来请牛魔王的差使,没想到玉面公主不理茬,反而张口就骂。孙悟空于是:

故意子掣出铁棒大喝一声道:"你这泼贱,将家私买住牛王,诚然是陪钱嫁汉!你倒不羞,却敢骂谁!"……这女子没好气倒在(牛魔王)怀里,抓耳挠腮,放声大哭……那女子跳天索地,口中骂道:"泼魔害杀我也。"(P737)

"跳天索地"即为撒泼打滚、暴跳怒骂的样子。

《现代汉语词典》没有该词条。通渭方言中,"跳天索地"是个常用习语,形容跳着脚、指天跺地地怒骂的样子。其"索"读［suàn］(蒜)音。例如:

①兀婆娘正在村口跳天索地地叫骂着。
②一个有教养的人怎么能在大庭广众面前跳天索地的骂人了!

【厅房】［tīngfáng（qīngfáng)］

"厅房"是《西游记》中多次出现的一个房屋的名称。如:

第二十三回:"那妇人见了他三众,更加欣喜,以礼邀入厅房……这大圣走出厅房,摇身一变,变作个红蜻蜓儿,飞出前门,赶上八戒。"(P279-283)

第四十七回:"却说那三个凶顽,闯入厅房上,拴了马,丢下

行李。"(P582)

第五十回："他也不管好歹，拿下楼来，出厅房，径到门外。"(P620)

第九十二回："才转过厅房，向后又照，只闻得啼泣之声，乃是唐僧锁在后房檐柱上哭哩。"(P1117)

《汉语大词典》对"厅房"解释为："1. 官府公堂后面用以会客、休息的房间。2. 指包括厅堂在内的正屋。"显然《西游记》中的"厅房"多指"包括厅堂在内的正屋"。《现代汉语词典》将"厅房"归为方言词语。通渭方言中就将"包括厅堂在内的正屋"称为"厅房"，即使是个土窑，也称"厅房窑"。例如：

①来亲亲①了吗？厅房里怎么那么多诧人②！
②你把厅房打撆③一下，下半日有客人来。

【停】［tíng］

"停"在古代汉语中可以作为量词使用，即将总数分成几部分，其中一部分叫一停。《西游记》中"停"作为量词多次出现在对话中。

第二十四回："十万八千里。十停中还不曾走了一停哩。"(P291)

第三十二回："我们三停路已走了停半，因何说退悔之言？"(P393)

第八十七回："三停饿死二停人，一停还似风中烛。"(P1065)

"停"作为量词，在元代的通俗文学中就大量出现。如：

金·董解元《西厢记诸宫调》卷二："众僧三百余人，比及扣寺门，十停儿死了七八。"

元·曾瑞《哨遍·思乡》套曲："见新人百倍增千倍，问故友十停无九停。"

《现代汉语词典》将"停"作为量词归为口语用法。通渭方言口语中完全保留了"停"的这种传统用法。不过使用者多为六七十岁以上的老人。年轻人多采用普通话"几分之几"的表述法。例如：

---

① 【亲亲】［qīnqīn］亲戚。
② 【诧人】［chàrén（càrén）］陌生人。
③ 【打撆】［dǎshé（dǎzhé）］打扫收拾。

①麦子三停中有两停是秕的。

②那活业三停连一停都没干完。

【偷生抆熟】[tōusheng wǎshú]
【抆熟偷生】[wǎshú tōushēng]

"偷生抆熟""抆熟偷生"这两个短语出自《西游记》第八十一回：话说唐僧师徒带着金鼻白毛老鼠精变的女子住进镇海禅林寺。住了三天，寺里六个和尚被妖怪所吃。孙悟空为了查明真相，摇身一变，变做个十二三岁的小和尚儿，手敲着木鱼，口里念经。二更时分，残月才升，只听见呼呼的一阵风响，来了一个貌美女子，径上佛殿。女子挑逗"小和尚"。

> 行者道："我相你有些儿偷生抆熟，被公婆赶出来的。"女子道："相不着！相不着！我不是公婆赶逐，不因抆熟偷生。"(P998)

"偷生抆熟"与"抆熟偷生"属于词序互置的同义词。《白话小说语言词典》解释："义为偷盗粮米食物，主要指家庭中的偷盗行为。抆，〈方〉舀。"文中的"偷生抆熟""抆熟偷生"字面意思为女子品行不好，厨房里偷吃不论生熟。但此处作为"小和尚"与"金鼻白毛老鼠精"变的女子的调情之词，显然是双关语，是说该"女子"品德不好，不守妇道，行为放荡，勾引男子。

《现代汉语词典》没有"偷生抆熟""抆熟偷生"词条。通渭方言中，"偷生抆熟"是个常用词语。"偷生抆熟"多说为"生偷熟抆"，也用"生掏熟抆"。多用引申义。

1. 做饭水平差，不讲究；生熟不分，半生不熟。例如：

①老马的那婆娘邋遢得很，做的饭生掏熟抆的吃不成。

②那老汉就那么生偷熟抆地凑合着！

2. 谦辞：即饭、食物做得不好、不精细。例如：

③我生偷熟抆地做的这饭，人来了都赧打整①地不敢端上桌！

④这馍馍生偷熟抆的，你别嫌弃，吃点吧！

---

① 【赧打整】[nǎndǎzhěng] 羞惭、羞愧，不好意思。

通渭纪事：

邻家娶了个新媳妇儿。这新媳妇儿看着精精干干、丢丢秀秀的。可是，三天一过，开始下地干活，却发现是个绣花枕头——好看不中用。做的针线活绌鬈曳窊①看不成，做的茶饭生掬熟抵吃不成。更要命的是，她还有一个恶习——生偷熟抵撩嘴儿！

这天，家里招待客人。杀了一只鸡。新媳妇儿负责炖鸡。她也顺便偷吃。话说这媳妇儿刚把鸡头捞起来，婆婆就进来了。她一紧张，就将鸡头塞进了嘴里。婆婆一问话，她无法回答，更加紧张，竟然想将鸡头咽下去！

这鸡头三棱个把地卡在喉咙里，出不来的下不去。一下子憋得那媳妇儿出不了气。婆婆不知原委，只见儿媳妇儿突然脸憋得通红，就急问怎么了？媳妇儿指着喉咙说"鸡—头—鸡—头—"。很快，那媳妇儿被卡死了。

婆婆哭道："我可怜的娃娃说把她死了埋在'西头'。"原来婆婆将"鸡头"误听为"西头"。于是，就将她埋在了村子的西头！

丧事后，婆婆想起那锅鸡，再做，发现竟然没有鸡头！才恍然大悟：媳妇儿说的"西头"是什么意思！

从此，村西头埋那媳妇儿的地就改名叫：鸡頋颅咀②。

【投到】[tóudào]

"投到"出自《西游记》第三十九回：话说孙悟空捉弄猪八戒将乌鸡国王的尸首从御花园的水井里驮出并背回寺里。猪八戒为了报被捉弄的"仇"，就给师父说孙悟空可以不赴阴司，阳世间就能医活那个已经死了三年的乌鸡国王。当孙悟空说"难"时，八戒就撺唆师父念《紧箍咒》。悟空没办法，只得答应医治，但想出了捉弄猪八戒的又一招：

> 行者道："如今有三更时候罢了，投到回来，好天明了。只是这个人睡在这里，冷冷淡淡，不像个模样；须得举哀人看着他哭，便才好哩。"(P476)

此句中的"投到"是介词。义为：及至、等到的意思。

---

① 【绌鬈曳窊】[chùshùnyèwā] 绌皱不展，粗糙难看。

② 【頋颅咀】[duólúzuǐ（délāozuì）] 頋颅：头、脑袋。《说文》："首骨也。"即头骨。通渭方言把头就叫："頋颅"。"咀"山横向突出的部分。

作为介词的"投到"较早出现于元代的通俗文学中。如:

元·关汉卿《鲁斋郎》第二折:"投到安伏下两个小的,收拾了家私,四更出门,急急走来,早五更过也。"

元·无名氏《符金锭》第一折:"投到俺两个赏罢春呵,天色可也未晚哩。"

《现代汉语词典》没有"投到"词条。但通渭方言中"投到"是个通用介词,与《西游记》中的用法完全相同。例如:

①投到这娃娃长大,我们就老了!
②投到那个老顽固想通,也许连黄花菜都凉了!

通渭方言中还有一个与"投到"近义的单音节介词"投",为至、到、等到等义。例如:

③这楼投年底能竣工吗?
④我投明天早上8点半就到上海了。

【头口】[tóukǒu]

"头口"出自《西游记》第七十三回:话说孙悟空师兄弟在盘丝岭纵火烧了盘丝洞。然后,孙大圣扶持着唐僧,与八戒、沙僧奔上大路,一直西来。不半晌,来到黄花观。

八戒道:"黄花观乃道士之家。我们进去会他一会也好,他与我们衣冠虽别,修行一般。"沙僧道:"说得是。一则进去看看景致,二来也当撒货头口。看方便处,安排些斋饭,与师父吃。"(P893)

显然,此处的"头口"指白龙马。"头口"的本义并非指马,而是指丁口、人口。如:

宋·岳飞《条画合行事件札子》:"本军头口老小正兵七万余人口。"

明清时,"头口"主要使用引申义。多指骡、马、驴、牛之类的大牲畜。而且,它是一个极为通俗的口语词。这一点从明清的通俗文学中可以看出。

明·高明《琵琶记·杏园春宴》:"恶头口抵死要回身转。"

《水浒传》第二回:"小人母亲骑的头口,相烦寄养,草料望乞应付,一发拜还。"

《金瓶梅》第八一回:"到不如一狠二狠,把他这一千两,咱雇了头口,拐上了东西,投奔咱孩儿那里。"

《现代汉语词典》没有"头口"词条。通渭方言中,"头口"是个极为通俗的常用语。但"头口"没有"丁口、人口"之意,只有"牲口"之意。而"牲口"分两种情况:

1. 指骡、马、驴、牛之类大牲畜。其中骡、马叫大头口;牛、驴仅叫头口。例如:

①养大头口费事,尤其是马更难伺候。
②你把头口喂了没有?那小驴腿跛的好点了吗?

2. 詈词。意为如头口(牲口)一样,不是人。例如:

③你又不是头口,怎么听不懂人话?
④你骂谁是头口?个看你就是个头口!

【头晕眼花】[tóuyūn yǎnhuā (tóuyūn jiǎnhuā)]

"头晕眼花"是出自《西游记》的一个状态形容词。

第七十二回:"把个呆子跌得身麻脚软,头晕眼花,爬也爬不动。"(P890)

第七十五回:"老怪一饮而干,洼着口,着实一呕……吐得头晕眼花,黄胆都破了。"(P930)

"头晕眼花"即头发昏,眼发花。《现代汉语词典》没有该词条。通渭方言中,"头晕眼花"是一个极为通俗的词语。男女老少动辄就用该词描述感受。例如:

①我昨晚一夜没合眼,今日头晕眼花地干不成活。
②娃娃说他头晕眼花的,是不是塌汗①了?

---

① 【塌汗】[tāhàn] 俗称感冒。

W

【瓦查儿】［wǎzhār（wǎzār）］

"瓦查儿"是出自《西游记》第八十四回的一个词语。话说唐僧师徒来到灭法国，四人扮作贩马的客人准备去住店。临去之前，行者给大家吩咐：

"等他问甚么买卖，只说是贩马的客人。把这白马做个样子，说我们是十弟兄，我四个先来赁店房卖马。那店家必然款待我们，我们受用了，临行时，等我拾块瓦查儿，变块银子谢他，却就走路。"(P1031)

"瓦查儿"即碎瓦片。该词在书面语中并不多见。《白话小说语言词典》仅以上文一例为文例。《汉语大词典》没有"瓦查儿"词条，却有"瓦查"，但仅举下文一例为文例。

元·无名氏《盆儿鬼》第四折："俺只待提起来望这街直下，摔碎你做几片零星瓦查。"

《现代汉语词典》没有"瓦查儿"词条。可见，自古以来，"瓦查儿"这个词语使用地域不广。通渭方言中把碎瓦片就叫作"瓦查儿"。

1. 本义：碎瓦片。例如：

①今天，拉瓦的车翻了。一车新瓦活生生拌成了一堆瓦查儿，太可惜了！
②地上阿来的这么多瓦查儿？房上的瓦掉下来了吗？

2. 泛指各种碎瓷片。例如：

③这是一块啥瓦查儿？碗的，碟子的，还是瓷瓶的？
④把那块白色的瓦查儿给我。

3. 一种小孩游戏:"跳瓦查儿",即在地上画出田子格、九宫格、一列数行格等,将小瓦查(多为碗、碟等的碎瓷片)丢到某一格,再按规则单脚跳着踢瓦查儿。谁踢得格多,且不犯规为赢。例如:

⑤这块娃娃太不像货①了,一双新鞋穿上着跳瓦查儿去了。

⑥你扚挪扑空②把瓦查儿跳,作业做不完,看你大怎么收拾你。

4. 习语:穷得瓦查儿刮屁脸。义为太穷了,连擦屁股的草纸都没有。例如:

⑦兀一家人穷得瓦查儿刮屁脸着!阿来有钱娶媳妇子来!

⑧穷得瓦查儿刮屁脸的时候都没慢待过人,现在清油细白面放哈着给客人不过饭!像话么?

【亡人】[wángrén]

"亡人"是《西游记》中出现频率较高的一个多义词语,计有八处,包含三个义项:

1. 死者。该义项仅一处。

第八十六回:"八戒道:'师父啊,不知他是那家的亡人,教我朝着他哭!'"(P1059)

2. 詈词:死人,或该死之人。该义项在《西游记》中有四处,分别出自孙悟空、猪八戒和蜘蛛精之口。可见,"亡人"在当时是个极为通俗的骂人词语。

第六回:"这个亡人!你不去妨家长,却来咬老孙!"(P73)

第三十二回:"这个亡人!弼马温欺负我罢了,你也来欺负我!"(P396)

第七十二回"这个腼毛畜生!猫嚼头的亡人!"(P888)

3. 表面为詈词,实为昵称。该义皆为猪八戒对白龙马的称谓。

第三十回:"八戒失惊道:'这亡人又不曾走路,怎么身上有汗,腿有青痕?'"(P370)

第六十九回:"他(八戒)跑将来,对行者说:'哥啊,且莫去医皇

---

① 【像货】[xiànghuò] 惜物、节俭、勤快等义。
② 【扚挪扑空】[diǎonuópūkōng] 寻找一切机会。

帝,且快去医医马来。那亡人干结了,莫想尿得出一点儿!'……八戒道:'这个亡人!就是金汁子,再撒些儿也罢!'"(P845-846)

"亡人"是个极为古老的词语。其本义为:逃亡者、流亡者。或者迷妄之人。亡,通妄。

《礼记·大学》:"舅犯曰:'亡人无以为宝,仁亲以为宝。'"

《史记·吴王濞列传》:"即山铸钱,煮海水为盐,诱天下亡人,谋作乱。"

《庄子·庚桑楚》:"汝亡人哉,惘惘乎,汝欲反汝情性而无由入,可怜哉!"

"亡人"指称死者,或者作为詈词,都是后世的引申之义。《现代汉语词典》无"亡人"词条。"亡人"在通渭方言中是个较雅的常用词语。主要使用引申义。

1. 对"死者"的讳称。通渭人在丧葬礼仪中或者比较严肃庄重的场合,语言中涉及"死人"时,一概称"亡人",如果称"死人",说者将会被人鄙视。例如:

①神指点:"阳宅上没事,阴宅上亡人不安。"
②活人不把事情往合适处做,却指望着亡人发家致富那肯定不行。

2. 詈词。使用该词语骂人的往往是六七十岁以上的老人。年轻人一概用"死人"。例如:

③乡下的大娘大婶们一骂仗就"亡人"来"亡人"去的。
④你这块亡人,动弹一下是!

3. 用双关语形成的"昵称"。通渭方言中将"亡人"作为昵称不具有普遍性,正如猪八戒称白龙马为"亡人"不具有普遍性一样,其往往是该词在特殊语境中所产生的新义。如年龄较大的夫妻们在特殊的情况下称呼对方。

【围圆】[wéiyuán]

"围圆"是《西游记》中多次使用的一个计量单位名词。如:

第一回:"其石有三丈六尺五寸高,有二丈四尺围圆。"(P3)

第四十九回:"众人近前观看,有四丈围圆的一个大白盖。"(P614)

第七十四回:"我把这棍子……幌一幌,叫'粗!'就有八丈围圆粗细。"(P911)

"围圆"即圆形或类圆形物体的周长。《现代汉语词典》没有"围圆"词条。通渭方言中,"围圆"常与其他词语组合成固定习语使用,义为周围。例如:

①你的这庄打围圆全是果树,有几百棵了吧!
②你去方打围圆打听一哈,我张三就是个骗人的人吗?

【尾子】[wěizi(yìzi)]

"尾子"是出自《西游记》的一个专有名词。

第三十三回:"我若把尾子一抉,飕的跳起走了,只当是送老孙。(P411)……将身一纵,把尾子跷了一跷,跳在南天门前。"(P413)

第七十九回:"那呆子不嫌秽污,一把揪住尾子,拖拖扯扯,跟随行者出得门来。"(P976)

此处"尾子"为尾巴的别称。上文也是《白话小说语言词典》解释该词唯一的文例。可见,从古至今,"尾子"在书面语中出现频率不高。《现代汉语词典》将"尾子"归为方言词语。解释为:"尾子:〈方〉①事物的最后一部分。②尾数。"通渭方言中,"尾子"是个专有名词。读[yìzi](椅子)音。其语义不同于《现代汉语词典》中的解释,而与《西游记》中的语义相同,特指尾巴。但通渭方言中,被称为"尾子"的尾巴有些特别。通常,将活着的动物的尾巴称为"尾干"[yìgàn],而将马尾,牛尾等绑在手柄前端所做的"拂尘",或者将牛宰杀后连骨带毛的尾巴风干后所做的"拂尘"称为"尾子"。如牛尾子、马尾子。例如:

①给你这个牛尾子!把腿上的土美美个打过哈。
②谁做哈的这个马尾子,一划的白毛,一模一样长,才讲究得很!

【兀的】［wùde］

《西游记》第八十三回写孙悟空上天搬来托塔李天王与哪吒父子去陷空山无底洞收剿金鼻白毛老鼠精。

> 大家就行。咦，约有十馀里，就到了那大石边。行者指那缸口大的门儿道："兀的便是也。"……迭迭朱楼画阁，巍巍赤壁青田。三春杨柳九秋莲，兀的洞天罕见。^(P1024-1025)

"兀的"什么地方？《汉语大词典》解释："指示代词。这个；这。""兀的"作为指示代词多出现在宋金元人的文学作品中。如：

> 宋·张镃《夜游宫·美人》词："鹊相庞儿谁有，兀底便笔描不就。"
>
> 金·董解元《西厢记诸宫调》卷一："须看了可憎底千万，兀底般媚脸儿不曾见。"
>
> 元·关汉卿《鲁斋郎》第四折："妹子，兀的不是母亲？"

"兀的""兀底"中的"的、底"显然为结构助词，而"兀"是指示代词。在古代汉语中还有一个与"兀"有关的指示代词"兀那"。如：

> 元·马致远《汉宫秋》第一折："兀那弹琵琶的是那位娘娘？"
>
> 《水浒传》第十四回："兀那都头不要走！"

《汉语大词典》解释："兀那：指示代词。犹那，那个。可指人、地或事。"显然该解释的实质性意义来自"那"，而"兀"仅为发语词。《现代汉语词典》无"兀的""兀那"词条，可见"兀的""兀那"在现代汉语中已经不再是通用词语。并且"兀"也无指示代词这一义项。通渭方言中，"兀"既是一个极为常见的指示代词，也是一个极为通俗的发语词。

1. 指示代词：相当于远指的"那"。通渭方言中的指示代词"兀"，语义与古代汉语稍有不同，多表示远指的"那"。这也许来自"兀那"。通渭人将"兀那"作为指示代词时只用"兀"，而省去了"那"。通渭方言中至今很少说"那"这个词，大部分"那"都用"兀"来指代。可指人、物、地或事。例如：

①兀件事情他过个不道歉，个就没完。

②兀达的麦子还没黄，割不成。

③兀块娃娃趌趨①哈得很！

④兀块狗娃子跻上爬下地害人呢！你给好好盩治②过一顿。

2. 发语词："兀"作为发语词，完全来自"兀那"，且继承古义。例如：

⑤兀你做啥去了？

⑥兀个就走了，你休送了！

"兀"在通渭方言中因地域不同，发音有很大的差异。如榜罗、什川、文树等地读［wū］（屋）音。常河、李店、襄南等地读［wō］（窝）音。

【忤逆】［wǔnì（wùyì）］

忠诚与孝顺是中国文化的根本。不忠不孝是天理不容的，不信看《西游记》，无论是龙王的儿子还是世间的凡人，当忤逆不孝时，难免被天诛，遭雷劈。

第八回："我是西海龙王敖闰之子。因纵火烧了殿上明珠，我父王表奏天庭，告了忤逆。玉帝把我吊在空中，打了三百，不日遭诛。望菩萨搭救搭救。"(P93)

第四十五回："仔细替我看那贪赃坏法之官，忤逆不孝之子，多打死几个示众！"(P562)

"忤逆"义为：冒犯、违抗，或者不孝顺。"忤逆"是个古语词。该词较早出现于汉代的文献典籍中。

汉·陆贾《新语·辨惑》："无忤逆之言，无不合之义。"

《后汉书·陈蕃传》："附从者升进，忤逆者中伤。"

《敦煌变文集·父母恩重经讲经文》："弃德背恩多忤逆，惟行不孝纵痴哈。"

无论在古代汉语中，还是现代汉语中，"忤逆"都是一个通用词语。之所以把它作为一个方言词语辑录在此，原因在于作者所在的普通话环境中，三十多

---

① 【趌趨】［jíjíe］《说文》解释："怒走也。"方言中，"趌趨"多引申为脾气。将某人有脾气说成："某人有趌趨。"将某人脾气坏，说成："某人趌趨哈。"

② 【盩治】［zhōuzhī］"盩"：《说文》解释："引击也。""盩治"：即收拾；暴打之意。

年来从未听见有人将它作为一个口语词使用过。但在通渭方言中,"忤逆才""忤逆不孝"就如"喝凉水"一样通俗简明,使用频率高!通渭方言中,"忤逆"读作〔wùyì〕(务艺)。"忤逆"经常组成定中短语"忤逆才",联合短语"忤逆不孝"予以运用。具体有两个义项:

1. 本义:冒犯、违抗、不孝顺。例如:

①你自己都忤逆不孝,还想让孩子孝顺你,可能吗?
②晓章那家伙真是个忤逆才,竟然把他妈妈的胳膊活生生折断了!

2. 引申义:没出息、不成器、没本事等。此意特别强调主观上不努力、不学好、不上进,或者主观上学坏、走歪门邪道等。例如:

③老杨那儿子表皮看着光趄,其实是个忤逆才!
④你这个忤逆才!个让你背上馍馍去学校是跟人打捶骂仗去的吗?

【务脚】〔wùjiǎo(wújié)〕

《西游记》中的"焐脚"之说出自第三十七回的猪八戒之口:话说唐僧师徒夜宿宝林寺禅堂。唐僧打盹间梦见乌鸡国国王的阴灵求救。唐僧惊醒,连忙叫:"徒弟!徒弟!"

　　八戒醒来道:"甚么'土地土地'?……偏你出家,教我们保护你跑路!原说只做和尚,如今拿做奴才,日间挑包袱牵马,夜间提尿瓶务脚!这早晚不睡,又叫徒弟作甚?"(P455-456)

猪八戒这段话满含着对唐僧的不满。也可看出猪八戒做奴才,其实是很粗疏的,只不过是挑包袱牵马,提尿瓶务脚罢了!"务脚"什么意思?文本注释:"务脚:就是焐脚,同床两头睡,用一个人的身体偎暖另一个人的脚叫做焐脚。"《汉语大词典》没有"务脚"词条。有"焐脚"词条,解释:"偎暖脚部。"《重编国语辞典》解释:"睡在人脚部以身体使人脚温暖。"《现代汉语词典》没有"务脚""焐脚"词条。

通渭方言中有一个俗语:"不会铺床叠被、暖炕焐脚,就不要说会伺候人。"今天才知道,通渭人口中的"焐脚"原来源远流长。通渭还有一句俗语:"人暖腿,狗暖嘴,鸡暖嗉子,猫暖肚子。"据说人脚离心最远,最容易冷。因此,"暖"人先得暖脚。脚暖了,腿暖了,整个人也就暖了。所以,伺候人,先要学会伺候对方的脚。但通渭人一般不同床两头睡。因为多睡土炕，往往炕脚热，炕头凉，两头睡不科学。因此，所谓"焐脚"，多是将炕烧热，暖好被褥，使人能将"冻脚"及时"焐"到最暖和的地方。例如：

①今日冷得很，一哈上炕，焐过哈脚！
②个的脚冻麻了，炕上阿达热，我焐他一会儿脚。

X

【稀漓呼喇】［xī líhūlǎ］

"稀漓呼喇"出自《西游记》第三十四回：话说孙悟空被平顶山莲花洞的二魔装进宝葫芦，封上帖儿。老魔欢喜道："贤弟请坐。不要动，只等摇得响再揭帖儿。"孙悟空听得真切，又想起小妖曾说，人被装进葫芦，只消一时三刻，就化为脓了。他心中没底，一方面想试试葫芦的威力。另一方面又担心真被化成了脓。于是思谋撒泡溺骗一骗。

又思道："不好！不好！溺虽可响，只是污了这直裰。等他摇时，我但聚些唾津漱口，稀漓呼喇的，哄他揭开，老孙再走罢。"(P425)

"稀漓呼喇"是象声词，即液体在葫芦里摇动的声音。《现代汉语词典》没有该词条。"稀漓呼喇"在通渭方言中是个常用词语。既可以作象声词，也可以作形容词。

1. 象声词：液体在容器中晃动的声音。此义与《西游记》中的用法完全相同。例如：

①你摇摇，油壶里有油吗？哦，稀漓呼喇的——还有。

②俗话说：一瓶水不响，半瓶水晃荡。这瓶子里稀漓呼喇的，看样子水不多！

2. 形容词：形容液体流得到处都是，或者环境太湿太脏。例如

③泥脚踩得到处稀漓呼喇的，太脏了！

④连着下了三四天雨了，到处稀漓呼喇的，没一块干爽的地儿。

【瞎帐】[xiāzhàng（hǎzhàng）]

"瞎帐"出自《西游记》第三十二回：话说唐僧师徒来到平顶山。听说莲花洞的两个魔头，画影图形，要捉和尚；抄名访姓，要吃唐僧。谨慎起见，孙悟空使计谋先让猪八戒去巡山。孙悟空"变化"跟着他。没想到，猪八戒偷懒睡觉，且编谎，还对着石头唱喏演习说谎。孙悟空起先不解：

呆子放下钯，对石头唱个大喏。行者暗笑道："这呆子！石头又不是人，又不会说话，又不会还礼，唱他喏怎的，可不是个瞎帐？"(P397)

"瞎帐"即胡闹，做无意义的事。

《现代汉语词典》没有"瞎帐"词条。可见该词不属于现代汉语通用词语。"瞎帐"在通渭方言中是个常用词语。"瞎"读[hǎ]（哈）音。有三个义项：

1. 义为坏的、糟糕的、愚蠢等。例如：

①你做事情缝眼不睁，做下的这瞎帐事谁给你擦屁股。
②兀人尽做瞎帐事。

2. 不成才、不成器的人。例如：

③兀几个娃娃都是瞎帐货。
④老张的那儿子就是个瞎帐顽筋子。

3. 专有名词：特指迷信中"邪神外鬼"之类的东西。例如：

⑤这病吃药打针都不起作用。是不是有瞎帐？
⑥个昨天着瞎帐了，晕得很！

4. "瞎"还可作副词：白白、徒有。例如：

⑦哎哟——你这脸是被媳妇抓花的吧？真是瞎长了一杆个子啊！
⑧我们瞎长了一双眼睛，一个字都认不得！

通渭纪事：

妈妈有个特别的计算年龄的方法。当我们干了蠢事后，她会将参与者的年龄加起来计总数，作为我们"一把年纪"还愚蠢的一个证据。比如："你两块（根据参与的人数决定数目）加到一搭十四五了，还打捶，像话吗？""你三块加到一搭一二十岁了，连这点活都做不好，说得过去吗？"等等。

我们觉得她这个依据确定得太不合理，多次抗议，她就是不理。

2017年年初，维兄与洋夫兄因为庄基地的事与邻居争执。时年93岁的妈妈知道此事后，很生气地批评："你两块人弥起来都百岁成佛了，还为兀点事儿与人招嘴，真是瞎大了！"

【先小人，后君子】[xiānxiǎorén hòujūnzǐ]

该短语出自《西游记》第八十四回：话说唐僧师徒到了灭法国，听说该国国王许愿杀和尚。他们就装扮成过路的商人去投宿。老板娘说：

"我舍下在此开店多年，也有个贱名。先夫姓赵，不幸去世久矣。我唤做赵寡妇店。我店里三样儿待客。如今先小人，后君子，先把房钱讲定后，好算帐。"(P1032)

"先小人，后君子"即先不讲客气，说明条件，按章办事，然后再讲礼貌。《汉语大词典》所选文例即《西游记》中的该例。《现代汉语词典》没有该词条。

"先小人，后君子"在通渭方言中是个极为通俗的习用语。正如"赵寡妇"所说，但凡人们涉及交易，需要提前明确权利义务关系的时候，多用这句习语作为开场白。例如：

①咱们先小人后君子，先把这个价格敲定吧！
②我们先小人后君子，这个工程赚了大家平分，但赔了也得大家公摊。

【挦】[xián]

孙悟空有一项绝技，即在打斗的关键时候，觉得"人手"不够时，就使身外身法，拔一把毫毛，丢在口中嚼碎，望空中喷去，叫一声"变"，即变作一定数量的小猴，应物随心，参与战斗。其中"挦毛"就是"毫毛猴"的一大本领。

第二回："你看他前踊后跃，钻上去，把个魔王围绕，抱的抱，扯的

扯，钻裆的钻裆，扳脚的扳脚，踢打挦毛，抠眼睛，捻鼻子，抬鼓弄，直打做一个攒盘。"(P26)

第五十一回："即变做三五十个小猴，一拥上前，把那妖缠住，抱腿的抱腿，扯腰的扯腰，抓眼的抓眼，挦毛的挦毛。"(P636)

"挦"义为：扯、拔；拔取、摘取；摘录等。"挦毛"义为扯毛、撕毛、拔毛的意思。

《现代汉语词典》将"挦"归为方言。通渭方言中，"挦"是个常用词，除了基本义外，还有引申义。

1. 本义：撕、扯、抓、揪等。例如：

①这几个娃娃抓打挦挦地吵死人了，给赶出去！
②婆娘打架——不是扯嘴就是挦毛，实话没看头！

2. 引申义：黏糊；纠缠不清。该义项有几个习语：掐挦、揪挦、侵挦、鼻挦住棍、挦皮杏儿等。例如：

③老张卧床好几年了，兀个病把兀人侵挦住了！
④有本事到外面闯去！你整天揪挦一块可怜死的你妈干嘛！
⑤兀块娃娃像个挦皮杏儿①，黏得很！
⑥兀个偿人一沾染，就鼻挦住棍②，敦踏③不利了！

【消停】[xiāotíng]

"消停"是《西游记》中的一个口头俗语。孙悟空尤其爱用这个词。

第二十四回："唐僧听不过，道：'仙童啊，你闹的是甚么？消停些儿；有话慢说不妨，不要胡说散道的。'"(P301)

第五十六回："行者笑道：'且消停，且消停！待我一个个打来。'"(P693)

第九十二回："孙大圣见了心欢，叫道：'消停！消停！捉活的，不要死的。'"(P1125)

---

① 【挦皮杏儿】[xiánpíxìngr（xiánpíhēnr）] 杏子的一种。杏肉与杏核粘在一起，无法利落地分开。
② 【鼻挦住棍】[bíxiánzhùgùn（píxiánchùgùn）] 鼻涕粘在棍上，擦不掉。
③ 【敦踏】[tǒutà] 抖落、踢踏开。

上文中的"消停"均为从容、舒徐的意思。

《现代汉语词典》将"消停"列为方言词语。通渭方言中,"消停"是个常用多义词语。

1. 停止、停歇、空闲。此意多强调紧张忙碌之后的空闲。例如:

①你消停了么?消停了的话去我家浪走。
②六月把人忙死了,没消停一天。

2. 安静、安稳。此意多针对折腾、闹腾而言。例如:

③这娃娃!你能不能消停一会儿?
④你的那儿媳妇最近消停着,没闹腾?

3. 从容、舒徐。例如:

⑤白雨来了,你的脚底下还这么消停!
⑥大叔你好消停啊!

【消消停停】[xiāoxiāo tíngtíng]

"消消停停"是"消停"的重叠形式,使"消停"的程度加强。《西游记》中该词仅有一处,即:

第五十三回:"整顿斋饭,调开桌凳,唐僧们吃了斋。消消停停,将息了一宿。"(P663)

此"消消停停"意为不慌不忙;安稳平静。《现代汉语词典》无该词条。通渭方言中,该词是个常用词。语义完全继承古义,即从从容容、不慌不忙。例如:

①晚上8点的火车,我们吃过饭消消停停溜达到车站。
②你消消停停玩一天,明天再走。

【晓得】[xiǎodei]

"晓得"义为明白、知道。《西游记》中该词使用频率极高,据不完全统计，有一百二十处。且人、鬼、神、妖通用。如：

第九回："张稍道：'你是不晓得。这长安城里，西门街上，有一个卖卦的先生。'"(P112)

第十四回："三藏道：'此法既是他授与我，他必然先晓得了。'"(P178)

第十六回："行者道：'你那里晓得就里。借水救之，却烧不起来，倒相应了他。'"(P198)

第十九回："八戒道：'师兄息怒。这禅师也晓得过去未来之事。'"(P239)

第二十八回："沙僧道：'师父，你还不晓得哩。他见这西方上人家斋僧的多，他肚子又大，他管你？'"(P344)

第二十九回："那国王大惊道：'收了神通罢。晓得是这般变化了。'"(P358)

第三十回："小龙道：'也略晓得些儿；但只是素手，舞得不好看。'"(P368)

第三十三回："小妖大惊道：'罢！罢！罢！放了天罢。我们晓得是这样装了。'"(P413)

第五十二回："旁有降龙、伏虎二罗汉，对行者道：'悟空，你晓得我两个出门迟滞何也？'"(P648)

第八十五回："老妖道：'你怎么晓得他这等详细？'"(P1047)

可见，在《西游记》成书的时代，"晓得"是一个多么通俗、晓畅的词语！

本以为"晓得"是一个汉语通用词语，但"百度百科""360百科"将其归为江淮官话、西南官话、赣语、吴语、湘语、闽南语等方言词汇。这就促使作者特列该词条加以说明。通渭方言中，一直有"晓得"这个词语，语义就是知晓、知道、了解等义。通渭方言在古代属于秦陇方言，现在属于北方方言中的西北次方言。

①问：你爸妈干什么去了？答：不晓得！
②我晓得为什么要在此专列"晓得"这个词条！

【晓谕】[xiǎoyù]

"晓谕"是《西游记》中的一个书面语，一个公文用语，也是一个雅词。所"晓谕"之事皆为"天大的公事"，相当于今天行政公文"公告"所公示的

191

内容。具体分两种情况：

1. 国家的诏告、文告。

> 第十一回："一壁厢议传哀诏，要晓谕天下，欲扶太子登基。"(P132)

此处，欲"晓谕天下"之事可是"天大的事"。唐王李世民梦中答应救泾河老龙，却没想到人曹官魏征在梦中依然斩杀了老龙。于是老龙在森罗殿上，状告李世明许救反诛之罪。李世明的魂魄被鬼使拘到"幽冥地府"去三曹对案。王公大臣都认为唐王李世明已死，欲扶太子为新皇。旧皇驾崩，新皇登基，对国家臣民而言，没比这更重大的事情了！因此需要以"哀告"的形式"晓谕天下"百姓皆知。

> 第九十三回："国王方喜。即宣钦天监正台官选择日期。一壁厢收拾妆奁，又出旨晓谕天下。"(P1137)

此处，"晓谕天下"的可是天大的喜事！玉兔精变的天竺国公主抛绣球撞天婚打到了唐僧。天竺国王不知女儿是假的、是个妖怪，只知女儿特别高兴招儒雅博学的"东土圣僧"为驸马，于是他也很高兴！国王一高兴不就是天大的喜事！天大的喜事自然得以"圣旨"的形式"晓谕天下"臣民皆知！

2. 劝导，告知。此"晓谕"强调公署衙门等公权力机关在公众场所以文告或实物的形式公开、明白地告知公众事务。如：

> 第十回："传旨着叔宝将龙头悬挂市曹，晓谕长安黎庶。"(P120)

> 第九十二回："一壁厢出给告示，晓谕军民人等，下年不许点设金灯，永蠲买油大户之役。"(P1127)

"晓谕"亦作"晓示""晓喻"。这是一个古语词，在古代为书面专用语言，多用于公示重大的，涉及面广泛的国家级事务，或者公共事务。《汉语大词典》解释：

❶明白劝导、告知，使人领会。多用于上对下。

> 《魏书·穆泰传》："焕晓谕逆徒，示以祸福，于是凶党离心，莫为之用。"

> 《汉书·刑法志》卷二三："今大辟之刑千有馀条，律令烦多，百有馀万言，奇请它比，日以益滋，自明习者不知所由，欲以晓喻众庶，不亦难乎！"

❷也指敦劝的文告。

《水浒传》第九七回:"宋江令军士将晓谕拴缚箭矢,四面射入城中。"

《儒林外史》第一二回:"恐有无知小民在左近樵采作践,晚生还要出示晓谕。"

可见,《西游记》中"晓谕"完全使用本义。

"晓谕"在古代汉语中是个书面语,在现代汉语中依然是个书面语。但在通渭方言中却是一个典型的口头语,而且是个极为通俗的口头语。其义项大体有三个,全为引申义,且为贬义。

1. 公开宣传。此意强调说者嘴无遮拦,无原则地散布消息。例如:

①那婆娘就是个猪脑子,这件事让她知道还不晓谕天下了。
②哎哟,这事你还想偷偷做么?你家娃娃就差晓谕天下了!

2. 张扬、卖弄、展示等义。此意着重强调某人公开展示自己的某方面。而"某方面"是丑的、见不得人的,但本人却浑然无知,还自鸣得意。例如:

③你一天到晚掮着个大嘴晓谕啥着?
④那媳妇一天到晚赤骭撩腿①的在街上晓谕着,还以为时髦呢!

3. 丢人现眼。此意是从"张扬、卖弄"等引申而来。例如:

⑤你不要让那个瓜迷淆道②的婆娘满大街晓谕了是!
⑥你们家的颠懂③老汉又在大路上晓谕着!你赶快叫到屋里去。

【些些】[xiēxiē]

"些些"是《西游记》中一个出现频率较高的形容词。据不完全统计,有七处。

第六十五回:"却又捻诀把身子往下一小,小如芥菜子儿,那铙也就随身小了,更没些些孔窍。"(P799)

第八十三回:"我昔日也曾有些恩义儿到你,你这些些事儿,就不依我。"(P1023)

---

① 【赤骭撩腿】[chìgàn liáotuǐ] 穿着暴露,有伤风化。
② 【瓜迷淆道】[guāmí xiáodào] 瓜的、傻的、愚蠢的。
③ 【颠懂】[diāndǒng] 犹言昏愦糊涂。

第九十回："那些些柳棍儿，只好与他拂痒，他那里做声？"(P1099)

"些些"本义为少许，一点儿。但在具体的语境中，因修饰的中心语不同，其含义也不同。如："没些些孔窍"即没一点儿孔窍；"些些事儿"即一点点小事儿；"些些柳棍儿"即一根细细的柳棍儿。"些些"是个古语词。唐宋的文学作品中就有"些些"这个词。如：

  唐·元稹《答友封见赠》诗："扶床小女君先识，应为些些似外翁。"
  宋·葛长庚《贺新郎·肇庆府送谈金华张月窗》词："小立西风杨柳岸，觉衣单、略说些些话。"

在古代文学中，"些些"除了作形容词外，还可以作象声词，表示风雨之声。如：

  金·董解元《西厢记诸宫调》卷七："看时节，窗外雨些些。"
  清·郑燮《唐多令·寄怀刘道士并示酒家徐郎》词："一抹晚天霞，微红透碧纱，颤西风凉叶些些。"

《现代汉语词典》没有"些些"词条。通渭方言中，"些些"仅作形容词，常与其他词语组成四字格词语，表示数量少、程度轻微或细小琐碎等意思。例如：

①妈妈常告诫我们："不要为些些微微的事情连人招嘴！"
②妈妈说："兀些个碎洋芋不要偋①啦！些些垃垃的都拾到篮篮里。"

【心问口，口问心】[xīnwènkǒu, kǒuwènxīn]

无论何人，遇到进退两难之事，难免会心问口，口问心。即使能干如孙悟空，高贵如皇太子也不例外。

  第三十七回：太子："这才是进退两难心问口，三思忍耐口问心。"(P463)
  第七十四回：孙悟空："心问口，口问心，思量此计，敲着梆，摇着铃，径直闯到狮驼洞口。"(P917)
  第八十二回：唐僧不敢答应。"正是那进退两难心问口，三思忍耐口

---

① 【偋】[èr] 本义停留，引申为扔、丢、放、置等。

问心。"(P1008)

从上文语境来看,"心问口,口问心"即遇事思前想后、再三斟酌、犹豫不决的状貌。《汉语大词典》《现代汉语词典》均无该短语。通渭方言中,"心问口,口问心"是个极为通俗的日常用语。但凡描述他人或者自己针对某事思前想后、犹豫不决的状态,都会用该短语表述。例如:

①兀老汉暂心问口,口问心地决定不哈!
②我心问口,口问心地想了三天,还是不知道怎着办好?

【饧眼】[xíngyǎn（xíngjiǎn）]

"饧眼"即目光凝滞、蒙眬,半睁半闭的样子。该词在《西游记》中共有三处。两处描写猪八戒看见美女时,三魂出窍,七魄迷离,不能自禁的眼神。一处描写罗刹女与孙悟空变的牛魔王"夫妻"喝酒调情时神魂颠倒的神态。"饧眼"一词极为传神地将男女在特殊情境中情欲摇荡,淫意大发,不能自禁的神情表现得淋漓尽致。具体来看:

第二十三回:"只见那妇人出厅迎接。八戒饧眼偷看。"(P279)

第五十四回:"猪八戒在旁,掬着嘴,饧眼观看那女王,却也袅娜。"(P670)

第六十回:"罗刹觉有半酣,色情微动……合欢言语不曾丢,酥胸半露松金钮。醉来真个玉山颓,饧眼摩娑几弄丑。"(P743)

《现代汉语词典》没有"饧眼"词条,但有"饧"词条。解释:"饧:❶〈书〉糖稀。❷〈动〉糖块、面剂子等变软。❸精神不振,眼睛半睁半闭,眼神凝滞。"显然"饧眼"的"饧"是引申义。通渭方言中,"饧"是个常用词。有三个义项:

1. 动词:饧面。例如:

①今晚做拉条子,面先和上让饧一会儿。
②这饺子皮怎么这么硬,是不是没饧?

2. 眼睛半睁半闭,眼神凝滞。例如:

③你眼睛饧哈着看啥了?

④你看那家伙饧眼儿看啥着？

3. 形容脑子不灵光、不清楚，有点儿傻、愚笨。例如：

⑤兀块人饧饧不识地，是不是瓜着？

⑥你这块饧子，怎么能和领导那么说话！

【胸脯子】[xiōngPúzi（xīngPúzi）]

该短语出自《西游记》第七十七回：话说唐僧师徒来到八百里狮驼岭，青狮、白象、大鹏怪设计擒了唐僧师徒，且放出风来说将唐僧"夹生儿连夜吃了"。孙悟空利用脱身法变作小妖混进城打探虚实。

忽见沙僧绑在后檐柱上，即近前摸着他胸脯子叫道："悟净。"(P953)

"胸脯子"即为胸部、胸膛。《汉语大词典》《现代汉语词典》都未收录该词条。而通渭方言中就将胸部、胸膛称为"胸脯子"。例如：

①我胸脯子上怎么一大片红疹子。

②你大冬天把胸脯子露在外面不冷吗？

【休】[xiū/ xǔ /xù（hōu）]

"休"是一个读音、词性、义项都很复杂的词。《汉语大词典》中"休"有三个读音，十七个义项。《现代汉语词典》中"休"有一个读音，六个义项。"休"在《西游记》中据不完全统计，有二百六十三处。涉及三个义项：

1. 停止、罢休。

第四回："苦争数合无高下，太子心中不肯休。"(P48)

第八十七回："添汤添饭，就如走马灯儿一般，刚刚供上，直吃得饱满方休。"(P1065)

2. 完蛋、结束。

第七回："但恐遭了毒手，性命顷刻而休，可惜了你的本来面目！"(P78)

第九十回："神师呵，我殿下父子并你师父，性命休矣！"(P1098)

3. 副词：莫、别、不要等义。这是《西游记》中"休"的主要义项。

　　第二回："悟空道：'你们休怕，且自顽耍，等我寻他去来！'"(P24)

　　第二十五回："三藏道：'徒弟息怒。我们是出家人，休打诳语，莫吃昧心食。'"(P302)

　　第九十八回："佛祖笑道：'你且休嚷。他两个问你要人事之情，我已知矣。'"(P1195)

无论在古代汉语还是现代汉语中，"休"都可以作副词，表示禁止或劝阻。但在古代通俗文学中，"休"作为否定副词用得尤为普遍。如：

　　唐·杜甫《诸将》诗之三："洛阳宫殿化为烽，休道秦关百二重。"

　　《前汉书平话》卷下："太后免死，将刘友冷宫后面三间大房，锁于里面，休与饮膳。"

　　《水浒传》第一回："你休上去，山内毒虫猛兽极多，恐伤害了你性命。"

　　《红楼梦》第五回："势败休云贵，家亡莫论亲。"

"休"本来是一个通用词语。但独特之处在于通渭方言中的"休"有两个读音［xiū］［hóu］。读音不同，语义也不同。

1. 休［xiū］罢休、结束。该义读音、语义与通用语的"休"完全相同。例如：

①哪天曹聚到一搭，好好喝一场，不醉不罢休。

②今晚曹一醉方休。

2. 休［hóu］副词：表示莫、别、不要等义。既可以放在单音节动词前，也可以放置在多音节动词前做状语。此义的读音与所能看到的该词的古今通用读音皆不同，但用法、语义却完全相同。不知该［hóu］（猴）音从何而来？先将这种语言现象录于此，以期方家来解。例如：

③休走、休哭、休吵、休难过、休害怕、休说嘴，休熬夜、休唱歌、休吃螃蟹，休挖人家的祖坟，休做伤天害理的事。等等。

【血池】［xuèchí（xiěcír）］

"血池"在《西游记》中仅有两处。一处本义，一处为比喻用法。

第十回:"血池狱、阿鼻狱、秤杆狱,脱皮露骨,折臂断筋,也只为谋财害命,宰畜屠生,堕落千年难解释,沉沦永世下翻身。"(P128)

第六十一回:"长得身高万丈,头如泰山,眼如日月,口似血池,牙似门扇。"(P754)

"血池"是个极为生僻的词语。《汉语大词典》解释:"'血池'义同'血盆池'。旧时迷信传说,谓地狱中有血盆池,妇女生育过多,会触污神佛,死后要在此池中饮污血受苦。"

明·汤显祖《南柯记·念女》:"〔目连〕经过羽州追阳县,旷野之中,见一座血盆池地狱,有多少女人散发披枷,饮其池中污血。"

清·纪昀《阅微草堂笔记·如是我闻三》:"尔出入冥司,宜有闻见,血池果在何处?堕血池者果有何人?"

根据此解释,《西游记》中的"血池狱"为本义,"口似血池"为比喻用法。

通俗讲,"血池"即蓄血的池子。《现代汉语词典》没有"血池"词条。通渭方言中,"血池"与"浆包"一样,属于专有名词,特指女人分娩时的场景。旧时妇女生育都在自家,妇产方面的医学知识很少,更谈不上医疗条件。女人生孩子是否顺利全凭天意。有句俗语叫"人养(生)人,吓死人"。女人生孩子就是在血池儿当中捞命。所以通渭方言中的"血池儿"本义是流血成池。它用夸张的手法表现生育的凶险与恐怖,也喻指女人生育一次相当于在地狱中走一遭。幸运则母子平安,不幸则永远堕入血池。

按照通渭方言对"血池儿"的理解,词典所谓的"妇女生育过多,会触污神佛"是堕入血池的原因似乎有些牵强。其实,妇女只要生育,就有可能堕入血池。只不过生育次数越多,堕入血池的概率就越大。

【血皮胀】[xuèpízhàng(xiěpízhàng)]

该短语出自《西游记》第六十一回:话说孙大圣变作牛魔王从罗刹女处骗来芭蕉扇。牛魔王又变作猪八戒从孙大圣手里骗回了芭蕉扇。于是,孙大圣与牛魔王起在空中开始厮杀。厮杀正酣时,猪八戒赶来。孙大圣责怪猪八戒误事,且告知其真相。

八戒闻言大怒,举钉钯,当面骂道:"我把你这血皮胀的遭瘟!你怎敢

变作你祖宗的模样，骗我师兄，使我兄弟不睦！"(P749)

"血皮胀"是猪八戒独创的一个詈词，大概太有"个性"，其他人不知何意，或者不敢贸然使用，因此空前绝后。本人在有关的辞书里没找到第二个文例。《白话小说语言词典》解释："【血皮胀】骂人该杀。牲畜屠宰时在皮下吹气使胀起，便于褪毛剥皮，因称。"所选文例就是《西游记》中的该例。

通渭人不知与猪八戒有何关系！竟然将猪八戒的这个詈词不但予以继承，而且还发扬光大。不但生活中随心应口骂"血皮胀"，还创造性地运用血管胀、血筒胀、血筒儿胀等同义语。不管是血皮胀，还是血管胀、血筒胀、血筒儿胀，都是欠揍、招打的意思。例如：

①这狗血皮胀着，又把一只鸡咬死了！
②兀个娃娃血管胀着咧，一点儿不听话。
③那个哈怂血筒胀着，需要修理一哈！
④你三天不挨打，就血筒儿胀！

【血食】[xuèshí（xiěshí）]

"血食"是《西游记》中一个人神通用的词语，其义大体分为两类：

1. 荤腥的食物。

第二十三回："三藏道：'胜似在家贪血食，老来坠落臭皮囊。'"(P281)

第七十回："你这里更无甚么宝贝，左右穿的是貂裘，吃的是血食。"(P864)

2. 指用于祭祀的食品。

第四十回："众神道：'爷爷呀，只有得一个妖精，把我们头也摩光了；弄得我们少香没纸，血食全无，一个个衣不充身，食不充口！'"(P499)

第六一回："土地道：'小神居此苟安，拯救这方生民，求些血食，诚为恩便。'"(P758)

第六十六回："行者喝道：'你这毛神，这向在那方贪图血食，不来点卯，今日却来惊我！'"(P810)

"血食"是个极为古老的词语。本义为：受享祭品。因为古代杀牲取血以祭，故称。该词常见于先秦以及汉代的文献典籍中。

《左传·庄公六年》:"若不从三臣,抑社稷实不血食,而君焉取余?"

《国语·齐语》:"恐宗庙之不扫除,社稷之不血食。"

《史记·卷八六·刺客传·荆轲传》:"今王诚杀丹献之秦王,秦王必解,而社稷幸得血食。"

《汉书·高帝纪下》:"故粤王亡诸世奉粤祀,秦侵夺其地,使其社稷不得血食。"

"血食"在通渭方言中属于一个古雅的词,也是一个濒临灭亡的词,使用者年龄往往比较大,随着使用者逐渐谢世,该词也将逐渐消失。通渭方言中,"血食"继承古义,但多用比喻义。

1. 指与"血"相关的食物。例如:

①今晚把鸡圈门关好!昨晚黄鼠狼叼了一只,它得了血食,今晚还会来的?
②妈妈常说野狐不食血食就不叫野狐啦!

2. 喻指不义之财。例如:

③血食吃不得,吃了下辈子当牛做马也要还的。
④那家伙据说一直在城里抢劫盗窃了。吃惯血食的,怎么能安心种地?

3. 形容不劳而获、占便宜上瘾。例如:

⑤上次白拿走两个瓜,没说你!你还得上血食了!现在又拿!
⑥你是不是吃血食吃惯了?老娘的棺材板也要分啊!

Y

【言喘】[yánchuǎn]

"言喘"出自《西游记》第五十六回。话说孙悟空打死了两个拦路的草寇。他们去路北下一座庄院投宿。唐僧问及院主的儿子。

老者点头而叹:"可怜!可怜!若肯何方生理,是吾之幸也!那厮专生恶念,不务本等,专好打家截道,杀人放火!相交的都是些狐群狗党!自五日之前出去,至今未回。"三藏闻说,不敢言喘,心中暗想道:"或者悟空打杀的就是也。"(P697)

此"言喘"就是吭声、吭气之意。《现代汉语词典》无"言喘"词条。通渭方言中,"言喘"是个常用词语。有三个义项:

1. 吭声、吭气。例如:

①我说了半天了。你怎么想的?言喘一声啊!
②无论你怎么问,他都不言喘!

2. 吩咐、说。与"言语"通用。例如:

③有事你言喘(言语)一声。
④最近你忙,所以这个事儿我就给你没言喘。

3. 还有一种活用法,将"言喘"的次序颠倒为"喘言",意为语言、声音。例如:

⑤一个人么,没个喘言怎么行?
⑥媳妇去世对老刘打击太大了,那人连喘言都没了!

【言语】[yányù]

"言语"是《西游记》出现频率极高的一个多义词。据不完全统计,有一百一十七处。"言语"是个古语词。较早出现于先秦的文献典籍中。

《易·颐》:"《象》曰:山下有雷,颐。君子以慎言语,节饮食。"

《礼记·少仪》:"毋身质言语。"

《论语·先进》:"言语:宰我,子贡。"

"言语"无论在古代汉语中,还是现代普通话中,都是一个通用多义词语。《汉语大词典》列出了十个义项:"❶说话、说。❷吩咐、命令。❸禀报。❹争执。❺善于辞令。亦指善于辞令者。❻言辞、话。❼指闲话,不满意的话。❽指词章,文辞著作。❾喻虫鸟鸣叫。❿指口头语言。"《现代汉语词典》仅列两个义项:"❶〈名〉说的话。❷〈方〉〈动〉说、说话。"

之所以将《西游记》中的"言语"辑录于此,是因为《西游记》中的"言语",其义项不仅包含了方言的"说、说话",而且远远多于普通话的义项。其意涵盖了《汉语大词典》所列十个义项中的六个。

1. 动词:说话;说。

    第二十回:"且莫言语,等我把这风抓一把来闻一闻看。"(P246)

    第十四回:"唬得那三藏魂飞魄散,跌下马来,不能言语。"(P172)

2. 吩咐;命令。

    第五回:"臣依他言语,即返至通明殿外,不见万岁龙车凤辇,又急来此伺候。"(P58)

    第五十回:"因腹中饥馁,着大徒弟去化斋未回,不曾依得他的言语,误撞仙庭避风。"(P621)

3. 名词:言辞;话。

    第二回:"与众师兄学言语礼貌,讲经论道,习字焚香。"(P15)

    第八回:"弟子此去东土,有甚言语分付?"(P88)

4. 指闲话;不满意的话。

    第十四回:"我略略的言语重了些儿,你就怪我,使个性子丢了

我去。"(P176)

第二十三回:"呆子,你这般言语,似有报怨之心。"(P277)

5. 禀报。

第八十三回:"他这一去,若有言语,是臣背君也。"(P1024)

6. 争执。

第二十五回:"是弟子们向伊理说,实实的言语了几句。"(P307)
第五十九回:"前年在火云洞,曾与罗刹之子红孩儿有些言语。"(P727)

通渭方言中,"言语"是个义项极为丰富的常用词语。《西游记》中的六个义项,通渭方言中有四个,还有一个方言特有的义项。

1. 动词:说、说话。例如:

①我先走了,你妈妈回来,你给言语一声。
②我问了半天,她就是不言语。

2. 吩咐、命令。例如:

③要是有什么做的事情,你言语(言喘)一声。
④我怎么知道要喂牲口?你走时又没言语。

3. 名词:话、说法、言辞。例如:

⑤事情成不成,你总得有个言语吧!
⑥王家那孩子言语不多,可脑筋瓜灵活着呢!

4. 指闲话,不满意的话。例如:

⑦我今天找他理论,他言语不整齐得很!
⑧你言语干净些!不然我抽你。

5. 善于辞令。例如:

⑨老薛不是不吭声,他就是个没言语的人!
⑩那人没言没语的,是个老实人。

【眼目昏花】[yǎnmù hūnhuā(jiànmù hūnhuā)]

该短语出自《西游记》第十六回:话说孙悟空与唐僧借宿观音禅院。孙悟空与禅院的僧众各自炫耀袈裟。禅院的老和尚见了唐僧的锦襕袈裟，动了奸心，于是对唐僧耍阴谋：

> 走上前，对三藏跪下，眼中垂泪道："我弟子真是没缘！"三藏搀起道："老院师有何话说？"他道："老爷这件宝贝，方才展开，天色晚了，奈何眼目昏花，不能看得明白，岂不是无缘！"(P195)

"眼目昏花"意为眼睛又昏又花，视物模糊，看不清楚。《汉语大词典》及相关辞书均无该词条。"眼目昏花"在通渭方言中是个常用习语，多用本义。例如：

①个现在眼目昏花，根本看不清楚！
②老校长眼目昏花地连字都看不见了，怎么写书了？

【演】[yǎn（yàn）]

"演"是《西游记》中使用频率极高，义项极为丰富的一个词。粗略统计有五十九处。我们先来了解一下"演"这个词。"演"是一个古语词，也是一个普通话通用词语。《说文》曰："演，长流也。""演，水脉行地中。""演"较早出现于先秦以及汉代的文献典籍中。

《国语·周语上》："夫水土演而民用也。水土无所演，民乏财用，不亡何待？"

《汉书·外戚传》："愚臣既不能深援安危，定金匮之计，又不知推演圣德，述先帝之志。"

《后汉书·荀淑传》："先王光演大业，肆于时夏。"

《后汉书·孔融传》："融闻人之善，若出诸己，言有可采，必演而成之。"

"演"无论在古代汉语中，还是现代汉语中，意义都是极为丰富的。《汉语大词典》所列义项多达12项：❶水长流。❷水流经地下。❸湿润。❹推广；传布；延及。❺推演；阐发。❻演习，练习。❼表演技艺，或在戏剧、电影中扮演角色。❽起草。❾迷惑，欺骗。❿缓步行进。⓫通"殡"。荒远之地。⓬补义条目：发出；放出。

"演"在《西游记》中除了通用的"推演；阐发""演习；练习""表演"

等义项外,还有两个特殊的义项:

1. 迷惑,欺骗。

　　第四回:"他拔下一根毫毛,叫声'变!'就变做他的本相,手挺着棒,演着哪吒。"(P49)

　　第五十二回:"你去洞外,叫那妖魔比试。演他出来,却教罗汉放砂,陷住他。"(P646)

2. 缓步行进。

　　第三十四回:"行者随往后面,演到厨中,锅底上摸了一把,将两臀擦黑,行至前边。"(P423)

　　第五十一回:"行者落于小妖丛里,又变做一个獾头精,慢慢的演近台边。"(P637)

这两个义项,《汉语大词典》仅以《西游记》中的用法为例。《现代汉语词典》无此类义项。可见,"演"的这两个义项从古到今,使用地域不广,应该为方言义项。

通渭方言中,"演"是一个常用词,其义项除了通用的表演、推演、演习、演化等以外,恰巧就有《西游记》中的这两个义项,还有一个特殊的义项。

1. 迷惑、欺骗。例如:

①和那家伙打交道,你小心被演到里面!
②我起先还清醒着,听着听着就被演迷糊了!

2. 缓步行进、晃来晃去。例如:

③你要么坐着,要么站着,走来走去演啥了?
④要做啥就磕砌码蹴做,不要演来演去惹人生气!

3. 做作、闹腾、折腾。此义项特别强调那些不听劝告、警告,让人厌恶的行径。此意不仅用于人,也可用于牲畜。该义项是《汉语大词典》所没有的。例如:

⑤你再演么,我把你就整治一顿!
⑥这个鸡儿今日演着了!个过剁了熬成汤!(仅仅恐吓一下而已)

【魇住】[yǎnzhù(yànchù)]

"魇住"出自《西游记》第三十一回：话说唐僧在宝象国被黄袍怪施魔法变成了斑斓猛虎。孙悟空降了黄袍怪，来看师傅。

原来那师父被妖术魇住，不能行走，心上明白，只是口眼难开。(P387)

《汉语大词典》《现代汉语词典》等辞书均没有"魇住"词条。《白话小说语言词典》解释上文的"魇"为："用魇魔法一类的法术去镇服、控制。"可见"魇住"就是被镇服、控制住。通渭方言中，"魇住"是个专用词语，特指睡觉时发生梦魇，做噩梦。例如：

①推推那孩子，似乎魇住了！
②刚才我被魇住了。我觉得床头站着个人，好像要杀我。

【羊儿风】[yángérfēng]

"羊儿风"是《西游记》中出自猪八戒与土地婆儿口中的一个疾病名称。

第四十六回："八戒道：'不好了！师父羊儿风发了。'"(P566)

第七十二回："土地婆儿道：'老儿，你转怎的？好道是羊儿风发了！'"(P884)

"羊儿风"为"癫痫"的别称。俗称羊痫风、羊癫风、羊角风、羊羔风。是突然发作的暂时性大脑机能紊乱。《西游记》中有"癫痫"一词，出自第七回：话说孙悟空被推入太上老君的八卦炉中，锻炼了七七四十九日。忽一日，开炉取丹，那大圣将身一纵，跳出丹炉：

慌得那架火、看炉与丁甲一班人来扯，被他一个个都放倒，好似癫痫的白额虎，风狂的独角龙。老君赶上抓一把，被他一捽，捽了个倒栽葱，脱身走了。(P75)

此"癫痫"意为癫狂、疯狂。并非现代汉语所谓的疾病名"癫痫"。可见，在《西游记》成书的时代，"羊儿风"与"癫痫"并无关系。今天所谓的"癫痫",在当时就称为"羊儿风"。

《现代汉语词典》没有"羊儿风"词条。通渭方言中将"癫痫"就称为"羊儿风"或者"羊羔风"。例如:

①张家的那小儿子有羊儿风,不知遗传不遗传?
②小程今早发现死在单位宿舍,据说那孩子本来就有羊儿风。

【佯佯不睬】[yángyángbùcǎi]

该短语出自《西游记》第二十三回:话说黎山老母欲试唐僧师徒是否执意取经,就偕同南海菩萨以及普贤、文殊菩萨下界。黎山老母化为寡居的母亲"妇人",南海菩萨以及普贤、文殊菩萨分别化为女儿真真、爱爱、怜怜。"妇人"对唐僧师徒说其母女四人,欲招唐僧师徒四人为夫。面对"妇人"开出的优渥条件:

> 三藏坐在上面,好便似雷惊的孩子,雨淋的虾蟆;只是呆呆挣挣,翻白眼儿打仰。那八戒闻得这般富贵,这般美色,他却心痒难挠;坐在那椅子上,一似针戳屁股,左扭右扭,忍耐不住。走上前,扯了师父一把道:"师父!这娘子告诵你话,你怎么佯佯不睬?好道也做个理会是。"……真个是九天仙女从天降,月里嫦娥出广寒!那三藏合掌低头,孙大圣佯佯不睬,少沙僧转背回身。(P281-285)

面对此情此景,猪八戒可真是心痒无挠处,活活急死个人耶!八戒先说唐僧"佯佯不睬",后孙悟空也做出佯佯不睬貌。"佯佯"意为做作的样子,犹言装模作样。"佯佯不睬"即为假装不懂,不予理睬。《汉语大词典》及相关辞书没有该词语。通渭方言中,佯佯不睬是个常用词语,同义近形的还有"佯佯没睬""佯打没睬""佯打不睬"。都为做事漫不经心,心不在焉之意。例如:

①我给你说话了,你佯佯不睬地干啥了?
②兀个人做事佯打没睬的。你搞不清楚他想啥着?

【腰截骨】[yāojiégū]

"腰截骨"是《西游记》中出自孙悟空之口的一个专有名词。

第三十二回："若是先吃脚，他啃了孤拐，嚼了腿亭，吃到腰截骨，我还急忙不死，却不是零零碎碎受苦？"(P392)

第三十四回："娘啊！连腰截骨都化了！"(P425)

"腰截骨"即腰椎骨。《汉语大词典》《现代汉语词典》均无"腰截骨"词条。通渭方言中，"腰截骨"是个很通俗的词，就指腰椎骨。不仅指称人的腰椎骨，也指称动物的腰椎骨。

1. 指称人的腰椎骨。例如：

①哎呀，太累了！我的腰截骨都要断了！
②我今天腰截骨疼得直不起来！

2. 指称动物的腰椎骨。例如：

③这个驴娃子太瘦了！腰截骨一节一节亮亮个！
④煮腰截骨也不剁得碎一点，这么大块怎么吃？

【曳】[yè]

"曳"是《西游记》中一个使用频率不高，但意义丰富的词语。据不完全统计，仅四处，有三个义项：

1. 迈开、拉开。

第二回："即曳步近前，侧身进得门里，只走到祖师寝榻之下。"(P18)
第四十九回："曳尾能延千纪寿，潜身静隐百川渊。"(P613)

2. 飘摇。

第五回："一天瑞霭光摇曳，五色祥云飞不绝。"(P55)

3. 宽松舒展貌。

第十二回："法云容曳舒群岳，教网张罗满太空。"(P150)

"曳"是个极为古老的多义词语。该词较早出现于先秦的文献典籍中。

《易·既济》："曳其轮，濡其尾，无咎。"高亨注："曳，以手引之。"
《诗·唐风·山有枢》："子有衣裳，弗曳弗娄。"孔颖达疏："娄、曳俱是着衣之事。"

汉·桓宽《盐铁论·刺权》："妇女被罗纨，婢妾曳绨纻。"

《后汉书·冯衍传下》："贫而不衰，贱而不恨，年虽疲曳，犹庶几名贤之风。"李贤注："曳犹顿也。"

"曳"无论是在古代汉语中，还是现代普通话中都是一个通用词语。不过在古代汉语中，其意义比现代汉语中丰富得多。具体义项：牵引、拖；穿着；困顿；逾越、超过；飘摇等。普通话中，仅有拖、拉、牵引等义。通渭方言中，"曳"是个常用词语。但意义比普通话丰富。

1. 拖、拉、牵引。该义项着重强调悬空往上拉。例如：

①你给曹曳上两桶水。

②我要打个水池子，麻烦你帮忙曳一哈土。

2. 抓、勾、勾引等。例如：

③老田死了！据说被鬼曳着去了！

④老张的媳妇被人勾曳走了！

3. 与"约"同义，但动态色彩更浓，强调多次"相约"的来来去去状。例如：

⑤你们不学习，整天曳来曳去干啥了？

⑥咱们把小敏曳上看戏去。

词语补说：

在通渭方言中，"曳"在长期使用过程中形成了一些极具地方特色的"曳"字词语、习语。

1.【曳托】[yětè] 该词是从"曳"与"托"的本义引申而来，为联系、介绍等意思。例如：

①麻烦你给我女儿曳托上个对象！

②我儿子没考上高中。你有认识的人给曳托个学校！

2.【曳连】[yělian] 该词是个贬义词，有秘密联系、勾引、勾结之意。例如：

③我家媳妇子被王家的二小子曳连上跑了么！

④那群丫头曳连上看戏去了吧！

3.【宁肯把曳车的牛挣死，也不让车翻过】比喻穷尽一切手段，或者破釜沉舟也要干好某事。例如：

⑤娃娃考个大学不容易！现在宁肯把曳车的牛挣死，也不让车翻过。怎么

也得供啊!

⑥宁肯把曳车的牛挣死,也不让车翻过。无论怎么困难,儿媳妇要娶啊!

【夜游神】[yèyóushén]

"夜游神"是《西游记》中职级较低的一种神。孙大圣随时可以把它们呼来唤去。他们干的也是一些"粗活",比如将乌鸡国王的亡灵运来送去。

第三十三回:"好大圣,低头捻诀,念个咒语,叫那日游神、夜游神、五方揭谛神。"(P411)

第三十七回:"却才亏夜游神一阵神风,把我送将进来……我这去,还央求夜游神再使一阵神风,把我送进皇宫内院。"(P454-455)

第三十八回:"昨夜夜游神奉上敕旨,来取乌鸡国王魂灵去拜见唐僧,请齐天大圣降妖。"(P472)

"夜游神"是传说中夜间巡行的神。据传有十六位神仙,替天帝在野外守夜。一个个都是小脸颊、红肩膀。他们手挽手连成一片。一到白天,他们就会隐去。因只在夜晚出现,故被称作"夜游神"。① "夜游神"也比喻深夜在外游荡的人,有贬义。通渭方言中,"夜游神"是个常用词语。语义继承古义。

1. 本义:夜间游荡的神。据说一到黄昏时分,夜游神就开始活动。人遇上夜游神是不吉利的。所以,老人们常常警告孩子们天黑了就归家,以免遇上夜游神。例如:

①黑天半夜的出去找夜游神吗?
②半夜三更地出门逛,不是撞上毛鬼就是碰上夜游神!

2. 比喻义:指夜间在外游荡不归家的人。含有贬义,有时也作为詈词。例如:

③老田那是个夜游神,白日不见人,晚上就出来了!
④你像个夜游神一样整天浪门子着不归家!哪里有饭吃?

---

① 《山海经·海外南经》岳麓书社,2006年5月第1版,第262页。

【一翅】[yīchì（yīcì）]

"一翅"是《西游记》中一个出现频率较高的数量短语式的形容词,据不完全统计有十四处,多描写孙悟空变的"飞物"飞行之迅疾。

第六十一回:"变作一个海东青,飕的一翅,钻在云眼里。"(P753)

第七十二回:"呼的一翅,飞向前,轮开利爪,把他那衣架上搭的七套衣服,尽情叼去。"(P887)

第七十八回:"看那行者,一翅飞在金銮殿翡翠屏中钉下……行者听得这个消息,一翅飞奔馆驿,现了本相。"(P967-968)

第九十七回:"行者一翅飞起,径又飞至刺史住宅里面。"(P1181)

"一翅"形容飞行的速度特别快。《汉语大词典》《现代汉语词典》等辞书没有"一翅"词条。通渭方言中,"一翅"是个比较"古"的词语,使用者年龄较大。有两个义项:

1. 形容飞行速度迅疾。该义完全与《西游记》中的用法相同。例如:

①落扑鸟①一翅把一个鸡娃儿打着去了。
②老鹰一翅一后②把一块野兔儿打着去了。

2. 比喻毫不含糊地全部拿走、掠夺去。例如:

③兀人一年的工资被骗子一翅打着去了。
④老汉兀门③大的家业被那儿子一翅打着去赌成博了。

【一毂辘】[yīgūlù]【一骨鲁】[yīgǔlǔ]

"一毂辘""一骨鲁"是《西游记》中出现频率较高的两个词语。据不完全统计,"一毂辘"有十处。"一骨鲁"有四处。如:

---

① 【落扑鸟】[lèpūjiāo] 老鹰的一种。
② 【一后】[yīhòu] 差点儿。
③ 【兀门】[wōmēn] 那么。

第九十二回："那三怪听见，一毂辘爬将起来。"(P1118)

第九十四回："慌得个三藏一毂辘爬起，扯住行者，咬响牙根道：……"(P1149)

第十六回："行者一骨鲁跳起来，耳朵里掣出铁棒，要打那些和尚。"(P201)

第二十回："那老者一骨鲁跳将起来，忙敛衣襟，出门还礼道。"(P241)

"一毂辘""一骨鲁"就《西游记》中出现的具体语境来看，俩词没多大区别。《白话小说语言词典》解释："一毂辘"同"一咕碌"；"一骨鲁"同"一咕碌"。"一咕碌"形容猛地一翻身。《现代汉语词典》没有"一毂辘""一骨鲁""一咕碌"等词条。通渭方言中，"一毂辘"是个极为通俗的常用词语。"毂辘"本义为车轮子。"一毂辘"即轮子一滚。该词一方面，极为形象地描画出了人或动物翻身一滚的状貌。另一方面，体现了其动作的敏捷、速度的迅疾。例如：

①那老汉装病着吧！要不怎着一看见孙子就一毂辘坐起来啦咧？

②兀块野狗看见我手里的铁锨就一毂辘翻着起来跑了！

【一骨辣】[yīgǔlā]

"一骨辣"是出自《西游记》第五十四回的一个状态副词。话说西梁女国的国王设国宴招待唐僧师徒。女王、唐僧等人还在安席。文武百官还在拜谢皇恩、客套行礼。

> 那八戒那管好歹，放开肚子，只情吃起。也不管甚么玉屑米饭、蒸饼、糖糕、蘑菇、香蕈、笋芽、木耳、黄花菜、石花菜、紫菜、蔓菁、芋头、萝蔔、山药、黄精，一骨辣噇了个罄尽。(P672)

"一骨辣"亦作"一股那"。犹言"一股脑儿"，即全部、通通的意思。《白话小说语言词典》解释该词仅用上文一例。可见该词出现于书面语的频率不高。《现代汉语词典》没有"一骨辣""一股那"词条。通渭方言中，"一骨辣"是个常用词语。例如：

①那些洋芋大咧碎咧一骨辣先装到袋子里，回去再挑。

②兀么多馍馍你们一骨辣全吃光了？

【伊】[yī（yé/yán/yín）]

"伊"是《西游记》中的一个人称代词。其出现频率不高,仅四处,但指称对象却很复杂。具体来看:

1. 第三人称代词:他。

　　第二十五回:"不期他那手下有三个徒弟,有一个姓孙的,名悟空行者,先偷四个果子吃了。是弟子们向伊理说,实实的言语了几句。"(P307)

　　第五十二回:"行者顿首道:'上告我佛……咒大王,神通广大,把师父与师弟等摄入洞中。弟子向伊求取,没好意,两家比迸。'"(P646)

2. 第三人称复数代词:他们(李天王与哪吒)。

　　第八十三回:"彼有托塔天王李靖同男哪吒太子,闺门不谨,走出亲女……若不状告,切思伊父子不仁,故纵女氏成精害众。"(P1019)

3. 第二人称代词:你

　　第六十五回:"悟空呵!我自恨当时不听伊,致令今日受灾危。金铙之内伤了你,麻绳捆我有谁知。"(P803)

"伊"作为代词,到底指代什么?我们先来看《汉语大词典》的解释:

❶第三人称单数代词:他、它。

　　南朝·宋·刘义庆《世说新语·识鉴》:"小庾临终,自表以子园客为代,朝廷虑其不从命,未知所遣,乃共议用桓温,刘尹曰:'使伊去必能克定西楚,然恐不可复制。'"

　　南唐·李泌《蝴蝶儿》词:"蝴蝶儿,晚春时。阿娇初着淡黄衣,倚窗学画伊。"

　　宋·朱淑真《牡丹》诗:"娇娆万态逞殊芳,花品名中占得王。莫把倾城比颜色,从来家国为伊亡。"

❷第三人称单数代词:专用以代称女性,她。

　　金·董解元《西厢记·诸宫调》卷四:"咫尺抵天涯,病成也都为他,几时到今晚见伊呵?"

　　鲁迅《故事新编·补天》:"女娲忽然醒来了。伊似乎是从梦中惊醒的,然而已经记不清做了什么梦。"

蔡元培《在国语传习所的演说》："近来有人对于第三位的代名词，一定要分别，有用她字的，有用伊字的，但是我觉得这种分别的确是没有必要。"

❸第二人称代词：你。

南朝·宋·刘义庆《世说新语·品藻》："勿学汝兄，汝兄自不如伊。"

元·无名氏《马陵道》第三折："我这里吐胆倾心说与伊，难道你不解其中意。"

根据《汉语大词典》的解释，结合"伊"在《西游记》中的用法，可见"伊"在古汉语中是一个多功能的代词。既可以作第二人称代词，也可以作第三人称代词。作第三人称代词时，既可以代指单数，也可以代指复数。既可以代称男性、也可以代称女性，还可以代称事物。在具体语境中，"伊"代称谁，或者代称什么，只能根据上下文语境来判断。

《现代汉语词典》仅将其作为第三人称代词："伊：〈代〉他或她。"通渭方言中，"伊"是一个通用的第三人称代词。口语中——尤其是对话中的使用频率比"他""她"要高得多。"伊"在通渭方言中的读音很复杂，随人而异，读作〔yé〕（爷）、〔yán〕（言）、〔yín〕（银）等。具体来看：

1. 第三人称单数代词。他、她。不指代事物。该义与《西游记》中的语义相同。例如：

①问：你女孩儿走了没？答：伊还没走，再坐两天吧！
②问：你儿子在哪里上学？答：伊在上海上学着。

2. 第三人称复数代词：他们。该义与《西游记》中的语义相同。例如：

③问：老马、老张在你家吗？答：伊没，伊都街上去啦！
④问：兀些个干部还在你家吗？答：伊早走了！

3. 泛指性人称代词：义同人家。特指对话双方以外的人；别人；他人。例如：

⑤你抓二捺三地害人，小心伊把你的腿卸掉。
⑥你快把东西还给伊！

4. 反身代词：伊家。义同我自己、我自个儿。例如：

⑦你这个坏人,也不吭声,把伊家吓零干①了!

⑧你这么不守信用,让伊家活森森等了一上午。

【殷勤】[yīnqín]

"殷勤"是《西游记》中出现频率较高的一个多义词,据不完全统计有十九处,有九个义项:

1. 情意深厚。

   第二十九回:"狠毒险遭青面鬼,殷勤幸有百花羞。"(P353)

2. 指热情周到。

   第七十六回:"那伙妖魔同心合意的,侍卫左右,早晚殷勤。"(P943)

3. 指巴结、讨好。

   第三十四回:"你看他端葫芦,殷勤奉侍。"(P426)

   第六十一回:"那八戒听言,便生努力,殷勤道:……"(P751)

4. 衷情、心意。

   第十一回:"备言我王殷勤致谢之意。"(P137)

   第十四回:"他劝我再莫行凶,归依佛法,尽殷勤保护取经人往西方拜佛,功成后自有好处。"(P166)

5. 借指礼物。

   第十二回:"礼上大唐君,西方有妙文。程途十万八千里,大乘进殷勤。此经回上国,能超鬼出群。若有肯去者,求正果金身。"(P151)

6. 关注、急切。

   第四十二回:"大圣殷勤拜南海、观音慈善缚红孩。"(P514)

7. 频繁、反复。

   第十九回:"三藏殷勤致意,再问:'路途果有多远?'"(P238)

---

① 【零干】[línggàn] 完蛋、坏、结束、腐败等义。

第五十六回:"我以好话,哀告殷勤。尔等不听,反善生嗔。却遭行者,棍下伤身。"(P695)

8. 勤奋、勤快。这是《西游记》"殷勤"的主要义项。

第二十七回:"行者道:'弟子亦颇殷勤,何常懒惰?'"(P328)

第二回:"一则是师父传授,二来也是我昼夜殷勤,那几般儿都会了。"(P22)

9. 奥妙、精义、精髓。《汉语大词典》"殷勤"词条下无此义项,但所具有的义项都不足以解释下句中"殷勤"的含义。

第七十八回:"参满天之华采,表妙道之殷勤。"(P966)

"殷勤"是个非常古老的词语。该词较早出现于先秦的文献典籍中。

《孝经援神契》:"母之于子也,鞠养殷勤,推燥居湿,绝少分甘。"

《礼记·曲礼下》:"国君去其国,止之曰:'奈何去社稷也?'大夫曰:'奈何去宗庙也?'士曰:'奈何去坟墓也?'"汉·郑玄注:"皆臣民殷勤之言。"

《史记·司马相如列传》:"相如乃使人重赐文君侍者通殷勤,文君夜亡奔相如。"

《后汉书·陈蕃传》:"天之于汉,恨之无已,故殷勤示变,以悟陛下。"

《现代汉语词典》中,"殷勤"仅有"热情而周到"一个义项,而《汉语大词典》中"殷勤"义项多达九个:"❶情意深厚。❷指热情周到。❸指巴结讨好。❹衷情,心意。❺借指礼物。❻关注、急切。❼频繁、反复。❽恳切丁宁。❾勤奋。"可见,该词在古汉语中是个语义非常丰富的常用词语。但在现代汉语中绝大部分语义消失或者被其他词语所替代,使用领域大大缩小。

《西游记》中的"殷勤"没有《汉语大词典》的"恳切丁宁"项,但多了"奥妙、精义、精髓"项。通渭方言中,"殷勤"是个常用多义词语。既有通用语义,也有方言特有的意义。

1. 本义:指热情周到。例如:

①给舅舅去拜年,他家新娶的儿媳妇端茶倒水,特别殷勤。
②那个婆娘屋里进来个人,表面上殷勤得很,灶火里却不放一把火。

2. 指巴结、讨好。例如:

③你不给媳妇儿钱,光嘴上殷勤有啥用?
④有些人一见领导就殷勤得很,一见下属立马眼珠子朝天了!

3. 勤奋、勤快。例如:

⑤粉转殷勤得很,家里收拾得滴水不漏。
⑥兀是块家懒外殷勤,家里一把活都不干,外头勤快得很。

4. 习语:献殷勤。贬义词。义为谄媚、讨好、耍奸等。例如:

⑦那个婆娘不干人事,光嘴上献殷勤。人憎恶得很!
⑧那家伙干活不行,领导面前献殷勤一把好手。

5. 习语:鬼面殷勤。贬义词。义为两面人,表面热情、周到、勤快,实则使坏、耍奸等。例如:

⑨兀家伙就是个鬼面殷勤的货,小心把你带到阴沟里!
⑩你休来鬼面殷勤这一套,我了解你的很!现在说——这个问题怎么解决?

【影】[yǐng(yìng)]

"影"无论是在古代汉语中,还是现代汉语中,都是一个语义极为复杂的通用词语。但是,"影"在《西游记》第四十九回中有一个很特殊的义项:话说金鱼精在通天河设计抓走了唐僧。孙悟空弟兄仨下水去救师傅。孙悟空水性不好。猪八戒自告奋勇要背孙悟空。孙悟空虽然觉得八戒有诈,还是将计就计让八戒背着。他将真身变作一个猪虱子,贴在八戒耳朵里。将一根毫毛变作假身,伏在八戒背上。八戒捉弄行者,故意跌一跤,把行者往前一掼,假行者被"摔"得无影无形。沙僧以为悟空被摔"没"了,很生气,就与八戒争论。

> 行者在八戒耳朵里,忍不住高叫道:"悟净!老孙在这里也。"……八戒慌得跪在泥里磕头道:"哥哥,是我不是了。待救了师父,上岸陪礼。你在那里做声?就影杀我也!你请现原身出来。我驮着你,再不敢冲撞你了。"(P604)

"影杀"是什么样的"杀"了?文本脚注:"影——方言。指对不确定、不可确知的事物的一种担心、害怕的精神感觉。此处谓闻声而不能见面,令人恐惧。"可见八戒所谓的"影杀"即只闻其声,不见其形,像隐形的杀手一样恐怖。《汉语大词典》《现代汉语词典》等辞书中"影"均无该义项。通渭方言中,"影"就有该义项。特别强调坏事对人精神上造成的恐惧、阴影、影响等。例如:

①今天,我一直心影,是不是早上出来没关煤气啊!
②那次翻车差点儿要了我的命。自从那以后,我影疑着就不敢再坐凢人的车了!

【应承】[yìngchéng]

"应承"是《西游记》中一个出现频率较高的通俗口语,计有九处。

第二十一回:"那老者应承,即走进去,取出一个玛瑙石的小罐儿来。"(P256)

第三十七回:"三藏点头应承道:'你去罢。'"(P455)

第五十七回:"沙僧应承道:'我去,我去。'"(P706)

"应承"义为应允、答应、承诺之义。通渭方言中,"应承"是个常用词语。有两个义项:

1. 应允、承诺。例如:

①你既然应承了就赶快去做。
②妈妈常说:"不要轻易应承人,应承了就一定要做到。"

2. 照应、支应、招呼。该义项一般在红白喜事,或者大型的群体活动中使用。该义项也是一个方言义项。普通话没有此义。例如:

③今晚老马负责应承社火头人,老张负责应承"马夫"。
④我明天娶儿媳妇,麻烦你来替我应承一哈客人。

【油汤油水】[yóutang yóushuǐ]

"油汤油水"出自《西游记》第二十五回:话说孙悟空使计砸了镇元大仙的油锅。

> 那大仙惊骂道:"你这猢狲!怎么弄手段捣了我的灶?"行者笑道:"你遇着我就该倒灶,干我甚事?我才自也要领你些油汤油水之爱,但只是大小便急了,若在锅里开风,恐怕污了你的熟油,不好调菜吃。"(P313)

"油汤油水"即为有油的汤、有油的水,代指油脂多的食物。《汉语大词典》无该词条。通渭方言中,"油汤油水"是个常用习语。有三个义项:

1. 说明饭菜油脂多,丰盛。例如:

①那席肉天肉地,油汤油水,盛设得很!
②二十世纪五六十年代,整天能吃上油汤油水的饭,那简直就是神仙日子!

2. 器具油腻不堪。例如:

③锅碗瓢盆全都油汤油水的用不成!
④那个灶头上油汤油水的,没法下爪。

3. 比喻说话漫无边际,夸海口。例如:

⑤别听那家伙油汤油水地吹牛皮,小心被骗。
⑥你当初说得油汤油水,现在怎么连本都亏了呢?

【冤愆】 [yuānqiān]

"冤愆"是一个佛教用语,指因恶业而招致的怨报。俗语中也指冤家对头。"冤愆"在《西游记》中共有两处,分别出自第七十一回、第九十六回。

第七十一回:话说朱紫国王年幼时,曾在落凤坡前,射伤了西方佛母孔雀大明王菩萨所生二子,其中,雄孔雀被射伤,雌孔雀也带箭归西。佛母忏悔以后,吩咐教他(朱紫国王)拆凤三年,身耽啾疾。观音菩萨的坐骑金毛犼闻听此言,化作麒麟山獬豸洞的赛太岁,强行将朱紫国皇后金圣宫掳走。朱紫国王惊忧成疾。孙悟空降了金毛犼。观音菩萨对孙悟空说:

> "那时节,我跨着这犼,同听此言,不期这孽畜留心,故来骗了皇后,与王消灾。至今三年,冤愆满足,幸你来救治王患。我特来收妖邪也。"(P876)

此"冤愆"即指朱紫国王年幼时射孔雀招致的恶报。

第九十六回:话说唐僧师徒来到铜台府地灵县,听说寇员外发誓斋万僧。

他们因循而来，正好凑足寇员外的万僧之数。寇员外心生感激，好菜好饭招待他们。且特意做圆满道场。只见：

> 先安土地，次请神将。发了文书，拜了佛像。谈一部《孔雀经》，句句消灾障；点一架药师灯，焰焰辉光亮。拜水忏，解冤愆；讽《华严》，除诽谤。三乘妙法甚精勤，一二沙门皆一样。^(P1167)

此处"冤愆"没有具体所指，而是泛指所有的冤仇罪过。

《现代汉语词典》没有"冤愆"词条。通渭方言中，"冤愆"是个特殊词语，多用本义，即因恶业而招致的怨报。人们将此生此世不能解释的苦难罪孽，不如意之事全归为冤愆。例如：

①老黄这么善良勤俭，怎么就生了那么一个不成器的儿子！简直是前世的冤愆！

②甲："老王家近年来连着出横祸，儿孙不是出车祸死了、残了，就是疯了、傻了！这是怎么了？"

乙："据说他们的祖爷爷在旧社会开黑店打劫人！有冤愆呗！没想到报到儿孙身上了！"

通渭纪事：

传说，有师徒两位僧人去化斋，傍晚二人空手而归。回来后，师父开始空腹坐禅。过了一阵，徒儿给师父端来一碗米粥。师父问："徒儿，我们今天没化到斋，你哪里来的米做粥啊？"徒儿如实回答："回来路上，我们经过那片谷田，我顺手折了一穗谷子，舂成了米。"师父说："我不饿，你喝了吧！"于是，徒弟就喝了。

第二天，师父对徒儿说："昨天我们没有化到斋，说明我们本应挨饿。而你不经主人同意折了其谷子，这就造了偷窃之孽。我为啥又让你喝了偷窃之食？因为喝了会化为你的肌肉①，不喝又会造下浪费之孽。修行人有孽债就得先还孽债。否则，无法修成正果！"徒弟听了很惶恐！问道："师父，我已经喝了，现在怎么还啊？"师父说："吃肉还肉！人世间还肉最快的就是猪羊。俗话说猪羊一朵菜！那家的母猪马上要生猪崽子了。你去吧，到时候他们会把你留下，年底就还清了！"于是，徒儿就去了。

那家的母猪一下生了十个猪娃子，有一个长得格外壮实好看。主人卖猪娃

---

① 【肉】本故事中所有的"肉"皆读[rù]。通渭方言中，八九十岁的老人在特殊的语境中将"肉"[ròu]读[rù]。如本故事中读肉[rù]就很有韵味，若读肉[ròu]就粗鄙不堪了。

子时特意将它留了下来,做年猪。这家刚娶了个儿媳妇,喂年猪的任务就落到了新媳妇的肩上。新媳妇脾气不好,喂猪极没耐心。年底杀猪时,猪瘦得皮包骨头,简直就是烫了一张猪皮!

徒儿回来见师父。师父问:"徒儿你还肉还得怎么样啊?"徒儿说:"师父啊,一言难尽!"师父很诧异:"不就一年吗?不就做猪吗?怎么一言难尽?"徒儿说:"这一年中,我把泪倒尽了!那个媳妇早晨提来的食烫着不能吃!我围着食槽不敢把嘴伸进去。她就用棍子一边打,一边骂:'给你端来掌去①,你还不吃!难伺候得很啊!'然后就提走了。我饿得眼目昏花。哭阳泣月,等到了晚上,她把早晨的食原封不动提来了。这时,食冻成了冰块。我不敢把舌头舔上去,就围着食槽转。她又用棍子边打边骂:'你热了热着吃不成,冷了冷着吃不成,阿是能伺候合适你?'于是,又将食槽提走了!我饥饿难耐、哭嚎达旦!"

师父听完,沉思了片刻,说道:"徒儿,我们欠她肉,不欠她泪。你去把泪讨回来吧!"徒儿问:"师父,泪已经流了,怎么讨啊?再者,我的确不愿再见她!"师父说:"你不要担心,这次去,她不会再虐待你。去吧!时候到了,我会叫你。"

新年头上,这位新媳妇怀胎十月,生下了一个大胖小子。一家人欢天喜地。新媳妇对这个孩子更是爱得不得了,捧在手里怕掉了,含在嘴里怕化了!

十八年转瞬即逝,男孩子已经长成了一个英俊、攒劲的后生。这天,一家人杀猪宰羊、张灯结彩、鼓乐喧天、宾朋满座地为其娶媳妇。就在新郎新娘拜完天地、二拜高堂时,新郎跪在父母脚下,一个头刚磕下去,冥冥中听见师父叫:"徒儿,该回了!"他的魂霎时出了窍。

人们见新郎跪地不起。去看时,发现早已经没了气息!他的母亲从此心随儿死,泪淹肝肠!

【圆丢丢】[yuándiūdiū(yuándiùdiù)]

"圆丢丢"是出自《西游记》第四回的一个状态形容词。话说太白金星奉旨招安美猴王。美猴王初登上界,乍入天堂,事事新鲜,样样新奇。只见:

上面有个紫巍巍,明幌幌,圆丢丢,亮灼灼,大金葫芦顶;下面有天

---

① 【端来掌去】方言。形容双手掌着盘子,端来端去,伺候得极为周到。

妃悬掌扇，玉女捧仙巾。"(P42)

"圆丢丢"形容极圆。《汉语大词典》《现代汉语词典》等辞书均无该词条。"圆丢丢"在通渭方言中是个常用形容词，既可以形容物，也可以形容人。

1. 形容物。例如：

①这么大个瓜，圆丢丢的，怎着抱咧？
②你做的这假山圆丢丢的哪里像山？倒像馒头！

2. 形容人。多形容人的脸型圆、胖，或者体型憨胖。含有喜爱的感情色彩。例如：

③兀女孩儿的脸圆丢丢的像个苹果！才好看得很！
④这个娃娃圆丢丢的才心疼得很！

【缘法】[yuánfǎ]

"缘法"是《西游记》中一个人神通用的词语，也是一个雅俗共赏的词语。

第二回："大众曰：'悟空，你是那世修来的缘法？'"(P22)

第三十一回："行者心中暗喜道：'好东西耶！这件物不知打了多少坐工，炼了几年磨难，配了几转雌雄，炼成这颗内丹舍利。今日大有缘法，遇着老孙。'"(P383)

第四十回："长老道：'徒弟呀，那有难的人，大没缘法，不曾得遇着我们。'"(P493)

第五十九回："灵吉道：'大圣放心。此一来，也是唐僧的缘法，合教大圣成功。'"(P730)

《西游记》中的"缘法"皆为缘分之意。其实，"缘法"是一个古语词。其本义并非"缘分"，而是沿用成法；遵循法度之义。该词较早出现在汉代的文献典籍中。如：

汉·司马迁《史记·商君列传》："缘法而治者，吏习而民安之。"

汉·贾谊《新书·道术》："缘法循道谓之轨，反轨为易；袭当缘道谓之道，反道为辟。"

《现代汉语词典》没有"缘法"词条，可见该词并非普通话通用词语。通

222

渭方言中,"缘法"是个通用词语,用法与《西游记》中完全相同,义为"缘分"。其使用领域极为广泛,凡涉及人与人、人与事、人与物的相遇,好与不好、成与不成,无论是主观原因还是客观原因皆归为"缘法"。

1. 人与人的缘法。例如:

①谈对象关键看缘法,没缘法相互看着就来气。
②那个人我没缘法,一点儿都不喜欢他!

2. 人与事的缘法。例如:

③看样子你与灯戏没缘法。每年暑假回来,不是早了就是晚了,总是错过了唱戏的时候。
④努力做吧,至于事成与不成就看缘法了。

3. 人与物的缘法。例如:

⑤那种类型的字(书法)我没缘法,不喜欢。
⑥你真是与这种砖有缘法啊,本来一直缺货,但你要买就有货了!

【圆陀陀】[yuántuótuó]

"圆陀陀"是出自《西游记》第七回的一个词语。话说大圣出了太上老君的八卦炉,又一次大乱天宫。通明殿里,灵霄殿外,三十六雷将将大圣围在垓心,各骋凶恶鏖战。那大圣全无一毫惧色,只见他:

> 他即摇身一变,变做三头六臂;把如意棒幌一幌,变作三条;六只手使开三条棒,好便似纺车儿一般,滴流流,在那垓心里飞舞。众雷神莫能相近。真个是:圆陀陀,光灼灼,亘古常存人怎学?[P77]

大圣的三头六臂舞起三条金箍棒,形成一个圆球状。而"圆陀陀"则指金箍棒快速舞动形成的圆形截面图。

《汉语大词典》《现代汉语词典》等辞书均无"圆陀陀"词条。通渭方言中,"圆陀陀"是个常用名词,语义与《西游记》一脉相称,多指圆形平面。例如:

①咀上的那地是块圆陀陀,耕起来吃力得很!
②太阳不就一块红色的圆陀陀吗!先画块圆圈,里面用彩笔染红不就成了!

Z

【揝】[zǎn / zuàn]

"揝"是《西游记》中一个使用频率较高的动词。据不完全统计,有二十多处。"揝"是一个多音多义词。【集韵】子感切,音昝。与揩同。手动也。

1. 读[zǎn]音时,古同"攒",积聚之意。

《雍熙乐府·朝天子·放怀》:"孟尝君空有客,光阴旋揝,消息任来,莫揝眉头债。"

2. 读[zuàn]音时,古同"攥"。义为握;抓的意思。
《西游记》中的"揝"全为[zuàn]音。有两个义项:
(1)抓住、抓紧的意思。

第十五回:"束一束绵布直裰,撩起虎皮裙子,揝着金箍铁棒。"(P180)
第二十三回:"好大圣,把金箍棒揝一揝,万道彩云生。"(P278)

(2)握紧、握拳的意思。如:

第六十六回:"弥勒将右手食指,蘸着口中神水,在行者掌上写了一个'禁'字,教他捏着拳头,见妖精当面放手,他就跟来。行者揝拳,欣然领教。"(P814)
第七十一回:"好猴子,一把揝了三个铃儿,一齐摇起。"(P876)
第七十五回:"耐到半个时辰,四周围钻出四十条蛇来咬。行者轮开手,抓将过来,尽力气一揝,揝做八十段。"(P922)

《现代汉语词典》没有"揝"词条。通渭方言中,"揝"为常用词语。[zǎn]与[zuàn]两个读音全有。语义完全继承古义。

1. 揝 [zǎn]：积攒之意。例如：

①我揝了一篮儿鸡蛋。
②他积揝了五万块钱。

2. 揝 [zuàn]：该音有三个义项：

（1）抓住、抓紧、抓牢。例如：

③你把绳子揝紧，我们拉。
④你揝着铁锨把干吗，打人了吗？

（2）握住、握紧等义。例如：

⑤你手里揝的啥东西？
⑥你把一个鸡蛋使劲儿地揝，当然揝破了！

（3）引申为吝啬、抠门、小气等。例如

⑦你把那两个钱儿揝出水来了吧！
⑧你揝得咯叭叭地穷死了！人家儿子儿媳大鱼大肉地过得美得很！

【灒】[zàn]

"灒"出自《西游记》第四十四回：话说唐僧师徒来到车迟国。因虎力大仙、鹿力大仙、羊力大仙兴妖灭僧。为了搞清楚三妖的底细，孙悟空、猪八戒、沙僧来到三妖修醮的三清殿，作法驱散妖怪及道士。为了安然坐享贡品，孙悟空提议三人化为"三清"。变化之前，孙悟空让猪八戒将三清的塑像先扔到茅坑里。于是：

（八戒）跳下来把三个圣像拿在肩膊上，扛将出来……烹的望里一捽，灒了半衣襟臭水，走上殿来。行者道："可藏得好么？"八戒道："藏便藏得好；只是灒起些水来，污了衣服，有些腌臜臭气，你休恶心。"(P551)

"灒"即"溅"。《说文·水部》："灒，污洒也。一曰水中人也。"即用污水洒，也指污泥或水受冲激向外散射。又指水溅到人衣服上。

《现代汉语词典》将"灒"归为方言词。通渭方言中，"灒"是个常用词，既有动词性，又有名词性。词义较复杂。

1. 动词：溅。该义完全继承古义。例如：

①你再休跋水了！水都灒到别人身上了！
②哎呀，这个车轮子把泥灒了个一身！

2. 名词：常与"水"组合成"灒水"，义为投石于水，溅起来的水花。例如：

③那个娃娃在涝坝边上打灒水玩着！
④我打一个灒水给你看。

3. 引申义：干无意义的事情。例如：

⑤那个钱就打成灒水了，连个响声都没有。
⑥你给兀人借钱，无异于打灒水。

【查耳朵】[zhāěrduo（zārùguā）]

《西游记》中关于孙悟空的外貌多是通过他人的眼睛和嘴巴描述出来的。在他人眼中，孙悟空最典型的特征之一就是"查耳朵"。

第四回："巨灵神睁睛观看，真好猴王：……一双怪眼似明星，两耳过眉查又硬。"(P46)

第三十六回："道人道：'是个圆眼睛，查耳朵，满面毛，雷公嘴。手执一根棍子，咬牙恨恨的，要寻人打哩。'"(P445)

第四十九回："妖邪道：'是一个毛脸雷公嘴，查耳朵，折鼻梁，火眼金睛和尚。'"(P609)

当然，《西游记》中，"查耳朵"并非孙悟空的专属。如假行者六耳猕猴、金毛犼变的赛太岁、豹头山虎口洞的小妖等也是"查耳朵"。

第五十八回："也是这等毛脸雷公嘴，朔腮别土星，查耳额颅阔，獠牙向外生。"(P712)

第六十九回："两轮查耳如撑扇，四个钢牙似插钉。"(P852)

第八十九回："糟鼻子，歪侎口，獠牙尖利；查耳朵，砍额头，青脸泡浮。"(P1088)

"查耳朵"是什么样的耳朵？《白话小说语言词典》解释："查耳朵——耳

廓向左右支棱翘起的耳朵,俗称扇风耳。"

"查"在古汉语中有张开、分开的义项。《西游记》中将"查"的这一义项不仅用于"耳朵",还用于其他表述。如:

第四十三回:"被行者扑个满面,掣铁棒分顶一下,可怜就打得脑浆迸出,腮骨查开。"(P534)

第九十七回:"行者就丁在他材头上,咳嗽了一声。唬得那两个媳妇,查手舞脚的往外跑。"(P1180)

《现代汉语词典》没有"查耳朵"词条。"查"也无张开、分开的义项。通渭方言中,既保留着"查"的分开、张开的义项,也保留着"查耳朵"这一说法。

1. 查耳朵。读作[zǎrùguā](咂入瓜)。即耳廓向左右支棱翘起的耳朵,俗称招风耳。例如:

①兀人的那查耳朵才难看得很!
②娃娃碎的时候查耳朵,长大就正常了。

2. 查:分开;张开。例如:

③你搴脚查手地这是做啥去了?
④不撼①点人情②,这空手查脚的怎着好意思进亲亲的门呢!

【窄狭】[zhǎixiá(zǎixiá)]

"窄狭"本义为狭隘、狭小。引申为心胸、气量、见识等不宽广。"窄狭"在《西游记》中共有三处,全为本义。

第二十回:"十分你家窄狭,没处睡时,我们在树底下,好道也坐一夜。"(P242)

第八十八回:"这里窄狭,不好展手。"(P1079)

《现代汉语词典》没有"窄狭"词条。其意被"窄小、狭狭"等词所替代。

---

① 【撼】[hàn] 带、拿的意思。
② 【人情】[rénqíng] 方言:礼物。

通渭方言中依然使用该词语。有三个义项：

1. 本义：地方、空间等狭小、狭隘。此用法与《西游记》中的用法完全相同。例如：

①这个厨房太窄狭了！进来三个人就转不过屁股了。
②城里人的那楼房大部分像洋火匣儿一样，窄狭得很！

2. 引申义：气量小、心胸窄。例如：

③那人肚量窄狭着屁大一点儿事都藏不住。
④那婆娘心窄狭得很，娃娃一病，她就活嚓嚓地恘心死了么！

3. 引申义：窘迫、拮据。例如：

⑤许多老年人原先过窄狭日子，养成了节俭的习惯。
⑥兀两口子日子过得窄狭得很！

【遮饰】[zhēshì]

"遮饰"本义为想办法遮盖、掩饰缺点、错误等。该词在《西游记》中共有三处。

第二十五回："你连夜走在此间，还不招认，遮饰甚么？"(P308)
第五十八回："沙僧诳说是我驾筋斗云，又先在菩萨处遮饰。"(P714)
第九十七回："你看他三人一个个逞凶，众官只以寇家遮饰。"(P1183)

上文中的"遮饰"都为尽力找理由、找借口遮盖、掩盖真相之义。《现代汉语词典》无"遮饰"词条。通渭方言中，"遮饰"是个极为通俗的常用词语。"遮饰"的核心义在于用语言掩盖真相；用语言掩盖本意。通渭方言中多用该词的引申义：表示象征性、礼节性地用语言进行邀请、挽留、劝敬等客气的行为。例如：

①我这人嘴笨得很，就不会说遮饰话。
②那不是你姨父么！你这娃怎么连遮饰都不遮饰一哈去你家喝个茶。
③你这人可真实诚！人家就是遮饰一哈，你真吃啊！

通渭纪事：

行驶的长途公交车上坐满了人。突然，后座有人喊："师傅，前面村口停一哈，个下车。"师傅爽快答应："好嘞！"

车到村口，稳稳地停住了。有俩女孩大包小包下了车。司机帮她们在行李箱里取出两个大皮箱，搁到离车较远的路边上，然后上车发车。

女孩不走，站在路边，热情地邀请："师傅，暂走个家喝个茶，缓过哈了再走吧！"师傅热情地回应："不啦！不啦！一趁走啦！"车绝尘而去！

副驾驶座上的小伙开玩笑："师傅，兀是你小姨子吗？热情得很！"

师傅不无调侃地大声笑道："个阿里有几门好看的小姨子！叫喝茶——那就是遮饰一哈的么！"

接着，不停有人下车。

毫无例外，凡在家门口下车的都热情地邀请师傅去家里喝茶缓一哈。

毫无例外，师傅一一谢绝！

此处邀请的人、被邀请的人都知道自己就是"遮饰"与"被遮饰"一下，谁也不会当真去喝茶。通渭方言中的"遮饰"一词使得那种掩盖"本意"的虚情假意的行为"合礼"化。因此，在通渭乡间生活、游走，遇到热情的邀请、挽留、劝敬时不能一概看表面现象，还得用心去体会是真心还是仅为遮饰。如果不加区别地按语言表象去理解、去行动，不久此人就成"夯客"了。

【折作】[zhézuò（zhēzū）]

"折作"出自《西游记》第三十六回：话说在唐僧师徒来至敕建宝林寺。唐僧进去借宿，被僧官斥责了一通。孙悟空一听，火从心头起，怒从胆边生，执着铁棒，径到大雄宝殿上，指佛骂神地发狠捣叉子乱说。僧官出来一见悟空的雷公式的嘴脸，吓破了胆，慌忙把方丈门关了。行者赶上，打破门扇，道：

"赶早将干净房子打扫一千间，老孙睡觉！"僧官躲在房里，对道人说："怪他生得丑么？原来是说大话，折作的这般嘴脸。我这里连方丈、佛殿、钟鼓楼、两廊，共总也不上三百间，他却要一千间睡觉。却打那里来？"(P445)

"折作"什么意思？《汉语大词典》《现代汉语词典》均无"折作"词条。《白话小说语言词典》解释为："'折作'犹'积作'。""积作：积累。"通渭方言中，"折作"是一个常用词语，读 [zhēzū]（折租）音。"作"本来就有 [zu] 音，《韵补》"作：叶总古切，音阻。""折作"的方言意思基本来自字面：

1. 折腾蛮干；胡作非为。例如：

①那老汉那么大的家业，就让兀块败家子儿子折作没了！
②你把个好好个的家折作完了是！

2. 千方百计设圈套害人，或进了别人精心设计的圈套。例如：

③三娃儿那块坏厮把兀女子活生生地折作到监狱里面呶！
④小心被传销的骗子折作到里面！

【者嚣】[zhěxiāo]

"者嚣"是《西游记》中出自孙悟空之口的一个动词，仅有两处：

第二十三回："呆子，不要者嚣。你那口里'娘'也不知叫了多少，又是甚么弄不成。"(P285)

第三十一回："这个好打的夯货！你怎么还要者嚣？"(P376)

"者嚣"义同"遮嚣"，为掩饰、隐瞒、支吾之义。《汉语大词典》《重编国语辞典》以及其他辞书对"者嚣"的解释均以《西游记》中仅有的这两个句子为例。可见从古至今，该词在书面语中并不多见。《现代汉语词典》没有"者嚣"词条。有"遮嚣"词条，且将其归为方言词语。通渭方言中，"者嚣"（遮嚣）是个常用词语，也是一个较雅的词语。重点强调用语言进行斡旋、解决问题。具体意义较丰富。

1. 本义：掩盖、掩饰。该义项完全继承古义。例如：

①喝酒开车不撞人还好者嚣，现在撞死人了，就没办法了！
②这事做得太丢人了！大哥你看看怎么者嚣一哈？

2. 处理，解决。此意是从掩盖，掩饰引申而来，往往针对坏事、烂事而言。遇到此类情况，通常先"掩盖"；"掩盖"不了，就放到明面儿上"者嚣"了。例如：

③娃娃不懂事，闯了祸。你大汉总懂吧！你看这事儿怎着者嚣？
④张家那娃娃盗窃的事儿最后怎着者嚣了？

3. 调停、斡旋。例如：

⑤麻烦大爷再去杨家者嚣一下,看彩礼能不能少点儿!
⑥大嫂你说说,这事儿再有没有者嚣的余地?

【者着】[zhězhuó(zhīzháo)]

"者着"出自《西游记》第二十六回:话说孙悟空筑倒了镇元大仙的人参果树,后因无法脱身,便与镇元大仙达成协议:孙悟空保证救活人参果树,镇元大仙先给三藏、八戒、沙僧三人解绑。于是镇元大仙解放了他们。沙僧道:"师父啊,不知师兄捣得是甚么鬼哩。"

八戒道:"甚么鬼!这叫做'当面人情鬼'!树死了,又可医得活!他弄个光皮散儿好看,者着求医治树,单单了脱身走路,还顾得你和我哩!"(P316)

"者着",文本注释:"支着、借着、托着、指着的意思。"《汉语大词典》没有"者着"词条。其在"者"词条下,专列一义项:"假借,借口。"所举文例即上文。可见该义项是专为猪八戒此说"量身定做"的。显然,上述解释都是基于上下文语境所做的"意释",而不是"者着"的字面意思,且都将"着"当作虚词。

《说文解字》:"者——别事词也。"《汉语大词典》"者"字条有义项:"代词。指示代词。相当于'这'。"如:

《敦煌曲子词·望江南》:"我是曲江临池柳,者人折了那人攀,恩爱一时间。"

宋·辛弃疾《丑奴儿近·博山道中效李易安体》词:"只消山水光中,无事过者一夏。"

《三国志平话》卷上:"臣奉玉皇敕,交陛下受者六般大礼。"

通渭方言中,指示代词"这"读[zhī](只)音。因此,"者"作为指示代词,依然读[zhī](只)音。

《汉语大词典》中,"着"是个多音多义词。其在"着zhuó"音下,有"教、使""派遣"的义项。《西游记》中,该义项的"着"字出现频率极高,据不完全统计多达200多处。如:

第四回:"这妖猴何敢这般狂妄!着众将即刻诛之。"(P50)

第八十五回:"先着一个战猪八戒,再着一个战孙行者,再着一个战沙和尚。"(P1048)

第八十七回"我因路过此方,见久旱民苦,特着你来此施雨救济,如何推托?"(P1066)

第九十五回:"然后着那国王取素娥公主之身,以见显报之意也。"(P1156)

可见,在《西游记》成书的时代,在《西游记》作者的词语库中,"着"就是一个极为通俗的使令动词,具有派遣、使、教、让、令等义。其实,"着"的该义项早在元代的通俗文学中就大量存在。如:

元·王实甫《西厢记》第四本第二折:"只着你夜去明来,倒有个天长地久,不争你握雨携云,常使我提心在口。"

元·石德玉《秋胡戏妻》第二折:"我既为了张郎妇,又着我做李郎妻,那里取这般道理。"

元·高明《琵琶记·蔡公逼伯喈赴试》:"你真个没饭吃便着饿死,没衣穿便着冻死。"

通渭方言口语中,完整地保留着"着"的这种使令用法。方言中,"着"作为使令动词,多读[zhāo](招)音。例如:

①这着小李赶快上街买两只烧鸡去。
②兀着娃娃先耍子一会儿了再学习。

综上,猪八戒所言"者着求医治树",解释为:"这教(让、使)求医治树"似乎更合乎原意。

【真个】[zhēngè(zhēnganr)]

"真个"本义为:真的、确实。该词是《西游记》中一个出现频率极高的副词,据不完全统计,约有二百九十多处。如:

第七回:"真个光阴迅速,不觉七七四十九日,老君的火候俱全。"(P75)
第二十四回:"长老道:'徒弟,真个是一座观宇。'"(P293)
第三十回:"那长老的真身,隐在殿上,真个变作一只斑斓猛虎。"(P366)
第三十二回:"呆子真个对行者说道:'哥哥,你教我做甚事?'"(P394)

《西游记》中的"真个"全用本义,即真的,确实。

"真个"是古汉语中一个使用地域极广的副词。该词大量出现于唐代以降的文学作品中。

唐·王维《酬黎居士淅川作》诗:"侬家真个去,公定随侬否。"

宋·杨万里《多稼亭前两株梅盛开》诗:"君不见侯门女儿真个痴,獭髓熬酥滴北枝。"

宋·洪迈《夷坚三志辛·万道士》:"食料真个尽了。"

元·关汉卿《救风尘》第三折:"〔正旦云〕你真个不曾使他来?"

明·高明《二郎神·秋怀》套曲:"真个胜似腰缠跨鹤扬州。"

"真个"在《现代汉语词典》中被归为方言词。其在通渭方言中就是一个使用频率极高的副词。词义完全继承古义,即:真的、确实、的确。音变为[zhēnganr]。用法极为灵活。既可以作状语,也可以在对话中单独使用。例如:

①兀家子的房子真个盖得好得很!

②这沟边上真个是个庙!

③甲:兀家子的草烮①了!火熛②得那么高!乙:真个!!!

④甲:你真个兰州去吗?乙:真个。

【争竞】[zhēngjìng(zéngjīng)]

"争竞"是《西游记》中出现频率较高的一个多义词。计有十二处,两个义项:

1. 谓为名利而争逐奔走。亦泛指互相争胜。

第三十五回:"家居花果山,祖贯水帘洞。只为闹天宫,多时罢争竞。如今幸脱灾,弃道从僧用。"(P428)

第六十一回:"三家刑克相争竞,各展雄才要运筹。"(P750)

2. 争执、计较。这是《西游记》中"争竞"的主要义项。

第八十四回:"天光时,凭赐几文饭钱,决不争竞。"(P1032)

---

① 【烮】[chè] 火燃烧。

② 【熛】[biāo] 火焰上蹿。

第八十五回："开柜时，他就拜我们为师哩。只教八戒不要争竞长短。"八戒道："但只免杀，就是无量之福，还敢争竞哩！"(P1039)

"争竞"是个极为古老的词语。该词大量出现于明代以前的文学作品中。如：

《三国志·魏志·何夔传》："上以观朝臣之节，下以塞争竞之源。"

《晋书·刘寔传》："夫推让之风息，争竞之心生。"

《东观汉记·卓茂传》："〔茂〕自束发至白首，与人未尝有争竞。"

《梁书·冯道根传》："每所征战，终不言功。诸将谨哗争竞，道根默然而已。"

《现代汉语词典》没有"争竞"词条。通渭方言中，"争竞"是个常用词语，使用频率较高。义项主要有三个：

1. 争取、要求。此义继承了古义"为名利而争逐奔走"，但语义明显弱化，"争"的意愿不强，仅仅有"争"的行为而已。例如：

①我见了管后勤的人，给大家争竞了一顿好饭。
②你们厂有旅游名额，你没向领导争竞一哈？

2. 反复要求、祈求。强调"多次"性，但往往所争之物不多，要求不大。例如：

③这东西娃娃争竞了好长时间，这次就答应他吧！
④别看就涨那点钱，我们可向厂里争竞了好长时间！

3. 争执、争吵、计较。该语义比争吵、争执弱，侧重于"争"。此义完全继承古义。例如：

⑤大清早你与人争竞啥了！
⑥你整天争竞来争竞去就为那些鸡毛蒜皮的事，有意思吗？

【支应】[zhīyìng（zīyìng）]

"支应"是《西游记》中仅与唐僧师徒有关的一个词。共计三处：

第六十八回："那两个馆使听言，屏退左右，一个个整冠束带，下厅迎上相见。即命打扫客房安歇，教办清素支应。三藏谢了……有管事的送支

应来，乃是一盘白米、一盘白面、两把青菜、四块豆腐、两个面筋、一盘干笋、一盘木耳。"(P832)

第七十八回："茶毕，即办支应，命当直的安排管待。"(P961)

上文的"支应"即招待、供应之物。

"支应"本来是古今汉语中的一个通用词语。《汉语大词典》解释："❶应酬；接待。❷敷衍，应付。❸供应。❹指供应之物。❺伺候；守候。❻应答，回答。"《现代汉语词典》解释："❶应付。❷供应。❸守候。"可见，在普通话中，"支应"的许多义项已经消失不用。但在通渭方言中，"支应"不仅是个常用词语，而且它的许多古义项完整地保留着。

1. 招待、招呼。例如：

①今晚收社火，谁支应头人？

②明天席上，老张支应尊客，小李支应男方单位的人。

2. 敷衍、应付。该义有个习语：支应差事。例如：

③你这哪里是写作业，纯粹是支应差事，哄老师的呗！

④个实在不爱去，但面子上过不去，只好支应差事去一趟。

3. 答应、应答。例如：

⑤阿是叫着？你支应一声。

⑥你聋了还是哑了呀？个喊半天也不支应一声！

4. 伺候、守候、坚守等。例如：

⑦我只能支应一两天，时间再长了就不行。

⑧你再稍微支应一会儿，个尽快赶回来。

5. 名词：招待、供应之物。例如：

⑨天啦，来了这么多人！就三个花卷儿，没支应啊！

⑩这菜支应四五个人没问题！

【志诚】[zhìchéng（zìchéng）]

"志诚"是《西游记》中一个人神共享的词语。不过孙悟空更喜欢使用该词，全书共计七处，五处出自孙悟空之口。该词在《西游记》中有两个义项：

1. 诚实、老实。

  第五九回："行者笑道：'我是个志诚有馀的君子，不是那借物不还的小人。'"(P731)

  第四十六回："行者听见道：'我师父乃志诚君子，他说会坐禅，断然会坐；说不会，只是不会。'"(P566)

2. 用情专一、虔诚。

  第二十四回："行者道：'老少千番也还难；只要你见性志诚，念念回首处，即是灵山。'"(P292)

  第五十三回："那婆子道：'但欲求水者，须要花红表礼，羊酒果盘，志诚奉献，只拜求得他一碗儿水哩。'"(P655)

  第九十九回："诸神道：'委的心虔志诚，料不能逃菩萨洞察。'"(P1200)

"志诚"是一个古语词。该词早见于明代以前的通俗文学中。

  宋·花仲胤《南乡子》词："展转意多情，寄与音书不志诚。"

  金·董解元《西厢记·诸宫调》卷四："说志诚，说衷肠；骋奸俏，骋浮浪。"

  元·汤式《湘妃引·和陆进之韵》曲："使聪明休使小聪明，学志诚休学假志诚。"

《现代汉语词典》没有"志诚"词条。但有［志 zhī］字条。解释："〈方〉称轻重，量长短、多少。"通渭方言中，既有"志诚"，也有方言动词"志"。"志"均读作［zì］（自）音。"志"作为动词，多强调重新验证之意。例如：

①你把那粮食志一下，看称得够着没？

②个用尺子志了一下，发现你竟然一米布少了十厘米，这么做太过分了吧。

"志诚"在通渭方言中是个常用词语。有两个义项：

1. 本义：诚实、诚恳、老实。例如：

③那是个志诚人，绝不会拿你的东西！

④老李半辈子洁身自好、志诚！兀宁肯挨饿受冻，也不干偷东摸西的事儿！

2. 引申义：义为洁身自好，坚决、尽量不用别人的东西，或者不贪图别人的东西。该义项的"志诚"还有一个方言近义词"志气"。例如：

⑤那人志诚（志气）得很，再饿也不吃别人的东西。
⑥你不能活得志诚（志气）高贵一点儿吗！老用别人的东西不恶心吗？

【中看不中吃】[zhōngkàn bù zhōngchī]

"中看不中吃"出自《西游记》第二十回的孙悟空之口。话说在黄风岭前初遇"老王"，老王因被孙悟空冲撞不悦，于是将孙悟空形容为："拐子脸、别颏腮、雷公嘴、红眼睛的一个痨病魔鬼。"行者听了很不以为然。笑道：

"你这个老儿，忒也没眼色！似那俊刮些儿的，叫做中看不中吃。想我老孙虽小，颇结实，皮裹一团筋哩。"(P242)

此"中看不中吃"义即徒有外表，没有能耐。这显然是比喻的说法，因为再"中看的人"也不能用来吃。

《现代汉语词典》没有该词条。通渭方言中，"中看不中吃"是个常用习语。不过它还有一个同义词"中看不中用"，只不过一个用来描写食物，一个用来描写人物。

1. 中看不中吃。多指食物外表好看，其实不好吃。例如：

①价块火龙果中看不中吃，菜腥的！
②兀种蛋糕中看不中吃，奶油是假的。

2. 中看不中用。比喻人或者物外表好看，其实没能耐，或者不中用。例如：

③我家的儿媳妇中看不中用。人好看，但手拙。
④价块包包中看不中用，小得啥都装不哈。

【筑】[zhú]

猪八戒的武器是九齿钉钯。他使用九齿钉钯最拿手的方式就是"筑"。《西游记》中，猪八戒从高老庄开始，用他的钉钯不但筑土打墙、筑山开路，还用它筑菩萨、筑悟空、筑沙僧、筑各种各样的妖魔鬼怪，一路"筑"到了西天。如：

第八回:"他撞上来,不分好歹,望菩萨举钯就筑。"(P91)

第十九回:"那怪(八戒)真个举起钯,着气力筑将来。扑的一下,钻起钯的火光焰焰,更不曾筑动一些儿头皮(悟空头)。"(P233)

第二十二回:"(八戒)掣出铁钯,望妖精(沙僧)便筑。那怪使宝杖架住。"(P265)

第三十五回:"被八戒赶上,照背后一钯,就筑得九点鲜红往外冒,可怜一灵真性赴前程。"(P436)

第八十五回:"那呆子被他扯急了,即便现出原身,腰间掣钉钯,一顿乱筑,筑退那些小妖。"(P1044)

"筑"亦"築"。其在古汉语中词性词义都很复杂。既可以作名词,也可以作动词。

【筑】名词:

《说文》:"筑,以竹曲、五弦之乐也。"本义为古弦乐器名。有五弦、十三弦、二十一弦三种说法。其形似筝,颈细而肩圆,弦下设柱。演奏时,左手按弦的一端,右手执竹尺击弦发音。引申为:捣土用的杵;筑版(即版筑。谓墙与杵);筑筑(上下摇动,如:筑杵捣物的样子);筑畚(建筑所用的杵与锹);建筑物等。

【筑】动词:

本义:筑墙。古代用夹板夹住泥土,用木杆把土砸实。引申义:捣土使坚实;筑踏;修建、建造;筑捼、筑垒、筑建(兴筑建造);打、击;筑球;切断;捅;装填;筑础;拾取等。

《西游记》中猪八戒使钉钯筑菩萨、筑悟空等的"筑",显然为打、击之义。

《现代汉语词典》中"筑"无打、击义项。通渭方言中,就将打、击、揍等行为统称为"筑"。"筑"不仅用于人,也用于动物。

1. 揍、打人。例如:

①这块娃娃今日演着了!得好好个过筑上一顿。

②我们把兀坏俫给美美个筑了一顿。现在他乖了!

2. 打动物。例如:

③兀块狗跻上爬下地害人着,你过筑过一棍。

④我把兀块驴过筑过了两鞭子。

【装幌子】［zhuānghuǎngzi］

"装幌子"出自《西游记》第七十三回：话说唐僧师徒烧了蜘蛛精的老巢盘丝洞，来到黄花观。哪承想七个蜘蛛精恰巧与观主道士相熟，且躲在观中。她们见道士盛情招待唐僧师徒，便使人叫来道士欲挑唆。道士以为是谈其他事，便笑道：

"你看贤妹说话，怎么专为客来才说？却不疯了？且莫说我是个清静修仙之辈，就是个俗人家，有妻子老小家务事，也等客去了再处。怎么这等不贤，替我装幌子哩！且让我出去。"(P895)

"装幌子"是什么行为？《汉语大词典》解释：

清·翟灏《通俗编·艺术》："《能改斋漫录》云：'俗以罗列于前者，谓之装潢子。'乃云装幌子耳。幌子者，市肆之幖，取喻张扬之意。"

清·李鉴堂《俗语考原·装幌子》："北人以事物专饰外观谓之装幌子。亦曰装样子。"亦省称"装幌"。

可见，"装幌子"亦称"装潢子""装样子""装幌"。"幌子"，旧时酒家挂在门前用以招徕顾客的旗帜。"装幌子"比喻张扬，招摇；或者比喻人专饰外表，摆空架子。而《西游记》中"装幌子"，义为人前招摇，使人丢脸、出丑。《现代汉语词典》没有"装幌子"词条。通渭方言中，"装幌子"是一个"古"语词。使用者年龄较大。义为不懂装懂、摆样子、装门面等。例如：

①兀人啥时候学的兽医？恐怕是装幌子摆样子的吧！
②兀块校长纯粹是装幌子的，看着人之乎也①的，实际上百屁不懂。

【咨牙俫嘴】［zīyá láizuǐ］

"咨牙俫嘴"是《西游记》中专门用来描写孙悟空形态的一个词。

第五回："大圣喝了一口，即咨牙俫嘴道：'不好吃！不好吃！'"(P57)

---

① 【人之乎也】［rénzhīhūye］装模作样，很有学问的架势。

第十八回:"那怪转过眼来,看见行者咨牙俫嘴,火眼金睛……慌得他手麻脚软。"(P226)

第七十四回:"他就把脸抹一抹,即现出本像,咨牙俫嘴,两股通红,腰间系一条虎皮裙。"(P909)

"咨牙俫嘴"是什么样貌?文本脚注:"咨牙——开口见齿。犹龇牙。"即牙齿突露。"俫嘴——嘴角裂开的表情。犹咧嘴。""咨牙俫嘴"即牙齿突露,咧着嘴。形容长相凶狠难看。

《汉语大词典》《现代汉语词典》等辞书均无"咨牙俫嘴"词条。通渭方言中,"咨牙俫嘴"亦称"咨牙咧嘴""龇牙咧嘴"。不过"咨牙俫嘴"多强调牙齿突露、噘嘴凸唇的客观长相。"咨牙咧嘴""龇牙咧嘴"多强调咧嘴露齿的动作形态。大体有三个义项:

1. 形容龅牙外露,凸唇噘嘴,难看丑陋的样子。例如:

①乃家的新媳妇咨牙俫嘴地太丑了!那在灯影子下面都吓人了吧!
②据说现在美容技术高得很,不知能不能治咨牙俫嘴的毛病?

2. 形容因疼痛、寒冷等龇着牙、咧着嘴的样子。例如:

③兀人疼得咨牙俫嘴的,但就是一声不吭。
④你咨牙咧嘴的冷得很吗?

3. 代指因心中不满,嘴里骂骂咧咧,或者发牢骚的样子。例如:

⑤谁掰你的生馒头了,你咨牙咧嘴的?
⑥兀人咨牙俫嘴地又捣涮①啥着?

【姊妹四个】[zǐmèi sìgè]

该短语出自《西游记》第八十三回:话说唐僧被托塔李天王的养女金鼻白毛老鼠精摄到陷空山无底洞,欲与他成婚。孙悟空经过再三营救都没有成功,却在洞里因香烟所引,发现了供有"尊父李天王之位""尊兄哪吒三太子位"牌位的供桌。于是以牌位为据,径上天堂玉帝前告御状,教天王父子还其师父。玉帝派太白金星陪孙悟空去天王住宅云楼宫要人。天王道:

---

① 【捣涮】[dǎoshuàn] 骂骂咧咧,没完没了地叨咕。

"我止有三个儿子,一个女儿。大小儿名君吒,侍奉如来,做前部护法。二小儿名木叉,在南海随观世音做徒弟。三小儿名哪吒,在我身边,早晚随朝护驾。一女年方七岁,名贞英,人事尚未省得,如何会做妖精!"(P1021)

李天王认为孙悟空诬告自己,抢过刀来,望行者劈头就砍。早有那三太子赶上前,将斩妖剑架住。天王问哪吒何故?

哪吒弃剑叩头道:"父王,是有女儿在下界哩。"天王道:"孩儿,我只生了你姊妹四个,那里又有个女儿?"(P1022)

"姊妹"指谁?《汉语大词典》解释为:

❶姐姐和妹妹。

《左传·襄公十二年》:"无女而有姊妹及姑姊妹。"
《汉书·外戚传上·孝武李夫人》:"夫人姊妹让之。"
唐·戴叔伦《女耕田行》:"姊妹相携心正苦,不见路人唯见土。"

❷对同辈年龄相当的女性的通称。

宋·张先《贺圣朝》词:"谢家姊妹,诗名空杳,何曾机巧。"

❸兄弟姐妹。

元·无名氏《谢金吾》第三折:"今皇帝是俺嫡堂叔侄,先皇帝是俺同胞的那姊妹。"

❹称妓女。

清·孔尚任《桃花扇·访翠》:"这一条巷里,都是有名姊妹家。"

《西游记》中李天王所言"姊妹四个"显然是指哪吒兄妹四个。

通渭方言中没有单音节的"姊",或者叠音词"姊姊"的称谓,而通用"姐"或"姐姐",却有双音节称谓"姊妹"。通渭方言中,"姊妹"保留了其四个古义项中的三个:

1. "姐妹"的代称。就史料来看,"姊妹"这个称谓远远早于"姐妹"。"姊妹"早出现于汉代的文献典籍中。而"姐妹"书面语较早出现于清代。通渭方言中,虽然没有"姊"或"姊姊"的称谓,却将"姐妹"多称为"姊妹",而很少用"姐妹"。例如:

①嫩姊妹三块进城去咧吗?

②小敏姊妹四个，她三个姐姐好像都结婚了。

2. "兄弟姐妹"的统称。这与托塔李天王的说法完全一致。例如：

③我们姊妹四个。我有两个哥哥一个姐姐，我是最小的。
④那姊妹和伙得很，尤其是小张对他的弟弟妹妹特别关心。

3. 对同辈年龄相当的女性的通称。该义项多为年纪较大者使用。例如：

⑤曹老姊妹多少年没见了，这次聚在一起得好好个谝（聊）一哈！
⑥兀老姊妹一见面，就有说不完的话！

可见，通渭人口中的"姊妹"与现代汉语中的"姊妹"有很大的区别，不能想当然地理解。

【自家搓根绳儿去罢】[zìjiā cuōgēnshéngr qùba]

《西游记》第三十四回有个非常好玩的情景。唐僧师徒在平顶山被莲花洞的金角大王与银角大王拘去。孙悟空与银角大王骂阵。

大圣忍不住骂道："这泼怪物，错认了你孙外公！赶早儿送还我师父、师弟、白马、行囊，仍打发我些盘缠，往西走路。若牙缝里道半个'不'字，就自家搓根绳儿去罢，也免得你外公动手。"(P421)

这段"骂词"若将主人公换成今天的通渭乡民，绝对不会有任何违和感。尤其是"就自家搓根绳儿去罢"这种歇后语式的骂人句式充满了通渭的乡土气息。悟空说出的是让银角大王"就自家搓根绳儿去罢"，没说出的是"用该绳儿勒死、吊死算了"！这种极为村俗的、双关语式的骂人方法至今在通渭的村里乡间，在老百姓的齿间唇边原汁原味地生发流传着。例如：

①你这个可怜虫不会各家搓根绳儿去吗？
②你这个孽障货，自个儿揣个椽头子去算了！
③你难道寻不着一个高崖么！
④你难道找不着一个涝坝么！

"搓根绳儿""揣椽头""寻高崖""找涝坝"的言外之意就是"勒死""吊死""摔死""淹死"算了。通渭人不仅骂人运用这种委婉的表达方式，自艾自怜时也用这种表达方法。例如：

⑤个活的这人连搓根绳儿的本事都没有啊!
⑥个连个橡头子都没本事揣啊!
⑦个活的这人孽障得连个高崖都寻不着啊!

真没想到,通渭人这种看似土得掉渣的说法竟然由来已久!

【嘴脸】[zuǐliǎn(zuǐjiàn)]

"嘴脸"本义为脸庞、容貌、模样。引申为面子、脸面;脸色;丑恶的面目、猥琐的模样等。"嘴脸"是《西游记》中使用频率极高的一个词,据不完全统计有五十多处。其意不仅囊括了"嘴脸"的五个义项,而且还有新义项。具体如下:

1. 脸、脸庞。

第二十九回:"不分好歹,一顿钻进;那管刮破头皮,搠伤嘴脸,一毂辘睡倒,再也不敢出来。"(P360)

第七十一回:"你这厮:'相貌若猴子,嘴脸似猢狲。七分真是鬼,大胆敢欺人!'"(P872)

2. 容貌、模样。

第六回:"这大圣也使神通,变得与二郎身躯一样,嘴脸一般。"(P69)

第四十七回:"他来行走,你们看见他是甚么嘴脸?有几多长短?"(P587)

3. 丑恶的面目;猥琐的模样。

第二十回:"老儿果然眼花,忽抬头细看,一见八戒这般嘴脸,就唬得一步一跌。"(P243)

第三十一回:"呀!浑家,你怎么拿出这一副嘴脸来耶?"(P383)

第三十回:"倘吃酒中间,千千仔细,万万个小心,却莫要现出原嘴脸来。"(P364)

4. 犹言面子、脸面。

第三十一回:"既受了师父赶逐,却有甚么嘴脸,又来见人!"(P384)

5. 脸色;脸上的表情或对人的态度。

第三十回:"就拿出这副嘴脸来了!我和你兄弟也做了几年,又推认

243

不得。"(P372)

第六十八回："不然呵,他就变了嘴脸,这事却弄不成也。"(P837)

6. 调笑辞或者詈词：瞧你德行，瞧你那小样。

第三十二回："八戒道：'嘴脸！你又不曾去,你晓得那些儿,要替我说?'"(P398)

第三十九回："行者笑道：'嘴脸！小家子样！那个吃你的哩！能值几个钱！'"(P478)

可见，"嘴脸"在《西游记》成书的时代是一个多么通俗应口、内涵丰富的词语。"嘴脸"在普通话中仅有"面貌""表情或脸色"两个义项。"嘴脸"在通渭方言中是个常用贬义词。义项比普通话多，许多古义项依然在使用。

1. 脸、脸庞。该"嘴脸"含有明显的贬义。例如：

①你连自己的皮嘴脸都洗不干净，还能干吗？

②嘴脸脏得很，快洗去！

2. 脸面、面子。此"嘴脸"特意强调没脸面、没面子。例如：

③你这么做，让我们把嘴脸往哪搁？

④你曾经那么对她，现在哪有嘴脸请伊家帮忙！

3. 脸色、态度。此"嘴脸"有意突出脸色难看，态度恶劣。例如：

⑤个今日去找舅舅借钱。舅妈的嘴脸难看得很！

⑥你别拿出这副皮嘴脸来，个不想看？

4. 丑恶的面目；猥琐的模样。例如：

⑦瞧兀的那副嘴脸，好像刚从地狱里出来！

⑧仅看后背十八，一看嘴脸吓瓜。

【嘴上挂得油瓶】[zuǐshàng guàde yóupíng]

该短语出自《西游记》第三十六回：话说唐僧师徒来到敕建宝林寺。唐僧怕孙悟空等人嘴脸丑陋，言语粗疏，冲撞僧人，不容借宿，就自告奋勇先进去求宿，结果被管事的僧官斥责一顿，赶了出来。孙悟空重新进去，把僧官等人磕砌码趽一顿收拾,僧官等人吓破了胆,领着众僧,出山门下跪下。

那僧官磕头高叫道:"唐老爷,请方丈里坐。"八戒看见道:"师父老大不济事。你进去时,泪汪汪,嘴上挂得油瓶。师兄怎么就有此獐智,教他们磕头来接?"(P447)

猪八戒所说的"嘴上挂得油瓶"是形容唐僧受了委屈,心中不爽,嘴噘得老高的样子。这种揶揄人的说法在通渭方言中比比皆是。就该短语而言,又分两种情况:

1. 嘲笑某人因生气嘴噘得老高的样子。例如:

①谁惹娃娃了?你看看这嘴上挂得住油瓶儿了!
②小时候动不动就听大人笑话我嘴上挂得住油瓶了。真不知道那是啥样儿?

2. 形容人长相丑陋,尤其嘴凸噘者。例如:

③兀块婆娘是个噘嘴子,嘴上挂得住油瓶。
④兀个嘴长得太难看了!简直嘴上挂得住油瓶!

【罪愆】[zuìqiān(cuīqiān)]

"罪愆"即罪过、过失。"罪愆"在《西游记》中共有两处:

第六十一回:"只见那火焰山土神,帅领阴兵,当面挡住道:'大力王,且住手。唐三藏西天取经,无神不保,无天不祐,三界通知,十方拥护。快将芭蕉扇来搧息火焰,教他无灾无障,早过山去;不然,上天责你罪愆,定遭诛也。'"(P750)

第七十七回:"妖精道:'你那里持斋把素,极贫极苦;我这里吃人肉,受用无穷;你若饿坏了我,你有罪愆。'"(P957)

从上例可见,"罪愆"的范畴是极为宽泛的。"火焰山土地"认为牛魔王不帮助唐僧过火焰山是"罪愆"。而大鹏妖认为如来佛不让它吃人是"罪愆"。显然,每个人对"罪愆"的理解是完全不同的,大都以自己的利益为依据、为标准来确定。

《现代汉语词典》将"罪愆"归为书面语。但在通渭方言中,"罪愆"是个地地道道的口头常用语。"罪愆"在通渭方言中意义略同"罪业",但语义要轻，使用范围要广。这与该词的古义是完全吻合的。"罪愆"的使用者多为六七十岁以上的老人。那些人相当一部分所接受的是最朴素的人文教育。他们对自然万物，对他人、对未知的东西有敬畏感，相信因果报应。因此生活中有许多禁忌，比如不能泼伤浪费，不能虐待生灵，不能对父母长辈忤逆不孝，等等。如果犯了这些禁忌，就认为会招致"罪愆"。例如：

①你不要把裤子挂到过道上，下面人走来走去，有罪愆了。
②你一个娃娃家随口骂你爷爷，那是有罪愆的。
③哎哟——用这新铮铮的衣服擦地！这不是有罪愆了嘛！

用该词的人相信，招致了"罪愆"，总会有不好的报应。而现代年轻人崇尚科学，追求自我放飞，追逐时新，哪管他"罪愆"不"罪愆"！

通渭纪事：

很久很久以前，中原地界有一户家境殷实的大户人家，主人响石头①为人大方，乐善好施。不论是云游僧人，苦行道士，还是乞丐讨吃，他都有求必应，以礼相待。

有年腊月，响石头赶着骡队去外地做买卖。有位僧人来化斋，恰巧长工正在大门外的牛栏中起牛蹿（垫圈土）。长工就问僧人："个家主人今日不在，师傅您想化什么？"

僧人双手合十答道："阿弥陀佛。出家人，随缘而化，施主给什么，就化什么。"

长工听了，心里一乐，随手铲起一锨牛蹿问僧人："给您这个，要吗？"

僧人一边道谢，一边打开洁白的布袋，接住了那锨牛蹿。

僧人回去以后，将牛蹿炒干、研细，与米面和在一起，作为充饥食粮。

正月初九，玉帝诞辰。各方高僧、道长设坛念经，祝贺玉帝圣诞。玉帝率领各路大仙云游御园，遥领人间香烟。行至中原天界，发现中原地界香火不兴，冷冷清清，玉帝环顾左右，询问原因。

有位大仙出列禀报："中原僧人以响石头家的牛蹿为食，斋戒不净，不敢设坛。"

玉帝不听则已，一听龙颜大怒："这还了得，黎民百姓应以善为本，怎能如此刁钻恶毒。"他立即下旨，派遣使神火帝真君即刻下界，查证此事。如果确有

---

① 据传，他家雇工很多，开饭时，伙夫就敲一块大石头为号，此石头声如噌弘，响彻四邻八乡。于是，乡邻就叫其主人为响石头。

此事，则在正月十五夜月神出宫之时放天火，将中原的黎民生灵，化为灰烬，以示惩戒。并告诫火帝真君不得徇情。正月十五、二月初二、五月初五，玉帝都要亲临南天门巡视。

火帝真君领旨下界，化作一位断臂瘸腿、满身疥疮的褴褛老头。当晚，与做完买卖的响石头同宿一店。两人攀谈，响石头得知这位贫病交加的老人要去他的家乡，就热情地建议两人结伴同行。一路上，响石头不但让老人骑着自己的走骡，而且对老人处处关顾，事事照料，真是关怀备至！

到达中原，火帝真君就去见僧人。僧人一五一十地告诉其事情的原委，这使火帝真君陷入了进退两难的境地。不执行玉帝命令，就无法去交旨；执行吧，中原的黎民百姓大部分善良纯朴，滥杀无辜显然不合天意。

转眼就是正月十五日。火帝真君情急生智，想出一条万全之策。他给僧人如此这般交代一番，就上天复命去了。

正月十五夜，月神玉面纱裙、姗姗行出宫门的时候，玉帝也率领天界百神亲临南天门，俯瞰中原，只见人间火光冲天，一片通红。火光中人喊马嘶，混乱不堪。

原来，十五日傍晚，中原地界的家家户户依照僧人吩咐在大街小巷，廊前檐后挂满红色的大灯笼。月亮升起的时候，人们扶老携幼，倾巢而出，观看灯火。真是人欢马叫，热闹非凡。

过了十五，还得过初二。二月初二凌晨，玉帝在李铁拐还锅之时再临南天门，复查火情。打开天门，只听见中原地界噼噼啪啪的燃烧声响彻天地。玉帝不禁龙颜大悦，心想：大火烧了半月，至今未熄，再硬的石头也该化了。殊不知，老百姓正在噼里啪啦爆炒五谷杂粮。

常言说，骗得了初二，骗不了初五。五月初五，人间本应该是杨柳依依，芳草萋萋，莺歌燕舞，孩童嬉戏，一派生机盎然的景象。五月初五上午，太阳神乘六龙之车给玉帝开道，玉帝乘鸾凤之御君临中原上空，透过五彩祥云，俯瞰下界。但见山川萧瑟、村落荒芜，檩头搽梢，杨柳倒长；瓦棱井台，艾蒿丛生；房前屋后，灰烬堆积。千里之野，不见人烟，不闻鸡鸣狗吠之声。

玉帝面对此情此景也不禁感慨："橡檩发芽，砖瓦生蒿，灰烬飞扬，人何以存！不造孽缘，何得孽果！"即摆驾回宫。

真是君令难违，君意可改。原来五月五日凌晨，中原的黎民百姓赤脚踏着青草露水，采集艾蒿、攀折杨柳，回来后插于檐前廊后、屋顶井台，用簸箕将草木灰扬满墙根、庭院。趁太阳还未升起，喂饱鸡犬六畜，然后关紧栏门，一日不事耕作。

《西游记》中通渭方言词汇考释 >>>

人们辛劳一晨，太阳升起的时候，男女老幼累得精疲力竭，皆在家休养生息。

从此，人们将正月十五闹花灯，二月初二爆炒五谷杂粮，五月初五踏青、插柳、打灰簸箕作为消灾避难，祈福求祉的习俗沿袭至今。

【罪业】［zuìyè（cuījiè）］

"罪业"是一个佛教用语：谓身、口、意三业所造之罪。亦泛指应受恶报的罪孽。"罪业"在《西游记》中共有四处。

第八回："菩萨道：'你这厮（孙悟空）罪业弥深，救你出来，恐你又生祸害，反为不美。'"(P94)

第十三回："却说那伯钦的父亲之灵……托一梦与合宅长幼道：'我在阴司里苦难难脱，日久不得超生。今幸得圣僧，念了经卷，消了我的罪业，阎王差人送我上中华富地、长者人家托生去了。'"(P163)

此两回中的"罪业"内涵各不相同。孙悟空的"罪业"就是不服玉帝管束，大闹天宫。其活着所造之"罪业"依然需要活着受恶报予以"消除"。而"伯钦的父亲之灵"所言的"罪业"则不知何时所造，总之需要在阴间遭受恶报消除。

《现代汉语词典》没有"罪业"这个词条。现代人的精神世界里似乎没有"罪业"这个概念，当然也就没有相应的词语。通渭方言中，"罪业"这个词语依然存在。

1. 谓人身、心、口所造之罪。例如：

①老杨年轻时候拆庙扒屋、欺神灭将，那造下的罪业还少吗？
②张家的那个媳妇子那么恶毒地整饬①她阿家阿公②，那罪业造大了！

2. 泛指人世间的一切苦难。例如：

④我去看瘫痪在床的三婶，她抓着我的手一迭声地说："你说个的这罪业啥时候能受完？"

---

① 【整饬】［zhěngchì］方言：虐待的意思。
② 【阿家阿公】通渭方言中女子对"婆婆、公公"背后的称谓，或他人对其公婆的称谓。女子当面与丈夫称谓相同。

⑤村里的老人说那个傻子就是来阳世间磨罪业的。

通渭纪事：

通渭乡民传统的观念中虽然认为造下"罪业"就会受到应有的"恶报"。这个"恶报"，要么如孙悟空现世得到"报应"予以消弭；要么如伯钦之父其灵魂在阴间冥府，通过下地狱进油锅等方式得以消弭；要么是子孙后代代为受过，命运多舛，家门不兴。但是，这个"恶报"毕竟是不可预期的，是看不见摸不着的。再者，具体什么行为造下何种罪业，会得到什么样的惩罚也没有标准。因此，人们虽然知道"恶行"会造下"罪业"，会遭"恶报"，但该做恶的时候照做不误。

我妈妈坚持认为人间的"罪业"就在人世间消弭，真正的"受罪"不在阴间而在阳世。她曾说："你看兀人世间缺胳膊少腿子的，兀看不见听不着的，兀不会喘（哑巴）不清整的（傻子），兀死了大汉没了娃娃的，兀缺衣少食的，阿一块①不艰难！阿一块心不疼！阿一块不是受罪！人死了，气是青烟肉[rù]是泥，受啥罪？人世间造下的罪业就在人世间销着！活在阳世间，有些事最好眼里看着，个家却不要经着，但心里要记着！珍惜个家的好日子，怜惜旁人的苦日子！人到世上，斑斑儿②飞到树上，就那么短短几十年！不要有害心，不要贪心；要有善心，要有怜悯心，对待不会喘的畜生儿要有爱心！"

【坐夜】[zuòyè（cuòyè）]

"坐夜"是《西游记》中一个专有名词，出现频率不高，仅有两处。

第五十二回："又有些该班坐夜的，滗滗托托，梆铃齐响。"(P641)

第七十一回："一个个弓上弦，刀出鞘，支更坐夜。"(P867)

根据语境，此两处"坐夜"义为守夜，即整夜值守、整夜值班。

"坐夜"的书面语见于明清的通俗文学中，但出现频率不高。《汉语大词典》《白话小说语言词典》仅以《西游记》《红楼梦》的句子为例。如：

❶守夜。

---

① 【块】[kuái] 单数量词，相当于"个"。
② 【斑斑儿】[bānbānr] 即"斑鸠鸟"。"斑斑儿飞到树上"喻言人生就如斑鸠鸟偶落树上，来无影去无踪。

《西游记》第五二回:"又有些该班坐夜的,涤涤托托,梆铃齐响。"。

❷旧谓出殡前夕整夜守灵为"坐夜"。

《红楼梦》第五七回:"我只当有什么话说,原来他和太太告了假,出去给他兄弟伴宿坐夜,明儿送殡去。"

《红楼梦》第一一○回:"次日乃坐夜之期,更加热闹。"

《汉语大词典》《白话小说语言词典》没有选取其他时代的文例。可见该词在明清时或许是个通用词语,但使用地域不广。"坐夜"在普通话中是一个通用词语。《现代汉语词典》解释为:"为了守岁、守灵等夜里坐着不睡。"通渭方言中,"坐夜"是个常用词语。但意义较普通话丰富。

1. 专有名词:除夕守岁。在中国的许多地方,有阴历除夕终夜不睡,以迎候新年到来的传统,谓之守岁、也叫守夜。通渭人叫"坐夜"。例如:

①三十晚上坐夜,法定的!
②除夕晚上坐夜没睡,初一上午人都睡觉去啦!

2. 亲人去世,整夜守灵谓之坐夜。在通渭地区,亲人去世,并非仅出殡前夕整夜守灵,而是从去世至出殡前夕,每夜都需整夜守灵。守灵人要添油拨火,保证亡人头前点的长明灯明亮旺盛。例如:

③大家轮着睡一会儿吧,要不然,连着坐夜就坐倒了!
④坐夜的人警醒一点,注意给灯里添油。

3. 泛指熬夜。例如:

⑤小时候整夜看小说。妈妈偶尔醒来看见,幽幽地说一句:"睡吧,明天再看,又不是坐夜!"
⑥你们昨晚上坐夜着了吗,怎么灯亮了一夜?

通渭纪事:

通渭地区有阴历除夕整夜不睡,以迎候新年到来的习俗,谓之坐夜。二十世纪七八十年代,除夕夜家家户户廊前檐后挂起灯笼,灯火通明。大人"续香"(以便祭奠的香火整夜持续不灭)敬祭天地神灵以及列祖列宗,陪长辈说话喝酒。孩子们提上灯笼成群结队在村子里跑来跑去,放炮玩耍。大人还时不时支使孩子们去观察天象(据说除夕夜哪方天地最黑,来年哪方便会五谷丰登)。孩子们登上较高的地方,四面八方地观察、争论、汇报。一遍一遍,乐此不疲。因此坐夜既快乐又辛苦!

随着现代文明的发展，电灯、电视的普及，农事活动的边缘化，除夕夜的天象已经无法观察，也没有人再关注来年的农业收成。"坐夜"一方面名副其实，大人小孩真正坐在食物堆中盯电视、玩手机。另一方面，"坐夜"也成了象征性的活动。许多人"坐"到零点，交上新年的时辰，就说新年已经迎到，便相继关门睡觉。生活中的仪式感越来越弱，生活的乐趣似乎也越来越少。曾有老人感叹："我们小时候是有吃没喝精神着，现在是有吃有喝没精神！"

参考文献

著作部分

（明）吴承恩著：《西游记》，华夏出版社，2007年版。

（明）吴承恩著：《西游记》，人民文学出版社，2010年版。

（汉）许慎撰：《说文解字》，中华书局出版社，1963年版。

（汉）许慎撰，（清）段玉裁注：《〈说文解字〉注》，上海古籍出版社，1981年版。

（清）桂馥撰：《〈说文解字〉义证》，上海古籍出版社，1987。

（清）张玉书、陈廷敬等编纂：《康熙字典》，中华书局出版社，1958年版。

汉语大字典编辑委员会：《汉语大字典》，四川辞书出版社，1995年版。

汉语大词典编辑委员会：《汉语大词典》，汉语大词典出版社，1990年版。

中国社会科学院语言研究所词典编辑室：《现代汉语词典》，商务印书馆，2012年版。

何九盈、王宁、董琨主编：《词源》，商务印书馆，2015年版。

张文轩、莫超著：《兰州方言词典》，中国社会科学出版社，2009年版。

汤可敬撰：《说文解字今释》（增订本），上海古籍出版社，2018年版。

通渭县志编纂委员会：《通渭县志》，兰州大学出版社，2006年版。

白维国主编：《白话小说语言词典》，商务印书馆，2011年版。

熊贞主编：《陕西方言大词典》，陕西人民出版社，2015年版。

袁宾编著：《宋语言词典》，上海教育出版社，1997年版。

陆澹安编著：《小说词语汇释》，上海古籍出版社，1979年版。

元鸿仁著：《陇右方言探源》，西北师范学院学报编辑部，1987年版。

李鼎超著、李鼎文校点：《陇右方言》，兰州大学出版社，1988年版。

李恭著、李鼎文、钮国平整理：《陇右方言发微》，兰州大学出版社，1988年版。

任克著：《关中方言词语考释》，西安地图出版社，1995年版。

蒋宗福著：《四川方言词语考释》，巴蜀书社，2002年版。
朱正义著：《关中方言古词论稿》，上海古籍出版社，2004年版。
工廷贤、马建东、雒江生著：《天水方言》，甘肃文化出版社，2004年版。
莫超著：《西北方言文献研究》，北京大学出版社，2014年版。
魏琳、莫超编：《陇南白马人民俗文化研究：语言卷》，甘肃人民出版社，2011年版。
张崇主编：《陕西方言词汇集》，西安交通大学出版社，2007年版。
陈晓强、陈晓春、陈晋著：《陇西方言词语研究》，甘肃人民出版社，2015年版。
汪宝德著：《定西"河州话"方言及其美学初探》，甘肃人民出版社，2017年版。
安忠义著：《陇右方言词语疏证》，人民出版社，2011年版。
张涌泉著：《汉语俗字研究》（增订本），商务印书馆，2010年版。
杨端志著：《训诂学》，山东文艺出版社，1992年版。
马瀛著：《国学概论》，中央编译出版社，2009年版。
游汝杰著：《汉语方言学导论》（修订本），上海教育出版社，2018年版。
胡朴安著：《汉字简史》，新世界出版社，2017年版。
万献初讲授、刘会龙撰理：《说文解字十二讲》，中华书局，2019年版。

论文部分

章培恒：《百回本〈西游记〉是否吴承恩所作》，《社会科学战线》，1983年第4期。
杨秉祺：《章回小说〈西游记〉疑非吴承恩作》，《内蒙古师大学报》，1985年第2期。
彭海、张宏梁：《吴承恩写定百回本〈西游记〉的语言标志》，《贵州文史丛刊》，1985年第3期。
刘怀玉：《吴承恩作〈西游记〉二证》，《东北师大学报》（哲学社会科学版），1986年第6期。
张成立：《〈西游记〉的作者吴承恩任过新野知县——兼述〈西游记〉中的新野方言》，《南都学坛》（哲学社会科学版），1995年第4期。
蔡铁鹰：《〈西游记〉作者确为吴承恩辨》，《晋阳学刊》，1997年第2期。
李安纲：《为什么说吴承恩不是〈西游记〉小说的作者》，《河东学刊》（社会科学版），1999年第1期。

张晓康：《再论〈西游记〉中的湘方言》，《湖南广播电视大学学报》，2003年第4期。

胡义成：《〈西游记〉作者：不是吴承恩是谁——近年国内关于〈西游记〉定稿者及主旨讨论的述评》，《运城学院学报》，2006年第4期。

胡义成：《〈西游记〉的作者肯定不是吴承恩——近年国外关于〈西游记〉定稿者讨论的述评》，《唐山师范学院学报》，2007年第1期。

潘承玉：《吴承恩：〈西游记〉著作权的发现——关于20世纪初小说考据学的省思之一》，《东南大学学报》（哲学社会科学版），2008年第1期。

张成材：《商州方言中所见〈红楼梦〉〈西游记〉词语汇释》，《商洛学院学报》，2010年第1期。

晁瑞 杨柳：《〈西游记〉所见方言词语流行区域调查》，《淮阴师范学院学报》（哲学社会科学版），2012年第2期。

陈大康：《〈西游记〉非吴承恩作别解》，《复旦学报》（社会科学版），2018年第4期。

竺洪波：《吴承恩引发的吊诡命题》，《淮阴师范学院学报》（哲学社会科学版），2018年第4期。

雒江生：《陇南方言本字考》，《西北师范学院学报》，1985年第1期。

雒江生：《陇南方言本字续考》，《天水师范专科学校学报》，1986年第1期。

雒江生：《天水方言古词考证》，《天水行政学院学报》，2003年第5期。

郭芹纳：《关中方言词语考释》，《陕西师范大学学报》，1988年第1期。

郭芹纳：《关中方言词语疏证》，《西安外国语学院学报》，1994年第2期。

郭芹纳：《陕西方言词语汇释》，《西安教育学院学报》，1997年第2期。

刘百顺：《关中方言词语考》，《西北大学学报》，1994年第4期。

雒鹏：《趣谈陇东方言民俗词》，《丝绸之路》，1995年第6期。

元鸿仁：《通渭方言所保留的〈诗经〉词语》，《西北民族学院学报》（哲学社会科学版），1984年第1期。

元鸿仁：《通渭方言中古词语探源》，《兰州学刊》，1984年第6期。

元鸿仁：《陇右方言词语特点浅说》，《文史知识》，1989年第9期。

苏建军：《通渭方言古词语释略》，《甘肃高师学报》，2005年第5期。

苏建军：《通渭方言本字考》，《甘肃高师学报》，2010年第1期。

苏建军：《通渭方言中的几个特殊介词》，《兰州工业高等专科学校学报》，2011年第2期。

后 记

2018年4月30日（农历三月十五日）我的妈妈（1924－2018）辞世。此后很长一段时间，我陷于悲痛之中无法自拔。只要不在睡眠和讲课，我满脑子都是妈妈的音容笑貌以及相关的人与事。我像软弱之人整天以泪洗面，除了应付工作，无法再做任何需要动脑的事情。8月份，儿子去外地念书，日常活动里又少了照顾孩子这一部分，时间变得空阔起来。为了消磨这既冷清又悲伤的日子，我去寻找记忆里最"好玩"的书来读，试着转移注意力。

30年前，我还在上初中时，读过《西游记》，当时觉得它想象天马行空，故事曲折生动，有着非凡的吸引力。于是我开始重读。起先不过是一目十行，走马观花而已。直到有天，我突然发现，孙悟空嘴里经常蹦出一些我耳熟能详的"特殊"词语，如"夯货""畜生""毛鬼""毛团""地里鬼"等。它们与我的出生地通渭的方言土语惊人地相似甚至完全吻合。这个发现使我认真了起来，开始留意、辑录此类词语。随着阅读的深入，我记下的词语越来越多，居然写满了好几大张纸。我诧异于自己为什么早先没有发现它们。

回头再想，初读时没有发现这些方言词汇，也是情有可原。那时我还未踏出故乡方圆百里之外，始终生活在熟悉而又封闭的语言环境中。偏僻的农村不仅没有电视，甚至连收音机都是稀罕之物，何况一个从未出过远门的孩子，对方言词汇很难产生兴趣。记得那时极少外出说普通话的人回到故乡，必须改说家乡话，否则就会受到诸如"忘本"一类的道德指责。没有体验，没有对比，我自然不能分辨哪是普通话词汇，哪是通渭方言词汇。还有，当年初读《西游记》，我实际上追的是故事情节，看的是热闹，不可能注意到词汇这么专业的问题。

所以，当我重读《西游记》，发现中国古代最著名的小说中居然存在着这么多通渭方言词汇时，我强烈的亲切和好奇可想而知。我曾跟先生说起我的发现，他笑着说："大概作者娶了一个通渭老婆，不但刁钻古怪，还操着一口土话，于是就把孙悟空塑造成了通渭人。"他肯定是在信口开河，但名著中出现的这些方言词汇确实令人浮想联翩,难道此书的主人公孙悟空或此书作者吴承恩与通渭有联系?如果不是这样,那么在吴承恩时代,通渭这个西部偏僻角落的方言是如何传播并为作者熟练应用的?这些我们今天称之为方言的词汇,到底是通渭大山深沟里孕育的土产,还是从其他地区流入扎根结果的舶来品?为了解开这些疑惑,我开始探寻吴承恩的生平。这一探寻,才知《西游记》是否为吴承恩所著都是悬案。

《西游记》作者何人?现在的通识是淮安府山阳县(今江苏省淮安市楚州区)人吴承恩(约1500-1583)。据说这是鲁迅和胡适考证的结果。他们根据天启年间的地方志《淮安府志·艺文志》中吴承恩名下有《西游记》而确定。近些年又有学者提出《西游记》是明朝的"青词宰相"李春芳所著;也有人根据史料认为《西游记》并非一次性独立创作而成,其故事是在一个较长的历史时期内演进积累,逐渐成形,再由一个人整合、修改、完善成书。近30年来,也有一些学者企图通过《西游记》的方言寻找作者。代表性的如章培恒在《百回本〈西游记〉是否吴承恩所作》中的"吴方言"说;杨秉祺在《章回小说〈西游记〉疑非吴承恩作》中的"晋方言"说;张成立《〈西游记〉的作者吴承恩任过新野知县——兼述《西游记》中的新野方言》中的"豫方言"说;张晓康在《再论〈西游记〉中的湘方言》中的"湘方言"说;张成材在《商州方言中所见〈红楼梦〉〈西游记〉词语汇释》中的"陕方言"说;晁瑞、杨柳在《〈西游记〉所见方言词语流行区域调查》中的"江淮方言"说,等等,均认为作者籍贯可能是该方言区。

我倒没有据作者籍贯为通渭的野心。我只是想梳理清楚,《西游记》里到底有多少词汇,与通渭的方言词汇相同、相近和相似,以此证明语言就像河流,从一个地方流到了另一个地方;语言也像空气,从山间一隅,传播到了整个平原。至于我阅读时产生的那些更加广泛的问题,有待于更专门的研究。我此刻只是想证明,在古代,我的故乡并不像现在想象的那么偏僻和闭塞,至少在语言上,乡人们口口相传的词语,完全有资格进入伟大的小说。

可以肯定的是,任何事情都有两面性。或许正是通渭地域的偏僻,人民不喜迁移的习惯,才能更好地保存古代的传统和语言。人们日出而作,日落而息,纯朴的农耕生活已经延续了几千年。农业文明强调人情,重视交际,语言作为最重要的交际工具,受到人们的普遍重视。大家喜欢语言交流,也善于用语言交流。村子里有许多"嘴王",简直是"语言大师""说话的巨人"。我在这些"语言大师"的熏陶下长大,当读到《西游记》中那些与通渭方言土语相同、相近和相似的表达时,竟然有种时空错位的感觉。我仿佛回到了童年时期通渭的田间地头、村口人家。我多次不由自主地用通渭土话出声朗读《西游记》中的人物对话，甚至觉得比用普通话朗诵要鲜活生动、形象有趣。

语言的"味道"特征，涉及语音、词汇、句式、语气、场景等。我所做的仅是把《西游记》里具有通渭方言色彩的词汇找出来，从语义角度进行解释和对比。如果能够顺便证明，我们今天所谓的"通渭方言"其实源远流长，那就再好不过了。在辑录过程中，我感叹这些词语历经四百多年，乃至更长的时间，依然如蒿草山花般生机勃勃，生长开放于通渭乡亲们的表达中。不过，我同时意识到，也有确凿的迹象表明，随着全球化、城市化的蔓延；随着互联网、信息化等新事物的出现，语言死亡和新生的速度正在加快。这是不可逆转的趋势，这也是没有办法的事情。但人毕竟不能坐以待毙，要在形而上方面有所努力，以此证明自己的存在和价值。

而且，我通过一段时间废寝忘食的工作，从无法自拔的悲痛中走出来了。我始终能感受到这些词语的温度，能看到它们的色彩，听到它们的声响。我充分体会到每个词汇的趣味、辗转和沧桑。尤其是看到"血食""浆泡""食肠"等许多词汇时，我脑海里就浮现出妈妈提到它们时特有的神情和场景。我把这些词汇从《西游记》浩如烟海的文字中打捞出来，好像是在寻找我的传统、我的往昔，寻找我的回忆和幸福。这是一个挽留，这也是一个见证。如果允许，我就这样说："谨以此书怀念我亲爱的妈妈。"

马海音
2019/10/17 兰州安宁